智能时代的教师专业发展

杨宗凯　主编

教师研修的理论与方法

刘清堂 等　著

科 学 出 版 社

北　京

内 容 简 介

本书为读者提供了应用数据驱动的信息化教学分析理论与方法的指南。本书首先概述了国培计划及近年来教师专业发展的国家政策。然后从理论上梳理了教师专业发展的脉络、信息化教学能力模型及其理论基础；并在实践层面以中小学教师信息技术应用能力提升为目标，开展了网络学习空间、教师工作坊、直播课堂等支持下的教师研修模式、活动设计和绩效分析方法等应用探索。典型的研究成果公开发表在国际国内重要期刊上，并获得多项知识产权。

本书面向中小学教师、教研员、教师研修管理者和组织者，也适合高校师范类专业教师、研究生和本科生阅读。

图书在版编目（CIP）数据

教师研修的理论与方法/刘清堂等著. —北京：科学出版社，2022.9

（智能时代的教师专业发展/杨宗凯主编）

ISBN 978-7-03-071223-3

Ⅰ. ①教…　Ⅱ. ①刘…　Ⅲ. ①师资培训-研究　Ⅳ. ①G451.2

中国版本图书馆 CIP 数据核字（2021）第 268652 号

责任编辑：乔宇尚　乔艳茹/ 责任校对：樊雅琼

责任印制：张　伟/ 封面设计：蓝正设计

科学出版社 出版

北京东黄城根北街 16 号

邮政编码：100717

http://www.sciencep.com

北京虎彩文化传播有限公司 印刷

科学出版社发行　各地新华书店经销

*

2022 年 9 月第　一　版　开本：720 × 1000　1/16

2022 年 9 月第一次印刷　印张：17　1/2

字数：350 000

定价：59.00 元

（如有印装质量问题，我社负责调换）

丛书编委会

教育部—中国移动科研基金2017年度项目
“信息技术支持下的区域教研模式研究及试点”
（项目编号：MCM20170502）

湖北省教育科学规划重点课题
“构建线上线下融合的课堂新型教学模式
创新实证研究”
（项目编号：2020GA005）

华中师范大学国家教师发展协同创新实验基地
建设研究项目
“智能教师研修教学团队建设”
（项目编号：CCNUTEIII 2021-12）

丛书序

教师是立教之本、兴教之源。习近平总书记在全国教育大会上发表重要讲话，对建设一支宏大的高素质专业化教师队伍寄予了殷切希望。联合国教科文组织等四大重要组织联合发声，“复兴始于教师”[①]，教师的素质决定教育的质量。《中国教育现代化 2035》明确要建立高素质专业化创新型的教师队伍。智能时代对教师专业发展提出了新需求、新导向和新挑战。教师是教育数字转型和高质量发展的主力军，是新的教学理念的践行者。初秋时节，“智能时代的教师专业发展”系列论著终于顺利结稿，再次印证了“秋天是收获的季节”。作为系列论著的主编，我一直在思考：智能时代需要什么样的教师？如何构建适合中国国情的一流教师教育？

人工智能赋能教师发展，实现人机、人技协同，促进学生的个性化发展、创造思维能力的培养等是智能时代的重大课题。华中师范大学作为教师教育国家队之一，近年来一直推进卓越教师的培养，希望培养出具有“四能五教六者”（四能：数字化生存能力、教育教学研究能力、教师专业发展终身学习能力和教育教学创新实践能力；五教：乐教、适教、懂教、会教、善教；六者：学生学习活动组织者、学习过程导学者、教学资源开发者、教学方法创新者、教育教学研究者、教师专业发展终身学习者）特征的未来教育家。然而，我国幅员辽阔，区域教师资源不均衡，信息技术和教师研修的契合点仍有待探索，智能时代教师研修的实效性仍有待提升。特别是部分欠发达地区、薄弱学校及教师需要更多的对接帮扶，期待名师、名校引领，人工智能赋能教师信息化教学能力，进而实现教育公平和均衡发展。

“不忘初心，方得始终。”华中师范大学教师教育研究团队十年如一日，专注

---

① 中国新闻网. 教科文组织总干事：教育始于教师 复兴始于教师[EB/OL].（2010-10-06）[2021-08-07]. https://chinanews.com.cn/edu/2010/10-06/2570230.shtml.

于教师专业发展的理论和实践研究，默默耕耘，硕果累累。尤其是2017年以来，研究团队和中央电化教育馆、华南师范大学联合承担教育部—中国移动科研基金项目“信息技术支持下的区域教研模式研究及试点”（MCM20170502），研究关注点也从传统的校本研修、网络研修逐步过渡到“互联网+”、大数据及人工智能等支持下的区域研修，瞄准我国区域研修的痛点和难点，探索信息技术支持下的区域研修模式，着力攻克教师研修绩效评价的“瓶颈”，提炼并推广各区域的宝贵研修经验，集结为“智能时代的教师专业发展”系列论著。系列论著共6部，有基于理论层面的教师研修理论、方法和应用，主要汇聚了华中师范大学研究团队十几年来在教师研修领域的研究成果，着重突出信息技术支持下的教师研修及面向过程的信息化研修绩效分析；亦有基于实践层面的信息技术支持下的区域研修模式及实践，全面展现了课例研修、主题研修、微课题研修及同侪研修等四个方面的理论探索以及各区域的优秀研修实践成果；还有基于管理层面的面向区域研修管理的PASA（purposes-activities-support systems-appraisals，发展目标-研修活动-保障机制-质量评估）模式，介绍了各区域研修管理的宝贵经验和典型应用案例。这套论著给读者呈现了智能时代教师专业发展的理论、方法及信息技术支持下的区域研修特色案例，是国内目前不可多得的研究成果。每本书的作者均来自华中师范大学和中央电化教育馆长期从事教师研修的学者、教师和研究生团队，典型案例则由各地一线研修管理者及中小学骨干教师协助完成。他们以独立的思考、宝贵的经验和热切的情怀，兢兢业业，笔耕不辍，协同打磨，最终形成了这套宝贵的研究成果。这套论著的推出不仅增进学界和业界对教师研修的深层次了解，同时还能为一线中小学教师的研修实践，以及教育技术学领域的学术研究，提供有价值的参考借鉴。

“路漫漫其修远兮，吾将上下而求索。”作为教师专业发展领域的研究者和实践者，我们深知，要找到新一代信息技术和教师专业发展的契合点，最大程度发挥技术对教师专业发展理论和实践研究的促进作用，充分发挥研究者和实践者对一线中小学教师专业能力和信息素养提升的引领作用，任重而道远。因此，我们衷心期盼所有关心并热衷于智能时代教师专业发展的读者朋友都来关注论著的建设，期盼你们提出宝贵的意见和建议。我们由衷地希望这套论著是一个新的起点，让我们携手前行，想教师之所想，及教师之所及，让智能时代的教师专业发展成为我们奋斗的目标和共同的追求。

以此为序，祝贺研究团队取得初步成果，创新还在路上！

杨宗凯

2021年10月于西安

前　言

为全面提高中小学教师队伍，特别是农村教师队伍的整体素质，2010 年 6 月印发《教育部 财政部关于实施“中小学教师国家级培训计划”的通知》，全面启动实施“国培计划”。2010—2014 年第一个实施周期后，“国培计划”基本实现了对中西部农村义务教育学校教师和幼儿园教师培训的全覆盖，带动了各地教师培训模式的改革创新，大幅提升了农村教师的能力素质。为了更好地落实《乡村教师支持计划（2015—2020 年）》，2015 年印发《教育部 财政部关于改革实施中小学幼儿园教师国家级培训计划的通知》，明确从 2015 年起实施新一轮（2015—2020 年）“国培计划”。2018 年，教育部等五部门印发《教师教育振兴行动计划（2018—2022 年）》，明确了今后一段时期教师教育振兴发展的目标任务和十大行动。

随着“国培计划”“教师教育振兴行动计划”的落地，教师的能力素养得到显著提升。第一轮“国培计划”重点实施“示范性项目”和“中西部项目”，创新培训模式和方法，示范和引领全国大规模的中小学教师培训，通过改革与创新推动促进教师教育的发展。新一轮“国培计划”的改革创新集中在支持中西部乡村教师校长培训；实现培训重心下移，打破培训项目分割状态，并定向发力项目区县乡村学校，实现名校助力、名师牵引，提升乡村教师校长能力。《教师教育振兴行动计划（2018—2022 年）》以提升教师教育质量为核心，以加强教师教育体系建设为支撑，以教师教育供给侧结构性改革为动力，力求从源头上加强教师队伍建设。

作为教育技术学人，笔者一直关注教师职前职后一体化人才培养体系建设。笔者与赵呈领教授合作，承担了全国教育规划国家一般课题“基于混合学习的免费师范生‘4+2’教育技术能力培养创新研究”，系统提出师范生教育技术应用能力与教育信息化发展的适应性，出版专著《教育信息化发展与师范生教育技术能力培养》；主编《信息技术与课程整合》（北京大学出版社 2010 年第一版、2015 年第二版），将信息技术与课程整合零散的研究系统化，提出信息技术与课程整合的科学体系（理论基础、教学设计、教学开发和教学评价），对提高教师的信息化教学能力具有重要指导性作用。

新一轮“国培计划”实施期间，笔者的研究团队与国家开放大学开展了“国培计划”——示范性网络与校本研修整合培训项目联合研究。从 2013 年开始，研究团队开展了网络与校本研修整合模式、信息技术应用能力提升课程资源体系、网络研修平台与工具、教师培养培训绩效分析等的研究，研制了信息技术应用的数字化课程、网络研修平台系统、“磨课”研修工具、数字化课堂教学互动分析系统等。以“国培计划”合作项目为契机，研究团队进行了湖北省重大创新项目“互联网+精准教育关键技术研究与示范”、教育部—中国移动教育信息化专项“信息技术支持下的区域教研模式研究及试点”等系列项目的研究，取得了系列化的研究成果，并在宁夏回族自治区实施了“人工智能助推教师队伍建设行动”的典型应用。

研究团队以中小学教师信息技术应用能力提升为研究对象，开展了网络学习空间、教师工作坊、直播课堂等支持下的教师研修模式、活动设计和绩效方法等研究；凝练并提出了：①信息技术支持下的教师网络研修模式，如 PST 视域下教师网络研修模式、支持教师区域研修的 PAST 模型等；②信息技术支持的课堂教学互动行为分析方法，如支持区域研修的课堂教学分析方法、课程教学行为分析云模型，以及课堂教学行为的交互深度量化分析方法等；③工作坊支持的教师研修模式及分析方法，如认知学徒制研修模式、社会存在感结构的重构与测量、用户参与行为分析、知识共享行为分析、协作知识建构的社会网络分析等；④网络学习空间支持教师研修及应用，如网络学习空间支持教师研修的影响因素、精品专题教育社区特征分析、学习者投入模型及应用、在线学习行为分析模型及应用等；⑤教师混合式培训模式及应用，如主题研修活动设计，同侪互助行为、模式及支持策略等。典型的研究成果已公开发表在国际国内重要期刊上，并获得多项专利和软件著作权等知识产权。

通过多年的研究，研究团队初步构建了数据驱动的信息化教学分析理论与方法，包括：适切、精准的教师信息化教学能力模型，破解教学或研修过程智能化评价问题；融合人工智能、大数据等的课堂教学、教师研修等精准分析方法，突破观察、自我报告等主观评价方法；线上线下结合的“教学—分析—研讨—反思—评估”信息化教学能力培养模式和方案。研究成果获湖北省社会科学优秀成果奖。

成果的汇集出版，是研究团队十年如一日地耕耘的结果。在此，感谢研究团队的各位同人、各位教师和各位博士、硕士研究生的辛勤付出！感谢一直关注我们成长的各位教育界前辈！感谢为我们论著结集出版付出辛勤努力的各位编辑！

2020 年 12 月 16 日于桂子山

目　　录

第一章

信息时代的教师专业发展

教育是国家的基石。随着互联网的飞速发展，教育信息化也成为衡量一个国家教育发展程度的重要指标。为此，中国政府出台一系列政策法规，实施教育信息化实践项目，开展教师教育技术能力培训等，大力推动教育信息化的发展，并取得明显成效。

第一节 “国培计划”与教师专业发展

自 1978 年党的十一届三中全会以来，中国政府沿着“解放思想、实事求是”的思想路线，走上了中国特色的改革开放发展道路。从 1978 年至今的四十多年间，我国取得了举世瞩目的发展成就，赢得了国际社会的广泛赞誉。教育作为国家最大的民生问题之一，是奠基性的社会事业，也伴随着改革开放的历程取得了巨大的进步。尤其是教师队伍的建设，一直是教育发展的核心和关键问题，受到了党和政府的高度重视。

改革开放后，随着《终身教育引论》《继续教育——问题与展望》等著作的翻译出版，终身学习的理念也进入我国教师教育领域。我国先后颁布或印发了《中共中央关于教育体制改革的决定》（1985 年）、《关于加强在职中小学教师培训工作的意见》（1986 年）、《关于开展小学教师继续教育的意见》（1991 年）、《中小学教师继续教育规定》（1999 年）、《中小学教师继续教育工程方案（1999—2002 年）》（2000 年）、《2003—2007 年中小学教师全员培训计划》（2004 年）等政策文件，汇聚相关部门等多方力量使我国中小学教师培训工作得以顺利展开，进而使教师培训从“学历补偿教育”成功转变为“教师继续教育”，促进教师培训制度化、专业化、多样化发展。2008—2009 年，教育部启动实施“中小学教师国家级培训计划”，引导地方完善教师培训体系，促进全国尤其是中西部省份近百万中小学教师参加相关教师培训，以保证教师培训工作的开展能够与新一轮课程改革的推进同步进行①。中共中央、国务院印发《国家中长期教育改革和发展规划纲要（2010—2020 年）》（简称《纲要》），将“加强教师队伍建设”作为实现国家中长期教育目标与任务的保障措施，明确提出“完善培养培训体系，做好培养培训规划，优化队伍结构，提高教师专业水平和教学能力”，“以农村教师为重点，提高中小学教师队伍整体素质”。

为进一步全面促进中小学教师尤其是农村教师队伍的建设，以及教师队伍的整体素质的提升，以在实施“中小学教师国家级培训计划”过程中所总结的经验为基础，2010 年 6 月教育部、财政部印发《教育部 财政部关于实施“中小学教师国家级培训计划”的通知》，全面启动实施“国培计划”。“国培计划”通过实施“中小学教师示范性培训项目”和“中西部农村骨干教师培训项目”两大类

① 李瑾瑜，杨帆. 教师培训：40 年的实践历程及其发展趋势[J]. 教师发展研究，2018，2（4）：17-26.

项目，结合信息技术手段创新教师培训模式与方法，以满足多样化的教师培训需求，并发挥其示范与引领全国大规模中小学教师培训的作用；以“雪中送炭”的宗旨，发挥“种子”教师的骨干示范作用，重点支持中西部农村教师培训；教师培训模式的改革创新进一步推进了教师教育的改革。联合国教科文组织教师教育中心撰写的《“国培计划”蓝皮书（2010—2019）》摘要中指出，在2010—2014年国家启动、规范实施阶段，“国培计划”培训教师达700多万人次，其中农村教师占比为96.4%，大幅提升了农村教师的能力素质。

2015年，为了更好地落实《乡村教师支持计划（2015—2020年）》，教育部、财政部联合颁布《教育部 财政部关于改革实施中小学幼儿园教师国家级培训计划的通知》，决定从2015年起实施新一轮（2015—2020年）“国培计划”。聚焦乡村，并集中支持中西部乡村教师，同时将改革创新集中于支持中西部乡村教师校长培训，培训重心下移，打破培训项目分割状态，将“项目区县”作为载体开展送教下乡等模式的教师培训，实现一线名师培养一线教师，充分发挥名校作用，助力乡村教师、校长的能力提升。

“中小学教师国家级培训计划”全面实施至2019年已经培养了1500万余名教师，大大提高了教师队伍的综合素质，形成了从国家到地方、从政策到实践、从理念到行动、从项目到管理、从设计到实施、从内容到方式、从过程到绩效在内的多类型多层级多因素的教师培训体系[①]。“国培计划”是一项涉及范围极为广泛的伟大教育实践，同时独具“中国特色”，动员了全国教师参与到教师培训之中，在投入力度、实施范围、模式探索等方面对我国教师培训领域的影响都是前所未有的，同时也为世界贡献了具有普适意义的实践模式和知识思想。尤其是“国培计划”对中西部省、市、县给予的有力支持，有效促进我国教师培训在设计、组织、实施和管理等方面逐步走上了正轨，拥有了质的飞跃；而且“国培计划”项目的设计、组织、实施、管理、评价的理念和模式都已经成为地方全员常规教师培训实施的模板。因此，“国培计划”不仅通过具体的培训行动让数以百万计的教师受益，还对教师发展和教师培训所具有的持续变革的效应和创新性做出了巨大的贡献。

当然，在“国培计划”实施过程中也遇到过困境，对此专家和研究者对计划进行整体优化，有针对性地提出了相关改进策略。如有效利用信息技术手段优化传统教师培训，构建了翻转式培训模式，通过整合课程、师资、平台、环境、资源、文化、评价等培训要素，挖掘学员学习能力与增强效果；构建教师培训的评估、诊断、改进、提升一体化机制，强化培训质量评估；系统解决“国培计划”实施过程中的现实问题，以培养环境建设、标准体系建设、支持和评价体系建设

① 李瑾瑜，王建. “国培计划”对我国教师培训的创新性贡献[J]. 教师发展研究，2017，1（2）：1-9.

为路径，重点关注和解决各个环节中的“瓶颈”问题，科学、系统地提升从业机构与从业人员的专业化水平；在中央政府主导下，探索县区政府、院校、教师一体化设计协同式联动培训模式等[①]。社会各界努力为教师提供所需的学习机会，以实现“不让一个教师掉队”；使每一位教师都能够成为终身学习者；并通过优秀教师教育者培训最优秀的教师的方式逐渐形成优质价值链；使“国培计划”服务于底层教师教育体系建构，以保证其为教师质量奠基；确立优质学校在教师教育中不可或缺的重要地位；培育“充分发挥校本教师专业发展中心的基础作用”的有生力量；发挥“名师工作室（坊）”的教师教育优势以及促进发挥区县教师专业发展中心的龙头作用的目标[②]。

总的来看，“国培计划”有效促进了我国教师培训规模的极大增长，与此同时在培训体系建设、培训课程研发、培训模式创新、培训质量提升、培训机构和培训者队伍发展壮大等方面，也取得了显著工作成效。当然，“国培计划”在政策落实等相关方面具有一定的复杂性与挑战性，并且影响教师培训实施效果的因素也具有多面性，不仅包括培训项目设计的内部因素，还包括培训项目外部管理因素以及参与培训学员的个人因素，即多种影响因素的综合体现[③]。

第二节　教育信息化与教师专业发展

一、我国教育信息化发展战略及规划

早在 1999 年 6 月，《中共中央国务院关于深化教育改革全面推进素质教育的决定》第 15 条中提到，“大力提高教育技术手段的现代化水平和教育信息化程度”。

2000 年 10 月，党的十五届五中全会把信息化提到了国家战略的高度，同年，教育部主持召开的全国中小学信息技术教育工作会议决定，从 2001 年开始用 5 至 10 年时间，在中小学（包括中等职业技术学校）基本普及信息技术教

① 余新. “国培计划”十年研究综述与展望[J]. 教师发展研究，2020，4（1）：48-54.

② 朱旭东. 论“国培计划”的价值重估——以构建区县教师教育新体系为目标[J]. 云南师范大学学报（哲学社会科学版），2019，51（3）：93-99.

③ 陈至立. 抓住机遇，加快发展，在中小学大力普及信息技术教育——在全国中小学信息技术教育工作会议上的报告[EB/OL]. （2000-10-25）[2020-12-02]. http://www.moe.gov.cn/s78/A06/jcys_left/zc_jyzb/s3332/201001/t20100128_82097.html.

育，以信息化带动教育的现代化，并就加快推进中小学信息技术课程建设、全面实施中小学“校校通”工程、进一步加强中小学信息技术教育师资队伍建设以及推进中小学普及信息技术教育工作四大问题做出了详细规定，以明确我国基础教育信息化所需达到的工作目标和所需完成的具体任务①。

2003 年 9 月国务院召开全国农村教育工作会议，决定实施农村中小学现代远程教育工程（简称“农远工程”），明确提出加快农村信息化进程，进而促进城乡优质教育资源共享，使农村的教育质量与教育效益得以提升，同时开展农村中小学试点工作，争取在五年左右时间内，使计算机教室能够在农村初中正常投入使用，并在农村小学建设卫星教学收视点以及教学光盘播放点。

2010 年 7 月，为有效指导我国教育事业的改革与发展，中共中央、国务院印发了《国家中长期教育改革和发展规划纲要（2010—2020 年）》（简称《纲要》），明确指出“加快教育信息基础设施建设”“加强优质教育资源开发与应用”“构建国家教育管理信息系统”三大要点和组织实施相应的教育信息化工程。

2012 年教育部颁布的《教育信息化十年发展规划（2011—2020 年）》（简称《规划》）对 2011—2020 年的教育信息化工作进行了整体设计和全面部署。《规划》指出教育信息化发展目标是“形成与国家教育现代化发展目标相适应的教育信息化体系，基本建成人人可享有优质教育资源的信息化学习环境，基本形成学习型社会的信息化支撑服务体系，基本实现所有地区和各级各类学校宽带网络的全面覆盖，教育管理信息化水平显著提高，信息技术与教育融合发展的水平显著提升。教育信息化整体上接近国际先进水平，对教育改革和发展的支撑与引领作用充分显现”。

2012 年 2 月教育部为了全面贯彻落实《纲要》中提出的“加快教育信息化进程”要求，开展了教育信息化试点工作。计划用 4 年左右时间，总体完成 100 个区域综合试点和 1600 所学校试点。通过教育信息化试点工作探索教育信息化环境建设、优质教育资源共建共享与应用、教育管理信息化等方面的发展路径和方法，逐步形成教育信息化在促进教育公平、建设学习型社会、教育教学改革等方面的有效模式和体制机制，总结和推广成功经验，全面提升教育信息化发展水平。信息化试点工作包含学校宽带网络建设，优质数字教育资源建设与共享，实名制网络学习空间环境建设，数字教育资源公共服务平台建设和规模化应用，以及教育管理信息系统建设等内容②。

---

① 陈至立. 抓住机遇，加快发展，在中小学大力普及信息技术教育——在全国中小学信息技术教育工作会议上的报告[EB/OL]. （2000-10-25）[2020-12-02]. http://www.moe.gov.cn/s78/A06/jcys_left/zc_jyzb/s3332/201001/t20100128_82097.html.

② 刘菊霞. 中日两国基础教育信息化比较研究——第四届中日教育技术学研究与发展论坛侧记[J]. 中国电化教育，2013（2）：29-33.

2012 年 6 月教育部发布《国家教育事业发展第十二个五年规划》，明确进一步加强实施教育信息化战略任务，将超前部署教育信息网络，推动优质资源的开发、集成与共享，提高、发展教师的信息化技能，提高学生的信息化学习与生存能力，建设全国教育管理信息系统等作为主要内容。同时，该规划明确提出开展教师信息技术应用全员培训，组建教师网络学习共同体；到 2015 年，85%以上的教师基本具备运用信息技术开展教育教学的技能；推动信息化和教育教学改革有机结合，鼓励各地大胆应用信息技术开展教育教学改革试验。

2017 年 1 月国务院发布《国家教育事业发展“十三五”规划》。“十三五”时期，教育进入了提高质量、优化结构和促进公平的新阶段。该规划明确了“以教育信息化推动教育现代化，积极促进信息技术与教育的融合创新发展，努力构建网络化、数字化、个性化、终身化的教育体系，形成人人皆学、处处能学、时时可学的学习环境”及“积极发展‘互联网+教育’”等任务：发展现代远程教育和在线教育，实施“互联网+教育培训”行动，支持“互联网+教育”教学新模式，发展“互联网+教育”服务新业态。

2018 年 4 月，教育部发布《教育信息化 2.0 行动计划》，明确指出“将教育信息化作为教育系统性变革的内生变量，支撑引领教育现代化发展，推动教育理念更新、模式变革、体系重构，使我国教育信息化发展水平走在世界前列，发挥全球引领作用，为国际教育信息化发展提供中国智慧和中国方案”。

综上，中国政府高度重视教育信息化在教育教学改革中的重要地位，并将信息技术与教育教学深度融合作为教育信息化发展的重要途径。贯彻落实教育信息化发展战略，其核心要素是教师专业能力，尤其是教师信息化教学能力。

二、教育信息化进程中的教师专业发展

2005 年 4 月印发《教育部关于启动实施全国中小学教师教育技术能力建设计划的通知》，正式启动实施全国中小学教师教育技术能力建设计划。该计划是为了贯彻国务院批准的《2003—2007 年教育振兴行动计划》，配合基础教育课程改革和“农村中小学现代远程教育计划”的实施，提高中小学教师教育技术应用能力水平，促进教师专业化发展而制定。

2006 年 3 月 19 日，中共中央办公厅、国务院办公厅发布《2006—2020 年国家信息化发展战略》，指出“在全国中小学普及信息技术教育，……提高师资水平，……实现信息技术与教学过程的有机结合”，并对信息化发展做出了一系列部署，从国家层面提出了我国对信息化的总体规划。2012 年，教育部印发了《幼儿园教师专业标准（试行）》《小学教师专业标准（试行）》《中学教师专

业标准（试行）》，将教师具有适应教育内容、教学手段和方法现代化的信息技术知识归为通用性知识，还要求将现代教育技术手段整合应用到教学中。同年 3 月教育部印发《教育信息化十年发展规划（2011—2020 年）》，在其中的第十章中指出："提高教师应用信息技术水平。建立和完善各级各类教师教育技术能力标准，……将教育技术能力评价结果纳入教师资格认证体系。……帮助教师有效应用信息技术，……提高教学质量。"对教师信息化教学能力不断重视和加强。同年 10 月 9 日，《教育部等九部门关于加快推进教育信息化当前几项重点工作的通知》中指出，要把提高教师应用信息技术的能力作为教育信息化的基础性工作，主要通过加大教师应用信息技术能力的培训力度来完成。

2014 年 7 月，教育部教师工作司印发《中小学教师信息技术应用能力测评指南》。该指南指出，"中小学教师信息技术应用能力测评的内容主要包括：应用信息技术优化课堂教学能力、应用信息技术转变学生学习方式能力、应用信息技术促进教师专业发展能力"。

2018 年 2 月，教育部等五部门印发《教师教育振兴行动计划（2018—2022 年）》。以提升教师教育质量为核心，以加强教师教育体系建设为支撑，以教师教育供给侧结构性改革为动力，力求从源头上加强教师队伍建设。该计划明确了今后一段时期教师教育振兴发展的目标任务，以及师德养成教育全面推进行动、教师培养层次提升行动、乡村教师素质提高行动、师范生生源质量改善行动、"互联网+教师教育"创新行动、教师教育改革实验区建设行动、高水平教师教育基地建设行动、教师教育师资队伍优化行动、教师教育学科专业建设行动和教师教育质量保障体系构建行动等十大行动。

在国家政策、战略和行动计划的支持下，中小学教师专业能力发展和信息化教学能力取得了显著提升，并形成了具有中国特色的培训模式、培训资源、培训环境、培训管理和运行机制等系列化研究成果，有力地支持了教师专业发展。

第三节　信息化时代的教师专业发展特点及诉求

教师专业发展是在国家实施教育信息化战略进程中稳步前进的。为了配合基础教育课程改革，提高教师应用信息技术教学的能力，国家相继颁布了针对教师专业发展的系列政策，并建立多个教师教育网络联盟，开展各级各类教师教育培训，这些都为教师信息技术能力的提升做出了重要贡献。

一、构建教师信息化教学能力发展的制度

从国家颁布的系列关于教师信息技术能力的政策的演变来看，国家对于教师信息化教学能力的关注点逐渐从知识技能的培训转变到促进教师将信息技术能力切实应用到课堂教学中。这种演变反映了国家更加注重信息化教学的实用性而非仅仅提高教师本人的信息素养，不仅体现了国家整体层面信息素养的提高，反过来也促进了学生信息化能力的提升，作用是相互且可持续发展的。

但与其他发达国家相比，中国的教师专业能力，尤其是信息技术应用能力还稍显不足，尤其是城市与农村、西部与东部的教师信息化能力不均衡现象较为突出，这与我国整体信息化水平不无关系。国家逐渐意识到教师信息化教学能力培训对成功实现教育信息化起着重要作用，相继出台了有关政策，并在此基础之上实施相应的培训项目，这对于教师专业能力的发展具有重要作用。但有些关于教师教育技术培训的相关政策，其强制性稍显不足，并且未能有效关联我国教师资格制度和职称评定等，这对于教师提高信息技术能力并切实应用到课堂教学中的督促力度较弱。

二、稳步地提升了教师信息素养

随着国家对教师的信息化教学能力日渐重视，国家采取了一系列举措用于提高教师的信息化教学能力，包括进行计算机基础培训、启动“校校通”计划以及实施中小学教师教育技术能力建设项目等，国家对于教师信息化教学能力的培训体系逐渐完善，教师的信息化能力也得到稳步提高。

我国中小学教师在职教育和培训工作始于20世纪80年代的学历补偿教育。虽然与发达国家相较而言，相关工作起步较晚，但发展至今，我国中小学教师学历补偿教育已经取得了阶段性成果。20世纪90年代以来，为解决教师学历补偿后所需的继续教育问题，我国相继颁布了《中华人民共和国教师法》（简称《教师法》）、《中华人民共和国教育法》（简称《教育法》），其中关于教师在职教育与培训，明确提出了相关原则性规定，使我国的师资队伍建设迈入了法制化轨道。中华人民共和国国家教育委员会（现教育部）还在全国建立了44个继续教育实验区，并在此基础之上开展了与之相关的有益探索。近年来，由于信息技术的应用能力与教师资格认定、职称评定和考核奖励等挂钩，从外在条件方面强制、激励教师特别是中老年教师学习信息技术、应用信息技术，激发其热情，从客观上促进了教师在课堂教学中应用信息技术，在提高教学效果的同时，也推动了教师本人的信息化素养的提高。

综观我国中小学教师信息化教学能力培养，所取得的成绩是值得肯定的，奠定了我国基础教育质量提升的基础，但与国外中小学教师信息化教学能力培养相比较而言，在一些方面仍需不断改进。

（1）教师在职教育和培训的制度保障有待完善。首先，我国虽颁布了《教师法》《教育法》《中小学教师继续教育规定》等教师在职教育相关的法律、规定，但是规定较为原则和笼统，缺乏一定的实践性，所以为了防止在实际应用中出现用行政权力取代法律规定的不良现象，需要各地方结合本地的实际情况及时制定与之匹配的实施办法、实施细则，以保证教师与教育管理人员在解决继续教育中出现的相关问题时有法可依。其次，迄今为止，我国仍然缺少可以与《教师法》《教育法》相较的、真正具有法律意义的继续教育法。而相比之下，发达国家的教育法制则比较健全、完备，如日本除颁布了《教育基本法》《学校教育法》等法规外，还颁布了《教育公务员特例法》《教育职员资格证书法》等单项法规。再次，关于教师在职教育与培训等相关制度的制定仍需不断完善。目前，由于我国教师在职教育和培训相关制度的制定仍处于不稳定状态，这导致出现基本完成学历补偿教育后，教师进修工作便不被重视的不良现象。在定岗定编的人事管理制度之下，教学任务艰巨，升学压力巨大，而教师目前仍然存在知识更新滞后、教学方法陈旧等问题，同时又缺少法律约束。很多教师对于其自身知识技能更新持有较为积极的态度，苦于缺少进修机会，所以进一步完善教师在职教育和培训制度至关重要，要促进对教师在职教育与培训的深入研究，不因短期利益阻碍长远目标的达成。

（2）培训目标上，重视信息化教学能力达标培训而轻视其他目标的实现。单纯追求培训结果与评职、晋级挂钩的信息化教学能力达标这一目标，在进行校际比较、教师之间比较时，它是易量化的硬指标，但仍存在一些难以通过单一的量化手段进行判断的目标，比如教学技能的增进、协作精神的培养、专业知识的更新、思想素质的进步等。这些目标对培训过程的评价同样起着至关重要的作用，但急功近利的思想导致人们轻视这些目标的实现。综上可知，将培训结果同教师评职与晋级相联系，虽然可以一定程度上激发教师接受培训的积极性，但是教师仍然处于被动状态，并未达到从根本上促进教师学习动机提升的目的。

（3）培养内容和形式上，需要进一步贴近学校与教师的实际需求。目前，培训机构在制定培训计划与设计培训课程时，倾向于从其自身的角度出发，并未足够重视学校和教师的实际需求，结果在实际培训过程中，由于所教非所需，出现教师厌学、出勤率低等情况。并且，在制定培训计划的过程中多数是依据同一地区的共同需求，必然无法满足个别学校的特殊要求，在一定程度上阻碍了全面提高教师素质的进程。同时，在学校实施新的教学思想、教学方法仅仅依靠一部分人的力量是无法实现的，需要全体教师的配合与协作共同完成，但由于未参加培训的教师无法及时理解已参加培训教师所学的新思想、新方法，两者的配合与协作未达到预期的效果，进而导致培训效益大打折扣。

（4）对培训教师信息化教学能力的再培训工作需要重视。我国目前对培训师资的要求仍然存在漏洞与不足，例如，只有少数发达省（直辖市）对本地区的师资培训有学时（或学分）要求，大部分地方只要满足学历方面的基本要求即可。另外，培训师资少部分是在中小学任职的兼职培训教师，大多数是高校毕业生（专职培训教师），由于这些毕业生是在完成学业后直接进入培训院校，所以缺少至关重要的中小学教学实践经验，以及对中小学教学实际情况的了解。

（5）需加强对教师信息化教学能力培训及应用的评价工作。虽然我国对相关的评价工作已开展了一系列的探索，但与发达国家相比，我国在评价理论基础方面仍有较大的提升空间，若理论基础研究不够扎实则会导致评价时缺乏科学性、公正性以及全面性，进而影响评价结果的可信度，最终会对培训的质量和效益造成不良影响。

本章小结

信息时代的教师专业发展有什么特点？“国培计划”与教师专业发展有什么关联？教师信息化教学能力如何？我们需要深刻思考信息时代的教师应该具备的基本能力和素养。教师的信息化教学能力培养和培育离不开国家教育信息化发展战略、“国培计划”等。为此，研究团队梳理了我国教育信息化发展战略及规划，探讨教育信息化进程中的教师专业发展，并进一步归纳教师信息化教学能力发展特色，提出下一阶段教师信息化教学能力提升的建议。

第二章

教师专业发展的基础理论

教师专业发展是教师个体以教师为职业，在自我发展意识引导下，以实现教育教学价值为目的，持续发展其专业知识、专业技能、情感、态度等的动态过程。教育部师范教育司组织编写的《教师专业化的理论与实践（修订版）》中指出，教师专业发展的本质是其专业不断进行发展的历程，是教师通过不断学习，不断增加自身能力、提高专业水平的过程，从而促使教师达到专业成熟的境界①。梳理教师专业发展的理论脉络，有助于我们更清晰地认识教师专业发展的过程和阶段性特征。

① 教育部师范教育司. 教师专业化的理论与实践（修订版）[M]. 北京：人民教育出版社，2003：1.

第一节 教师专业发展的理论脉络

教师专业发展有多方面的内涵和各种定义。国外最早提出“教师专业化”定义的人是 Hoyle。他认为，教师专业发展是指教师在校教学任职的每一专业发展阶段，能够充分掌握满足其自身发展需求的知识与技能的过程①。Perry 指出教师专业发展的内涵包含教师对自身教学信心、教学技能的提升以及对所教授的学科相关知识的扩充与深入探讨，并且着重体现在教师对课堂教学质量以及教学效能的密切关注②。弗兰（Fullan）和哈格里夫斯（Hargreaves）认为教师专业发展不仅是通过职后教育和教师培训而增强各方面素质，还是教师在对教学目标的认识、教学技能和沟通合作能力等方面的全面进步③。

一、教师专业发展的阶段论

有研究者认为，对教师个体而言，在职业生涯的发展过程中，随教学实践的增加其专业发展可以分为不同的阶段。主要有三种观点：关注阶段论、职业生涯阶段论、教师社会化阶段论。教师专业发展的阶段论认为具有明显的阶段性是教师个体职业发展的特征。

（一）关注阶段论

该理论研究的鼻祖是美国学者福勒，其在 1969 年编制《教师关注问卷》，开始教师发展理论的研究④。关注阶段论根据关注内容的不同，一般将教师由师范生到专业教师的成长过程分为以下四个阶段：

（1）任教前关注（preteaching concerns）阶段。师范生因没有进入教师角色，没有教学经验，所以只关注自己。

---

① Hoyle E. Professional and deprofessionalization in education[M]. *In* Eric Hoyle & Jacquetta Megarry (Eds.), World Yearbook of Educaton 1980: Professional Development of Teacher. London: Kogan Page, 1980: 42.

② Perry P. Professional development: The inspectorate in England and Wales[M]. *In* Eric Hoyle & Jacquetta Megarry (Eds.), World Yearbook of Educaton 1980: Professional Development of Teacher. London: Kogan Page, 1980: 143.

③ Fullan M, Hargreaves A. Teacher development and educational change[M]. *In* Michael Fullan & Andy Hargreaves (Eds.), Teacher Development and Educational Change. London: Routledge, 1992: 8-9.

④ 转引自：戈明亮. 浅析教师专业发展理论[J]. 时代教育，2017（1）：5.

（2）早期生存关注（early concerns about survival）阶段。作为新手教师，更加关注自身的生存问题，如班级管理、教学内容及指导者的评价等。

（3）教学情境关注（teaching situations concerns）阶段。教师关注的是教学情境的限制和挫折，以及不同情境中不同的教学要求。

（4）关注学生（concerns about students）阶段。教师亲身体验到必须面对和完成较繁重的工作时应关注学生。

（二）职业生涯阶段论

费斯勒通过研究，将教师的职业周期分为 8 个阶段，包括职前准备、入职、形成能力、热心和成长、职业受挫、稳定和停止、职业泄劲和职业生涯结束。休伯曼将教师职业生涯过程归纳为 5 个时期：入职期（1—3 年）、稳定期（4—6 年）、实验和歧变期（7—25 年）、平静和保守期（26—33 年）和退出教职期（34 年以后）。

（三）教师社会化阶段论

教师社会化阶段论认为教师作为一个社会人，教师专业社会化的过程正是教师这一职业融入社会、被社会认可的过程，因此，教师专业的社会化与教师个体社会化的过程是相互融合、相互影响的。一般而言，教师的专业化发展过程分为师范生、实习教师、新手教师、合格教师、熟手教师等阶段。

二、教师专业发展的终身学习论

随着科学技术的快速革新以及理论知识的迅猛扩充，教育领域面临着越来越严峻的挑战，同时对教师专业能力的要求也不断提高，意味着教师自身的专业发展必须要与时俱进，要真正做到“活到老，学到老”。教师通过终身学习，及时把握专业的发展趋势，从而提高其自身的专业能力，并增强专业的教学技能[①]。

三、教师专业发展的自我理论

教师专业发展的动力来自外部和内部两个方面：①来自外部的推动力，包括

① 戈明亮. 浅析教师专业发展理论[J]. 时代教育，2017（1）：5.

教育环境、政策法规、经济形势、社会舆论等因素；②来自内部的推动力，包括教师自身的兴趣偏好、价值取向、动机需求、社会经历等。有学者认为，与外在动力相比，教师自身的内在动力更加持久、稳定和主动。教师专业发展的自我理论包括动机自我决定理论、自我反思理论、自我实践理论和自我完善理论。①

（一）动机自我决定理论

动机自我决定理论认为，内部动机决定和支配个人的外在行为，当人的内在需求不断增强，达到一定程度时，诱发个人产生强烈的动机，从而会促使人为了满足内在需求而做出相关的外在行为。因此，动机驱动的行为更为可靠与可持续。美国心理学家 Deci 和 Ryan 提出的动机自我决定理论，强调自我决定在动机过程中的能动作用，可以明显提高绩效。换句话说，当教师内心认为专业发展非常有效，认可其价值，就会把这种认可转化为强烈的学习动机，从而促进教师积极主动寻找促进自身发展的机会。②

（二）自我反思理论

自我反思是教师发展理论与实践两个维度的交融和提升，其内涵具体表现为五个方面：①在教师发展境界上，自我反思理论倡导教师形成以身载道的个人哲学；②在教师本质上，自我反思理论强调教师是一个机体；③在教师与课程的关系上，自我反思理论主张教师即课程；④在教师培养上，自我反思理论注重培养教师智慧；⑤在大学与中小学的关系上，自我反思理论强调二者是一个合作共生的整体③。

（三）自我实践理论

自我实践理论强调个体首先设定一个可行的目标，并坚持通过自身的持续努力来实现目标。Deborah 和 David 基于自我实践理论提出了一种教师专业发展理论，该理论突出自我的内在控制，强调实践是专业发展的基础④。

（四）自我完善理论

社会心理学家马斯洛的需求层次理论认为，人类的最高需求是自我实现。德国著名教育家第斯多惠提出了教师专业发展的自我完善理论，强调教师职业应受

① 转引自：戈明亮. 浅析教师专业发展理论[J]. 时代教育，2017（1）：5.

② 转引自：戈明亮. 浅析教师专业发展理论[J]. 时代教育，2017（1）：5.

③ 转引自：戈明亮. 浅析教师专业发展理论[J]. 时代教育，2017（1）：5.

④ 转引自：戈明亮. 浅析教师专业发展理论[J]. 时代教育，2017（1）：5.

到国家和社会的尊重，应该为教师群体的发展做好社会准备；而对教师个体而言，则要做好以教育事业为终身职业的准备，可通过学习、研究教育学知识和专业知识、增加教学交流和组建教师团队发展自我、完善自我①。

第二节 融合信息技术的教师能力模型②

早在 20 世纪，美国就做了大量教与学的研究，研究结果表明：影响学生学业成绩、制约学校教育质量最为重要的因素就是教师，其相关程度极大地超出了对学校的各种物质投入等其他因素。有的学者将“教师能力”定义为“教师在教育教学活动中表现出来的、直接或间接影响教育教学活动的质量和完成情况的个性心理特征”③。我们认为，教师能力不仅是一种稳定的、对教学活动有影响的个性心理特征，更是一种外在可见的稳定的行为表现。卢正芝等的研究指出，国内教师能力构成的研究主要集中在微观和宏观两个层面，微观层面主要集中在教师教学能力，即课堂教学能力的构成，而宏观层面的研究形成了一个动态发展的过程④。陈安福等把教师的教学能力分为一般教学能力（包括搜集教学资料的能力、组织教材的能力、言语表达能力）和教学管理能力（包括组织课堂教学的能力、因材施教的能力、教学反馈的能力、教学诊断的能力）⑤。李孝忠认为教师的能力由一般能力（包括观察力、记忆力、思维能力等）和教育能力（包括思想品德教育能力、教学能力、组织管理能力）组成⑥。叶澜提出教师能力包括理解他人和与他人交往的能力、组织管理能力、教育研究能力、信息的组织与转化能力、信息的传递能力、运用多种教学手段的能力、接受信息的能力等⑦。靳莹等认为教师能力体系包括教育教学能力、基本认知能力、系统学习能力、调控与交往能力以及拓展能力，并阐述了这些因素在教师能力构成中的地位⑧。宏观层面

① 转引自：戈明亮. 浅析教师专业发展理论[J]. 时代教育，2017（1）：5.

② 本节内容选自：刘清堂，吴莉霞，张思，等. 教师数字化能力标准模型构建研究[J]. 中国电化教育，2015（5）：14-19.

③ Brophy J, Good T L. Teacher behavior and student achievement[M]. *In* M. C. Wittrock (Ed.), Handbook of Research on Teaching (3rd ed.). NewYork: Mocmillan, 1986: 376-391.

④ 卢正芝，洪松舟. 我国教师能力研究三十年历程之述评[J]. 教育发展研究，2007（2）：70-74.

⑤ 陈安福，何毓智. 教学管理心理[M]. 福州：福建教育出版社，1988：135-138.

⑥ 李孝忠. 能力原理与测量[M]. 长春：东北师范大学出版社，1993：59-73.

⑦ 叶澜. 未来教师的新形象[J].上海教育科研, 2000(2)：62.

⑧ 靳莹，王爱玲. 新世纪教师能力体系探析[J]. 教育理论与实践，2000（4）：41-44.

的研究主要侧重讨论教师能力结构的全貌，而随着教师能力自身发展和教育改革等内外因的变化，教师能力结构处于动态发展和扩充之中，人们对教师能力结构的认识也在不断更新。教师能力微观层面的研究中，最突出的观点是，周建达、林崇德提出把教师的教学能力分为三个方面：教学认知能力、教学操作能力和教学监控能力①。

综上，教师能力具有多维度、多层次特点。不同理论流派进行了较为系统的分析与描述。然而，人工智能、大数据和云计算等技术高速发展，对教师能力提出了新的诉求，尤其要培育与新一代信息技术环境下开展教育教学相适应的信息素养、数字素养和专业素养等。

一、教师能力模型及标准

（一）国外教师能力标准研究

国外学者广泛开展了教师能力标准的研究，如英国的《杰出教师标准》②、美国国际培训、绩效与教学标准委员会（IBSTPI）的《教师能力标准：面对面、在线及混合情境》③、德国教师教育标准④、加拿大安大略省教师能力标准⑤、澳大利亚师范生国家标准⑥、美国科学教师培养标准⑦和联合国教育、科学及文化组织（UNESCO）的教师信息技术应用能力标准等。国外教师能力标准及其特点如表 2-1 所示。

表 2-1 国外教师能力标准举例

序号	标准名称及发布时间	内容概述	主要特点
1	（英国） 《杰出教师标准》 （2011 年 12 月）	采用对杰出教师的特点进行“描述”（narrative）的方式，内容上除了前言以外，包括知识、课堂表现、成果、环境和特质、专业背景等五部分	该标准更加清晰、简洁，并具有强调整体性、采用描述方式、不受教龄限制、不和薪金挂钩等特点

① 周建达，林崇德. 教师素质的心理学研究[J]. 心理发展与教育，1994（1）：31-37.

② 转引自：曾鸣. 英国《杰出教师标准》述评[J]. 外国教育研究，2013（2）：57-63.

③ 转引自：黄白. IBSTPI 教师能力标准与我国中小学教师专业标准研究[J]. 江苏教育研究（理论版），2008（6）：20-24.

④ 转引自：吴卫东. 德国教师教育的新标准及启示[J]. 外国教育研究，2006（9）：57-62.

⑤ 转引自：苏立增. 加拿大安大略省的教师能力标准[J]. 教学与管理，1988（5）：74-76.

⑥ 转引自：赵大成. 培养适应素质教育的师资——澳大利亚师范生国家标准介绍[J]. 邵阳学院学报（社会科学版），1998（6）：65-69.

⑦ 转引自：李爽，陈丽. 美国国家教师相关标准及其对我国教师信息能力标准制定的启发[J]. 电化教育研究，2003（5）：68-71.

续表

序号	标准名称及发布时间	内容概述	主要特点
2	（美国 IBSTPI）《教师能力标准：面对面、在线及混合情境》（2004 年）	分为专业基础、计划与准备、教学方法和策略、评估与评价、教学管理五个维度能力模块。每个维度有若干具体的能力项，共计 18 项。每项能力又用若干绩效指标来描述。其中，有两项能力指标专门指出要应用信息技术	该标准内容广泛，适用于三种学习情境；具有时代性；绩效指标多以学习者为衡量主体；可适用于多种行业；有多种用途；可操作性强
3	德国教师教育标准（2004 年）	包括四个职能领域：教学、教养、评价、创新；每个职能领域包含若干具体职能，共计 11 种。每种具体职能都按照理论和实践两维列出具体的指标。属于三级结构。没有明确提到信息技术的应用能力	该标准中，理论教育与实践教育贯穿整个教师教育的四个职能领域
4	美国教师教育标准（2000 年）	在原有标准基础上作了简化，标准数量减少为 6 项。这些标准分为两个部分，第一部分以高校师范生为主体（标准 1 和标准 2）；第二部分以教师教育机构为主体（标准 3—标准 6）。指标均分为不合格、合格和优秀 3 个等级	从该标准本身看，从强调过程转向关注结果；注重实践环节；教师教育的主体由过去的单一主体（以高校为主体）向多主体发展；关注时代发展尤其是科技的变化发展对教师素质的新要求
5	加拿大安大略省教师能力标准（1986 年）	分为六个能力模块，每个能力模块包含若干具体的能力指标，共 93 条。该标准中一部分是新教师在两年的试用期内应该掌握和必须达到的，另一部分则是在以后的教学实践中逐步发展起来的。属于二级结构。在第二个模块明确提出了应用信息技术手段的要求	教师能力标准的制定基于两方面的目的。一方面作为教师所必备的有关教育、教学的知识、能力、技巧的客观指标。另一方面则是为教师管理人员和师资培训部门提供一种工具，为教师的继续教育提供指导和帮助
6	澳大利亚师范生国家标准（1998 年）	分为 14 项规格标准，每项标准下有若干具体的指标描述，其中第 11 项标准单独提出了教育技术的应用要求	该标准涵盖范围广泛，建立了一个高规格、全方位、立体的师范生标准
7	美国科学教师培养标准（1998 年）	标准共分为 10 个部分，从学科内容和教育学两个维度出发，取问题域为标准内部结构划分的基准	标准 10 个组成部分之间呈非线性结构

国外教师能力标准呈现如下特点：从形式上看，都是以教师工作的某一个角度为线索进行模块化，每个模块有若干二级能力项（职能项），每个能力项目下又包含若干绩效指标，使得结构上形成一种一维的三级的结构特点。个别较早的国际教师能力标准，如加拿大和澳大利亚的教师能力标准，每个模块下直接包含具体的绩效指标，呈现二级结构。从模块内容上看，各国的教师能力标准虽然各自划分的角度以及一级项不同，但也有某些一、二级能力项目重合度比较高。按照重合度从高到低的顺序，依次是：教师专业发展（1、2、3、5、6、7）；协作

与交流（1、2、5、6、7）；评估（2、3、5、7）；道德规范政策意识（2、3、6、7）；知识（1、4）；教学准备（2、5）；教学管理（2、5）；教学方法与教学策略（2、5）；教学实践（3、4）。从时间发展上看，从美国早期的科学教师培养标准到近年来的如英国《杰出教师标准》、美国 IBSTPI 能力标准，都注重社会各因素和科技的发展对教师素质的新要求。

（二）国内教师能力标准研究

2021 年笔者在中国知网搜索有关教师能力标准的研究文献，可以看出国内对教师能力标准建构的研究主要面向中小学教师和职业院校教师，职业院校更注重实践，对教师能力的要求正在不断提高。因此职业院校教师能力标准建构日益得到重视。如刘君义等提出的基于 DACUM 方法的职技高师教师能力标准研究①，肖化移等提出的基于功能分析法的中职电脑动画设计专业教师能力标准建构研究②。对于普通教育而言的教师能力标准的建构，有代表性的是宁虹提出的教师能力标准理论模型③，在将教师能力的内涵、结构以及外延转化为教的理论、教的意识、教的行为的基础上，挖掘三者之间的联系，并建立它们的连接，从而构筑了一个传统意义上的教师能力标准的理论模型。在中小学教师教育领域，随着信息技术的发展及其在教育中的应用，对教师的教育技术能力的要求日益突显。2004 年，我国颁布《中小学教师教育技术能力标准（试行）》，时隔十年，2014 年，又颁布《中小学教师信息技术应用能力标准（试行）》。而对教师更全面的专业水平衡量的标准主要是教育部 2012 年颁布的《幼儿园教师专业标准（试行）》、《小学教师专业标准（试行）》和《中学教师专业标准（试行）》。上述教师能力标准的主要内容及特点见表 2-2。

表 2-2　我国试行的教师能力标准

序号	标准名称	内容概述	主要特点
1	《中小学教师教育技术能力标准（试行）》（2004 年）	标准包含四个模块，分别是：意识与态度、知识与技能、应用与创新以及社会责任。每一模块下面都对该模块进行不同层次或者不同等级的细分，并对细分的二级标题进行了详细的描述	该标准体现一定的动态发展性，使得我们在衡量教师专业水平时具备可伸缩性，为教师的成长留有空间

① 刘君义，方健，王冬铀，等. 基于 DACUM 方法的职技高师教师能力标准构建[J]. 职业技术教育，2009（20）：80-82，95.

② 肖化移，李仲阳. 论中职电脑动画设计专业教师能力标准的开发——一种基于功能分析法的研究[J]. 教师教育研究，2010（5）：53-57.

③ 宁虹. 教师能力标准理论模型[J]. 教育研究，2010（11）：77-82.

续表

序号	标准名称	内容概述	主要特点
2	《幼儿园教师专业标准（试行）》《小学教师专业标准（试行）》《中学教师专业标准（试行）》（2012年）	按照学段分为幼儿园教师标准、小学教师标准、中学教师标准。每个学段的标准内容均分为专业理念与师德、专业知识、专业能力三个一级维度，然后每个维度又分为若干二级项，每个二级项下包含若干具体指标	以合格教师的核心内容为线索划分维度：理念与师德、专业知识、专业能力
3	《中小学教师信息技术应用能力标准（试行）》（2014年）	从“优化课堂教学”和“转变学习方式”两个方面，从技术素养、计划与准备、组织与管理、评估与诊断、学习与发展五个维度来描述教师的信息技术应用能力	“优化课堂教学”属于基本要求。“转变学习方式”属于发展性要求

（三）国内外教师能力标准对比的启示

我国学者对国内外教师/教师教育（能力）标准始终保持着积极开放的学习和借鉴态度。从2008年开始，IBSTPI教师能力标准就进入了我国学者的研究视线，对于国外教师/教师教育（能力）标准的研究，一般都从述评开始，结合我国的国情进行了比较深入的研究，如IBSTPI教师能力标准。通过对国内外教师能力标准研究的梳理，我们可以看出国内外教师能力标准有很多不同。①从标准建立的理论依据上看，我国的教师能力标准仍然是以教师为中心，真正就是对教师的考核，而国外尤其是近年来颁布实行的标准，如IBSTPI教师能力标准，大多是以学生为中心，围绕21世纪的学生能力，提出教师必须具备的能力。②从标准的维度上看，我国的教师专业标准、教师教育技术能力标准的模块划分，都是以教师职业为出发点和线索：从意识与态度、教师专业知识、教师能力，再到教师知识发展、创新与应用。而国外的教师能力标准大多以教学过程或教学活动为线索来划分模块，如德国的教师能力标准，就划分为两个维度：理论教学与实践教学，每一个维度下以教学活动序列展开。美国IBSTPI教师能力标准，则认为教师的意识与态度、专业知识是教师必备的基础能力，并没有在标准中明确提出来，整个标准以课堂教学过程为线索来划分维度。

二、信息时代的教师能力模型

经过多年发展，我国教师的教育技术能力转变为教师信息技术应用能力，能力标准从形式到内容都发生了很多变化。而我国的教师专业标准颁布时间较晚，比较全面详细，但没有明确体现信息技术能力以及信息时代、数字时代对教师的要求。这在当前信息技术迅猛发展的阶段，似乎不太合适，教师的专业标准应该是融合了信息技术能力、数字化能力的。这也符合国际上信息技术发展的轨迹，当前已经进入信息技术融合的阶段，我们对教师的信息技术能力可以有单独的、明确的要求，同时，对教师的专业要求不应该将信息技术能力单独剔除在外。我们在 IBSTPI 教师能力标准及其开发模式的基础上，尝试构建教师数字化能力标准模型。

（一）IBSTPI 教师能力标准及其开发模式的启示

众所周知，IBSTPI 是一个专业制定能力标准的国际组织。

什么是能力标准？能力标准开发的大多数定义中都包含了对人类绩效的支持或改善。里奇和他的同事认为，能力标准描述的就是专业能力得以展示的重要途径，同时也是一种表示专业合格的状态。IBSTPI 将能力标准定义为：一整套使得个人可以按照专业标准的要求有效完成特定职业或工作职责的相关知识、技能和情感态度。

IBSTPI 教师能力标准倍受国内学者推崇，究其原因，其所依据的开发模式功不可没。IBSTPI 教师能力标准开发模式如图 2-1 所示。

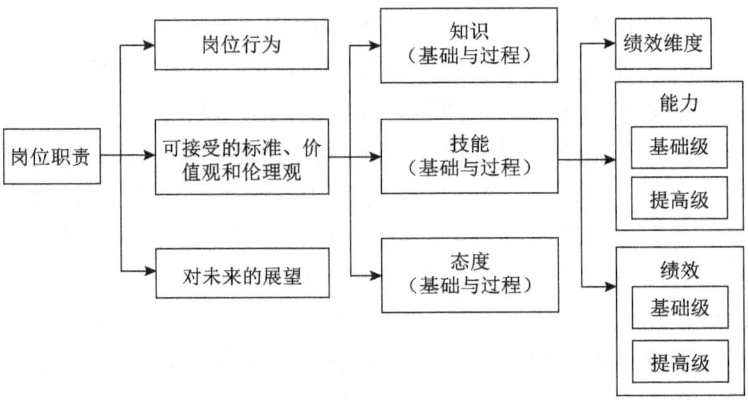

图 2-1 IBSTPI 教师能力标准开发模式

IBSTPI 教师能力标准开发模式呈现了一个动态的过程，包含三个阶段。该模式从已经明确定义的岗位行为开始，关注当前期望的绩效标准、职业道德规范、价值观和伦理观，以及对未来的展望。这是第一阶段。进入第二阶段，主要任务是确定与能力绩效对应的知识、技能和态度，并通过一些方式方法确认这些能力。最后是第三个阶段，主要任务是对得到确认的能力进行详细阐述，方法是采用更为细化的绩效指标来具体化各项能力，并将得到确认的能力分组归入相关的活动维度。这三个阶段构成一个周期，可重复进行，特别是当职业角色发生重大变化时。

在数字时代教师能力标准的研究中，IBSTPI 教师能力标准尤其是其开发模式为我们提供了重要的思路，依据数字时代教师岗位职责，对教师能力标准维度进行划分，然后再对能力构成进行分析，对需要具备的能力进行表述，对其绩效指标进行详细阐述，最终形成标准。

（二）教师能力模型构建原则

依据教育信息化特征及教师专业发展目标，教师数字化能力模型构建需要遵循如下原则。

（1）以教师使用数字化技术进行教学、学习，同时促进专业发展的能力为基础。教师能力的核心是教师教学能力和专业发展能力，随着电子双板、翻转课堂、微课、慕课（MOOC）的到来，教师的教学能力受到了新的挑战。信息技术环境下的教师应该不断提升自身的数字素养，积极应用数字技术优化教学和学习过程。

（2）为数字时代教师角色、教学方法、教师教育途径的多样性及创新与突破预留空间。例如，数字化技术与课堂的深度融合依赖教师的如下能力：用数字化技术构建学生学习环境；将数字化技术融入教学方法；运用数字化技术促进学生之间的互动，鼓励合作互动、协作和小组工作；运用数字化技术对学生的学习效果进行评价。这些要求教师具备数字化课堂管理能力。随着信息技术的发展，教师能力可能会面临更多的挑战。

（3）以教师必须具备的数字化技能及其与教学过程深入、创新融合为核心。创新使用数字技术营造学习环境，促进教师数字素养、教学准备、教学实施、教学管理和教学评价能力提升。教师专业学习和发展是教师能力提升的关键部分。

（4）以教师终身学习的数据意识和自主学习的数字化能力为关键。数字时代使得终身学习成为现实。终身学习的数据意识包括：形成持之以恒的应用数据开展教与学的习惯，坚持数字化学习以实现连续性的专业提升；以数字化学习为主要标志，重视数字化教与学能力的培养；突出数字化学习的针对性和实效性。

（5）以教师作为教育研究者所具备的意识和能力为延伸。数字时代的教师不仅要会教学、会学习，还要能思考、会反思，要具备研究意识，在研究过程中实现反思和自我提升。数字时代的研究者表现为：具有强烈的研究意识；掌握运用数字化技术进行研究的一般方法，如运用数字化工具设计环境、运用数字化工具进行对比研究等；应用数据分析报告开展教学的观摩和反思，运用数字化技术记录教学过程，并进行编码和数据分析；重视应用数据的思维能力培养。

（6）以使未来教师的形象与能力更丰富、更全面、更立体为愿景。数字时代的教师，要从过去与学生、家长、学校、家庭、社会面对面的关系发展为善于利用一切信息技术手段来处理这些关系，以提高工作效率，促进学生的全面发展。

（三）信息时代的教师数字化能力模型

在能力开发模式及开发原则基础上，教师数字化能力模型的结构如图 2-2 所示。

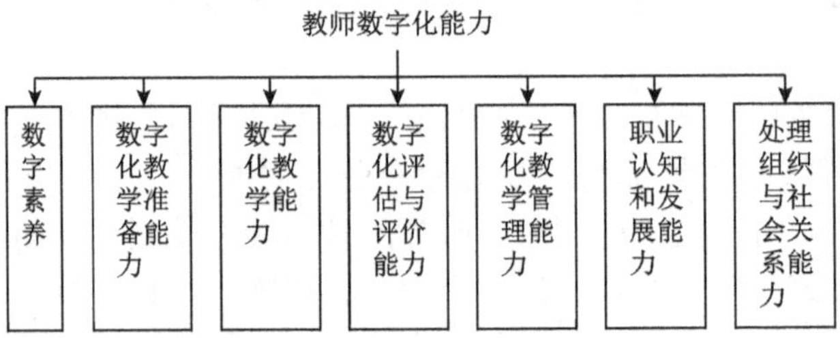

图 2-2　教师数字化能力模型

各模块能力的描述如下。

（1）数字素养模块。包含基本的教师技能如板书、普通话、阅读，更重要的是包含利用数字设备获取、识别、处理信息的能力，通过网络教学工具共享资源、与学习者交流合作的能力，具备在数字化环境下的个人防护、数据维护等能力，具备创造性地创建和编辑新内容的能力，具备根据教学需要选择合适的数字工具、通过数字化手段解决问题的能力。

（2）数字化教学准备能力模块。包含适当使用数字设备准备学习内容、学习环境等，便于学习资源的分享、学习者之间的讨论等。

（3）数字化教学能力模块。这个能力模块不是简单的传统课堂教学能力的再现，而是要求未来教师在数字化环境下，充分利用数字化设备进行线下和线上的教学。有些教学方法如提问教学法、讨论形式的学习、学习巩固与迁移等必须具体突显出来。

（4）数字化评估与评价能力模块。包含适当使用数字化设备对学习者的学习过程、学习结果进行评估，并记录学习结果，实现共享。

（5）数字化教学管理能力模块。既包含对教学过程、教学结果的管理，也包含对教学环境、设备等的管理。

（6）职业认知和发展能力模块。包含教师对个人职业的规划、发展及相关准备、投入的能力，还包含科研能力，关注学科专业动态等的能力。

（7）处理组织与社会关系能力模块。这个能力模块要求教师要充分利用数字设备认识教育系统、组织关系以及处理与家庭、社会的关系，促进学习者的学习。

（四）教师数字化能力标准指标及其评价准则

在比较国内外教师能力标准的基础上，依据教育信息化对教师发展的新要求，教师数字化能力标准指标及其评价准则如表 2-3 所示。教师数字化能力标准指标体系包含七个一级指标，尽可能充分地描述数字时代教师应具备的教学、学习、管理、研究能力，如教师的基础能力——数字素养，核心能力——数字化教学能力，与教学、学生工作相关的社会能力——处理组织与社会关系能力等。这七个能力指标彼此关联又相互促进，每个一级指标之下又包含若干二级指标，各二级指标都紧紧围绕一级能力模块展开，是对该能力模块的分解与具体阐述。例如，在数字素养能力指标中，二级指标共有 4 个，比较充分地反映了数字时代教师所应当具备的数字化技术使用能力、方法。该标准中的三级指标则是对二级指标所能达到的水平做出规定，即评价准则。每一条评价准则不是与二级指标的每一条具体能力一一对应，而是给出一个描述性的范围，每一个二级指标能达到哪个层次要看具体的应用实施情况。

表 2-3　教师数字化能力标准指标及其评价准则

一级指标	二级指标	评价准则
数字素养	（1）描述并展示数字化技术的使用方法。 （2）描述并展示数字化文档处理，图片、视频、音频、动画等软件的基本使用。 （3）说明辅导、训练及练习软件的功能和用途，以及它们如何支持学生学科知识学习。 （4）找到现存教育软件和网络资源，并对其准确性及与课程标准的契合度进行评估，将其与学生的特定需要匹配	（1）针对给定的一个具体学习活动，鉴别此活动的数字化设备需求。 （2）使用数字化搜索工具支持学习活动。 （3）根据给定的场景，选择最合适的数字化软件。 （4）使用数字化软件来管理和共享学生数据以及课堂数据。 （5）使用数字化技术支持交流和协作
数字化教学准备能力	（1）描述如何使用教学法及数字化技术支持学生对学科知识的获得。 （2）将特定的课程目标与特定的数字化环境与资源相匹配，并了解这些应用如何支持课程目标的实现	（1）将数字化技术与知识讲授和学习理论模型结合。 （2）使用数字化资源设计学习活动以支持一个具体的教学目标，支持及时且自发的学习交互
数字化教学能力	（1）在教学准备中设计恰当的数字化教学活动来支持学生对学科知识的掌握。 （2）设计数字化软件和数字化教学资源来支持教学。 （3）帮助学生掌握数字化技能。 （4）设计在线学习材料，支持学生深度理解关键概念及其在真实问题中的应用	（1）使用数字化环境与资源向学生呈现真实问题。 （2）针对一个给定的学习活动，确定如何将数字化资源整合到活动中。 （3）针对一个给定的基于项目的活动，将数字化资源整合到活动中

续表

一级指标	二级指标	评价准则
数字化评估与评价能力	（1）使用数字化技术对学生学科知识的获得情况进行评价。 （2）为学生学习上的进步提供数字化技术支持的形成性评价及总结性评价	（1）针对给定的一个课程目标和标准，融合数字化技术支持的教学和评价资源。 （2）选择一项合适的数字化技术工具来监测和分享学生的学习数据
数字化教学管理能力	（1）将数字化教学环境融入正在进行的教学活动中。 （2）管理数字化环境中个体与小组对于数字化资源的使用。 （3）使用数字化软件来管理、监控与评估学生们项目的开展进程	（1）在数字化环境中管理个人、小组及较大团体对数字化资源的使用。 （2）管理数字化环境与资源相关的协调及社会互动
职业认知和发展能力	（1）使用数字化技术与资源来提高自身学习效率。 （2）使用数字化资源来促进自身对专业知识和教学知识的获得。 （3）鉴别和管理数字化环境的安全问题	（1）使用数字化资源来提高教师的工作与学习效率。 （2）使用数字化环境与资源来支持教师专业学习。 （3）使用数字化工具来提高自身安全、道德意识
处理组织与社会关系能力	（1）使用数字化技术来访问外部专家和学习社区，以支持自身的教学活动和专业发展 （2）使用数字化工具与学生、同行、家长和更大的群体来交流与合作	（1）使用数字化资源来优化与同行、学习者、学校管理层和家长之间的交流与合作。 （2）运用数字技术与外部专家、学习社区合作，通过合作支持自身专业发展

第三节　教师信息化教学能力发展的理论基础

一、融合技术、专业和教学法的 TPACK 能力框架

随着信息技术的高速发展，大数据、云计算、物联网等先进的思想与技术逐渐被应用于教育领域，教育信息化必然会对教师的专业能力水平提出更高的要求。20 世纪 80 年代，舒尔曼教授首次提出学科教学知识（pedagogical content knowledge，PCK）整合模型。为了描述信息时代的教师教学能力，需要建立三类知识——学科内容知识、教学法知识和技术知识的关联和融合，整合技术的学科教学知识（technological pedagogical content knowledge，TPCK）被提出。2005 年，为强调整合技术的学科教学知识并非只是三种核心要素的简单叠加，而是由

三者之间相互融合与协同发展而形成的统一整体，即 total package 之意，TPCK 更名为 TPACK。至此，TPACK 的概念被完整提出。

如图 2-3 所示，TPACK 框架的三大基本要素为学科内容知识（CK）、教学法知识（PK）和技术知识（TK）。在三大基本要素的组合下，产生学科教学知识（PCK）、整合技术的学科内容知识（TCK）、整合技术的教学法知识（TPK），三种要素共同作用所产生的核心——整合技术的学科教学知识（TPACK）以及境脉[①]（contexts）因素。据此可知，TPACK 框架具有复杂性、互动性和动态平衡性的特征[②]。

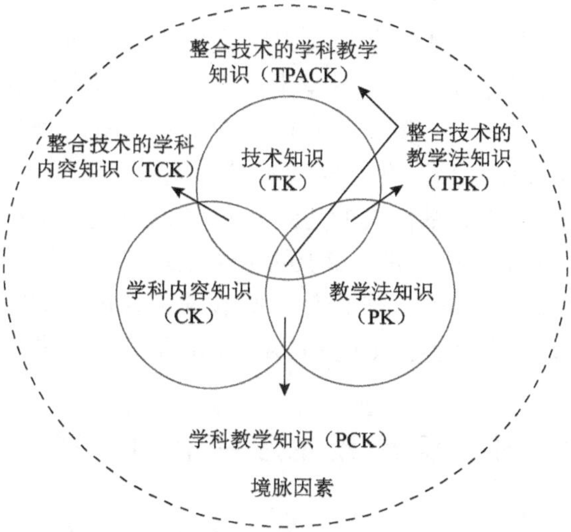

图 2-3　TPACK 框架示意图[③]

TPACK 框架涉及三大基本要素、四种整合要素以及一个外缘要素，多类型的要素组成决定了 TPACK 框架具有一定的复杂性。各要素之间在不破坏彼此独立性的同时相互关联，在此基础上共同建立一个松散耦合的系统。三个基本要素双向互动、彼此影响，共同建构、共同支撑起系统的完整性。各要素之间具有一定的相互作用，这也直接决定了 TPACK 框架具有互动性。在科学技术迅猛发展的环境下，八种要素的关系处于一种动态整合的状态，并非一成不变。例如，曾经某种新兴技术经过时代的快速变革而被选中，最终变成普通的教学方式或手段，而不再占有“技术”这一地位，其他与之相关的要素也将受其影响而产生变

① TPACK 境脉界定为学生和教师组成的一个具体班级中，由课堂的物理环境（软硬件基础设施）、学生的家庭背景、认知特点、心理素质和班级的精神面貌等诸多因素结合在一起的协同作用。（转引自：徐鹏，张海，王以宁，等. TPACK 国外研究现状及启示[J]. 中国电化教育，2013（9）：112-116.）

② 转引自：齐天宇. 教育信息化背景下教师培训模式的 TPACK 优化[J]. 中小学教师培训，2019（5）：15-19.

③ 转引自：齐天宇. 教育信息化背景下教师培训模式的 TPACK 优化[J]. 中小学教师培训，2019（5）：15-19.

化，此时原有的系统平衡被打破，建立并维持新的平衡，随着社会环境的变化而循环往复，TPACK 框架整体处于动态平衡状态①。

TPACK 从学科内容、教学法和技术三个方面整合教师知识，是教育信息化背景下教师信息化教学能力提升的理论基础。因此，当前我国教师发展的专业诉求则是基于 TPACK 框架优化改善教师培训模式。基于 TPACK 框架的三大特征，在教师培训的过程中，强调持续性，完善由获取到提升的 TPACK 五阶段培训框架；强调主动性，构建虚拟网络学习共同体；强调独特性，设计差异化培训内容与团队；强调系统性，实现三大核心知识的有机结合，最终建立起符合时代要求的 TPACK 教师培训模式②。

TPACK 整合模式为教师信息化能力发展指明了方向。首先，教师可以借助资源更新扩展自己的专业知识、了解学术前沿、更新学术素养，适应多元知识融合，积极开展技术融合教学；其次，教师需要结合自身所处的环境，将境脉与各种知识有机结合，利用自己的个性化思维，结合情境，开发出灵活应变的 TPACK 框架，打造与升华原有 TPACK 中的知识技能；最后，教师要认清知识透明化趋势，及时更新知识体系。知识的透明化趋势决定当今教师必须不断获取并接纳新知识，更新知识体系，进而使所吸收的新知识与原有 TPACK 适应并磨合，提升知识水平，实现 TPACK 的不断改进和自身能力的稳步提升③。

二、中小学教师信息技术应用能力标准

信息技术应用能力是信息化社会教师必备的专业能力。为全面提升中小学教师的信息技术应用能力，促进信息技术与教育教学深度融合，教育部于 2014 年 5 月颁布了《中小学教师信息技术应用能力标准（试行）》。这一标准的颁布不同于其他教师能力标准：由于它是《教育部关于实施全国中小学教师信息技术应用能力提升工程的意见》（简称“能力提升工程”）中顶层设计的一部分，所以此标准的研制背景与实施路径，都与“能力提升工程”密不可分④。

该标准是规范和引领中小学教师在教育教学和专业发展中有效应用信息技术的准则，是各地开展教师信息技术应用能力培养、培训和测评等工作的基本依据。根据我国中小学不同的信息技术实际条件以及师生信息技术应用情境的差异，该标准对教师在教育教学和专业发展中应用信息技术提出了基本要求和

① 齐天宇. 教育信息化背景下教师培训模式的 TPACK 优化[J]. 中小学教师培训，2019（5）：15-19.

② 徐鹏，张海，王以宁，等. TPACK 国外研究现状及启示[J]. 中国电化教育，2013（9）：112-116.

③ 徐鹏，张海，王以宁，等. TPACK 国外研究现状及启示[J]. 中国电化教育，2013（9）：112-116.

④ 祝智庭，闫寒冰.《中小学教师信息技术应用能力标准（试行）》解读[J]. 电化教育研究，2015，36（9）：5-10.

发展性要求[①]。

其中，应用信息技术优化课堂教学的能力为基本要求，主要包括教师利用信息技术进行讲解、启发、示范和指导、评价等教学活动应具备的能力；应用信息技术转变学习方式的能力为发展性要求，主要针对教师在学生具备网络学习环境或相应设备的条件下，利用信息技术支持学生开展自主、合作、探究等学习活动所应具有的能力。该标准根据教师教育教学工作与专业发展主线，将信息技术应用能力区分为技术素养、计划与准备、组织与管理、评估与诊断、学习与发展五个维度，其中的计划与准备、组织与管理、评估与诊断和教师的备课、上课与评价等教育教学的实践线索相吻合，便于教师理解与应用[②]。

本 章 小 结

教师通过不断地充实知识与学习，促进其专业知识水平的提升以及教学能力的提高，进而使教师逐步迈进专业成熟的阶段。梳理教师专业发展理论脉络，有助于我们更清晰认识教师专业发展的过程和阶段性特征。不同理论流派对教师专业发展的内涵和本质进行了阐述，包括教师专业发展的阶段论、终身学习论和自我理论等。

信息技术应用能力是教师信息化教学的核心能力，可以从教师课堂教学过程、教师信息化教学能力素养等不同角度来理解。世界各国广泛地开展了教师能力标准的研究，如英国《杰出教师标准》、美国《教师能力标准：面对面、在线及混合情境》、德国教师教育标准、加拿大安大略省教师能力标准、澳大利亚师范生国家标准、美国科学教师培养标准、UNESCO 的教师信息技术应用能力标准，以及我国的中小学教师信息技术应用能力标准等。从教师信息素养角度理解，教师信息化教学能力是教学法、技术和学科内容知识等有机整合，也称为TPACK。研究团队在开展中小学信息技术应用能力培训项目的过程中，梳理了国内外教师能力标准的内涵和特质，提出了教师数字化能力模型，以满足“应用信息技术优化课堂教学、转变学习方式”的需要。

① 祝智庭，闫寒冰.《中小学教师信息技术应用能力标准（试行）》解读[J]. 电化教育研究，2015，36（9）：5-10.

② 祝智庭，闫寒冰.《中小学教师信息技术应用能力标准（试行）》解读[J]. 电化教育研究，2015，36（9）：5-10.

第三章

信息技术支持的课堂教学互动行为分析方法

随着教育信息化的不断推进，信息技术与教育教学的融合日益深入，如何利用信息技术手段促进课堂教学行为分析方法与技术的革新，已成为教育信息化进程中亟待解决的问题之一[①]。课堂教学行为作为我国正规教育的主要形式，在教育信息化的大背景下，借助信息技术手段革新课堂教学行为分析方法，通过课堂教学行为分析提升教师的教学、分析与评价能力，进而有效促进教学活动开展、提升教学效率和质量，具有重要意义[②]。

课堂教学作为当前基础教育的主要活动，其作用在于以教学活动作为源泉，促进学生的发展。教学活动是由一系列教学行为构成的，从行为主体角度看，它是教师行为与学生行为所构成的行为系统。在信息化教学环境中，教学行为的类型、实施方式都发生了变化[③]。

① 转引自：陈奎熹. 教育社会学研究[M]. 台北：师大书苑有限公司，1992：155-156.
② 转引自：陈奎熹. 教育社会学研究[M]. 台北：师大书苑有限公司，1992：155-156.
③ 转引自：陈奎熹. 教育社会学研究[M]. 台北：师大书苑有限公司，1992：155-156.

第一节　课堂教学互动行为分析方法概述①

教师教学行为研究初期，教师特征的量表成为教师培训的参考和改进教师行为的依据。20 世纪 60 年代，教师课堂教学行为与教学效果的关系分析进入了量化和比较研究的阶段，为提升教师教学效能、推进有效教学提供了有益的参考。到了 20 世纪 70 年代，研究者们从教师的认知风格、学生的学习结果等角度出发，系统地考察教师教学行为的内在特征。到了 20 世纪 80 年代，教师教学行为的内在特征、学生学习结果及相关的教学评价与研究成为研究热点。此后，大数据、人工智能为课堂教学评价方法注入了新的活力。

一、课堂教学互动行为分类方法

课堂教学行为依据不同的标准有不同的分类方法。

（1）依据教学媒介，可以将教学行为分为言语行为和非言语行为。言语行为是指课堂教学中教师的讲授、师生主动的讲话、教师对学生的反应、学生间的讨论等所有与语言相关的行为；非言语行为泛指除言语行为之外的所有教学行为。

（2）依据在教学中的地位可以分为主要教学行为和辅助教学行为。为完成教学任务而直接实施的行为称为主要教学行为，如教师的陈述、展示、指导、提问等行为；为主要教学行为服务的行为称作辅助教学行为，如强化、管理、提出期望、倾听等行为。

（3）依据具体行为功能可分为陈述、指导、展示、提问、反馈、管理、观察、倾听、反思及评价等。

（4）依据行为目标达成情况可分为有效教学行为和无效教学行为。有效教学行为有长期行为（对学习者发展长期有效的行为）和短期行为（针对某一节课或课堂的某一段时间）之分；无效教学行为可以是长期的，也可以是短期的。

① 本节内容选自：程云. 基于视频的课堂教学行为分析方法研究[D]. 华中师范大学博士学位论文，2015. 本章使用了“教学行为”和“教学互动行为”，二者不做区分。

二、课堂教学互动行为分析相关研究

关于课堂教学互动行为的典型研究有课堂教学互动行为类型、师生互动行为分析、师生信息反馈模式等，一般是基于全班学生的教学行为特性分析而进行的。

课堂教学互动行为类型典型研究如下。英国的艾雪黎（Ashley）等学者把师生课堂互动的行为方式分为三种类型——教师中心式、学生中心式、知识中心式，并指出：教师中心式的师生之间是控制与服从的关系；学生中心式的师生之间是主体与主体的关系；而为了达成共同目的，师生之间结成特殊的伙伴关系则是知识中心式[①]。利比特（Lippitt）和怀特（White）等对教师领导方式进行了深入的研究，把教师在课堂上的领导行为分为三种：权威式、民主式和放任式[②]。英国学者 Young 基于社会学角度重点对课堂教学中的师生关系、教师角色、教师领导行为以及班级气氛进行了探究，从社会心理的角度研究教师课堂教学行为[③]。叶子和庞丽娟认为，师生互动影响和交互作用的过程即为师生互动过程，既包括互动过程中的具体情境（如人、物及环境等），也包括以往师生互动的状况（如双方之间的认知、情感和行为等各方面）直接或间接的相互作用过程的连续的、循环的影响[④]。吴康宁等依据教师行为的指向性，将课堂教学中的师生互动行为分为三类——指向学生个体、指向全体学生、指向学生小组；从教师行为属性上又将课堂教学中的师生互动行为分为控制-服从型、控制-反控制型、相互磋商型三种类型[⑤]。

师生互动行为分析研究，主要是弗兰德斯（Flanders）提出的弗兰德斯互动分析系统（Flanders interaction analysis system，FIAS），用于分析课堂中师生的言语互动行为[⑥]。弗兰德斯基于“社会相互作用模式”，从学生的学习态度和学习效果两个方面分析了教师的课堂教学行为对学生的影响。在弗兰德斯的影响下，国内外学者基于 FIAS 展开了大量的研究，并不断对 FIAS 进行完善和发展，提出言语互动分类系统（verbal interaction category system，VICS）[⑦]、IIS（instructional information set，IIS）图分析法[⑧]、基于信息技术的互动分析系统

① 转引自：陈奎熹. 教育社会学研究[M]. 台北：师大书苑有限公司，1992：155-156.
② 转引自：陈奎熹. 教育社会学研究[M]. 台北：师大书苑有限公司，1992：155-156.
③ 转引自：李德显. 师生权力与角色分析[J]. 教育理论与实践，2000，（2）：35-40.
④ 叶子，庞丽娟. 师生互动的本质与特征[J]. 教育研究，2001（4）：30-34.
⑤ 吴康宁，程晓樵，吴永军，等. 课堂教学的社会学研究[J]. 教育研究，1997（2）：64-71.
⑥ Flanders N A. Analyzing Teaching Behabior[M]. New York: Addision-Wesley Publishing, 1970: 5.
⑦ 杨平展，刘娟文，罗平. 关于教学行为分类系统 VICS 的讨论[J]. 教师，2009（6）：3-4.
⑧ 杨开城，林凡. 教学系统的 IIS 图分析法及其实证研究[J]. 中国电化教育，2010（2）：31-34.

（information technology-based interaction analysis system，ITIAS）[①]、改进型弗兰德斯互动分析系统（improved Flanders interactive analysis system，iFIAS）[②]等互动分析系统，开展了基于学习过程的课堂交互分析[③]、基于课堂观察的教学行为分析[④]等研究，并开展了课堂教学特征案例研究[⑤⑥]。

朗科尔（Runkel）提出的师生信息反馈模式，由教师参考结构、教师行为、学生参考结构和学生行为等因素构成。其中，学生个人经历、学习目标和环境会影响学生参考结构，而教师个人经历、教师为学生选择的目标、环境会影响教师参考结构；并且，信息在所有因素之间的流动是双向的[⑦]。信息反馈原理应用于师生行为相互影响的解释中，而且在这个模式中，教师参考结构既要确定自己的教学行为，还要通过自己的教学行为和学生行为来获得信息反馈；同样，学生的参考结构也是一样。这种信息反馈利于师生在后续教学中的行为调节和优化。

三、课堂教学行为分析工具及系统

（一）教学行为分析工具、平台开发

通过研制相关软件工具，以技术手段降低教学分析与评价方法应用的门槛，提高数据采集与分析的效率，便于教学分析与评价方法的推广与应用。国外有影响的、较成熟的课堂教学分析工具有 Transana[⑧]、QSR Nvivo[⑨]、ATLAS.ti[⑩]等。Transana 平台是基于标注关键词来储存、辨识和组织教学录像，并可用关键词快速定位视频片段，还可以根据分析需要，按照分析模型进行逻辑切片，并进行描述和点评。Nvivo 是一款功能强大的定性分析软件，该软件提供了导入、编码、群组、查询、建模、链接、分类和文件夹等八大功能，其分析迅速，数据导入、导出便捷，适合分析纵向研究、行为研究、内容分析、对话分析、人

① 金建峰，顾小清. 信息技术环境下课堂教学行为的分析研究[J]. 中国电化教育，2010（9）：82-86.

② 方海光，高辰柱，陈佳. 改进型弗兰德斯互动分析系统及其应用[J]. 中国电化教育，2012（10）：109-113.

③ 魏雪峰，崔光佐，李莉，等. 基于学习过程的课堂交互分析研究[J]. 电化教育研究，2011（12）：91-97.

④ 张瑾，朱珂. 基于课堂观察的教学行为分析研究[J]. 现代教育技术，2012（4）：25-28.

⑤ 张露丹，汪颖，潘玉霞. 信息技术专家教师课堂教学特征案例研究——基于弗兰德互动分析系统[J]. 电化教育研究，2011（7）：83-88.

⑥ 高巍. Flanders 课堂教学师生言语行为互动分析系统的实证研究[J]. 教育科学，2009（4）：36-42.

⑦ 转引自：王小平，钱佩红，夏惠贤. 基于“结构—功能”互补的英语教学模式研究[J]. 上海师范大学学报（哲学社会科学・基础教育版），2004（2）：110-114，97.

⑧ Transana[EB/OL]. [2020-12-02]. http://www.transana.org/.

⑨ QSR Nvivo[EB/OL]. [2020-12-02]. http://www.qsrinternational.com/.

⑩ ATLAS. ti[EB/OL]. [2020-12-02]. http://atlasti.com/.

类学、文学回顾等定性研究数据。ATLAS.ti 可分析文本、图像、视音频、PDF文件等，其分析流程是“建立新项目—导入视频内容—创建引用—编辑和分析—形成可视化的网络视图”，但是处理中文能力较差。此外还有电子档案袋评价、魔灯（Moodle）等课堂教学分析工具。电子档案袋评价是信息技术支持的对教育教学过程进行真实性评价、过程性评价且具有反思性功能的一种有效的质性评价方式。魔灯是基于建构主义教育理论而开发的课程管理系统，在我国也有较广泛的应用[①]。

在国内，为切实提高课堂教学质量，郑兰琴、张进宝、陈鹏等基于多点（multipoint）输入技术，研发了互动教学平台 Mouse Mischief。该平台是一个师生交互平台，具有电子点名、答题反馈、单选题、多选题、判断题、填空题、拖拽题、画图题、简易评分、投票表决等交互和反馈功能[②]。

国外有许多著名的教学视频研究项目，如 DIVER（digital interactive video exploration & reflection，交互性数字视频探究与反思）[③]、Teachscape 等。这些项目通过各种方式，将课堂教学实况用录像的方式制作成教学视频案例，再借助一定的测评工具，依据相关标准对教学视频进行观察、测量和分析，进而开展教学研讨与教学评价，促进教师反思与成长，多维度促进教师专业发展。国内影响较大的教学视频研究项目首推首都师范大学研发的基础教育点评平台——Chinaetlab[④]。该平台以远程听课、评课的网络空间搭建为出发点，以偏远地区的课堂教学改革以及教师专业发展为中心，用户在该平台中可以上传录制的课堂教学视频，学科专家可对视频进行文字点评，并可与教师进行远程交流。

（二）工具、平台应用研究

除了工具平台的开发，国内学者更多是基于以上工具进行了一系列的实证研究。如郑晓丽、夏一飞依据 TIMSS-R 的要求，将课堂教学信息结构进行两次编码后，再在 Transana 平台中对视频进行注释和切片，并应用 Flanders 教学互动行为分析方法，对温州大学省级精品课程“现代教育技术”的教学录像进行了定性与定量研究[⑤]。周艳选择了三个典型信息技术教学环境的教学视频，

---

① 转引自：刘洋，兰聪花，马炅. 电子档案袋评价与传统教学评价的比较研究[J]. 电化教育研究，2012（2）：75-77，107.

② 郑兰琴，张进宝，陈鹏，等. 基于 Multipoint 技术支持的课堂互动教学平台 Mouse Mischief 的应用研究[J]. 中国电化教育，2009（10）：93-98.

③ DIVER[EB/OL]. [2020-12-12]. http://diver.stanford.edu/.

④ Chinaetlab[EB/OL]. [2020-12-12]. http://www.chinaetlab.net/.

⑤ 郑晓丽，夏一飞. 基于 Transana 平台的教师专业发展可视化分析案例研究[J]. 现代教育技术，2009（7）：29-34.

从行为覆盖率和行为分布两方面，分析了课堂教学行为交互情况，利用 Nvivo 软件，并结合课堂教学交互行为观察表，利用质性与量化结合的方法对比分析了课堂教学交互行为的差异和共性[①]。李静、张祺、苗志刚等利用 Nvivo 质性分析软件，选取华中师范大学第一附属中学同一教学内容在不同信息化课堂环境下的课堂教学视频作为研究对象，基于质性分析的视角对中学信息化课堂教学交互行为进行研究[②]。孙众、马玉慧基于 Nvivo 质性分析软件，对课堂教学视频分析和研究，提出了优化课堂教学交互、促进教师专业发展等的策略建议[③]。张海借助魔灯，围绕学生学习过程中的预习、听课、复习、作业及测试五个环节，对网络环境下学生课堂评价的实践过程进行了探究，并针对学生的学习过程进行发展性评价，以提高学生主动学习的积极性，提升学习效率[④]。何淼利用课堂学习电子档案系统开展教学评价，实践证明，该系统有效提高了课堂教学效率[⑤]。

学者们就课堂教学行为观测与评价，也做了大量的探索和实践。如蒋鸣和在对国际数学和科学教学比较研究的基础上，借助信息技术手段，对课堂教学中丰富而又复杂的师生交互过程的信息进行数字化处理和分析，并与教师教学行为分析相结合，使之成为提高教师课堂教学能力的有效工具[⑥]。郭绍青等提出“有效教学”课堂录像分析方法与工具研究，以及课堂录像分析的混合式评价方法，并开发了课堂教学录像分析软件[⑦]。刘飞等以网易视频公开课“现代礼仪”和哈佛大学公开课“公正：该如何做是好”作为案例进行了实证对比研究，介绍了 S-T（student-teacher）分析法的实施方法、作用及意义[⑧]。以上这些研究主要以教学视频为载体，侧重教学行为观测与评测方法研究，对基于视频的课堂教学评价具有一定的借鉴意义。

---

① 周艳. 信息技术教学环境下课堂教学交互行为研究——基于个案的比较分析[D]. 华中师范大学硕士学位论文，2013：5.

② 李静，张祺，苗志刚，等. 中学信息化课堂教学交互行为研究——基于质性分析的视角[J]. 中国电化教育，2014（2）：101-107.

③ 孙众，马玉慧. 视频案例多元分析法促进新手教师专业发展研究[J]. 电化教育研究，2013（8）：104-109.

④ 张海. 网络环境下课堂评价的创新与实践——“魔灯”在课堂教学评价中的作用[J]. 上海教育科研，2012（9）：57-59.

⑤ 何淼. 课堂学习电子档案系统在语文教学评价中的应用[J]. 中国教育信息化·基础教育，2010（11）：60-61.

⑥ 蒋鸣和. 课堂教学研究的录像分析方法[J]. 现代教学，2004（10）：4-8.

⑦ 郭绍青，张绒，马彦龙. “有效教学”课堂录像分析方法与工具研究[J]. 电化教育研究，2013（1）：68-72.

⑧ 刘飞，刘雁，黄成云. 基于 S-T 分析法的教学过程对比分析——以网易视频公开课为例[J]. 中国教育信息化，2012（6）：58-60.

第二节 基于视频的课堂教学互动行为分析方法①

一、基于视频的课堂教学观察方法

课堂教学观察方法是指观察者带着明确的研究目的，凭借自身感官及有关辅助工具，直接或间接从课堂教学情境中收集资料，并做相应研究的一种教育科学研究方法。利用视频开展课堂教学观察的方法由来已久，早在20世纪60年代，课堂教学录像分析方法已在新教师的培训中得到应用。随着技术的发展，数字化视频因其存放时间长、成本低、重播方便且不易损坏等优势，利于进行深入的课堂教学分析，其教育应用越来越广泛。

与课堂现场观察方法相比，基于视频的课堂教学观察方法需要借助于一定的信息技术设备和工具，有其自身的特点，主要体现在以下几个方面。

1. 对课堂干扰少

基于视频的课堂教学观察方法以课堂教学视频作为媒介，观察过程可以脱离课堂教学现场，有效减少了对课堂教学的干扰，保障了原始课堂的真实性。随着信息技术的发展，远程录制技术已相当成熟。通过远程录制，基本上避免了对课堂教学的干扰，这是课堂教学现场观察方法不能比拟的。

2. 支持回溯

课堂教学的现场转瞬即逝，现场的观察者不仅要熟练掌握课堂观察的各项技巧，而且时刻要全神贯注。观察者必须在短时间内快速、有效地进行课堂观察并记录信息，稍不留神可能就错过一些有效信息的观察和记录。在信息技术的支持下，把课堂教学活动录制成数字化视频，利于保存，支持回溯，便于观察。观察者可以根据需要反复查看，自主控制视频的播放，详细观察和记录所有可用信息。

3. 可有效提高课堂观察的效率和质量

教学视频作为一种数字化的媒体形式，可以方便地在计算机上根据需要进行各项处理。借助于相关视频观察和数据分析软件，研究者可使用软件进行观察，快速记录相关信息，利用计算机迅速对数据进行分析，并可以采取多元化的结果

① 本节内容选自：程云，刘清堂，王锋，等. 基于视频的改进型 S-T 分析法的应用研究[J]. 电化教育研究，2016，37（6）：90-96.

呈现方式，可有效提高课堂观察的效率和质量。

4. 有利于教师专业发展

在课堂现场，教师作为被观察的对象，无法“置身事外”，客观地去观察和分析教学的过程。所谓“当局者迷，旁观者清”，通过视频，教师可以对自己的课堂教学过程进行详细的观察，反思教学的各个环节，从而探索教学的改进方法，这对于教师的专业发展来说，是非常有用的。

基于视频的课堂教学观察方法由于受视频本身的限制，摄像机镜头没有捕捉下来的画面和声音，观察者是无法观察的，这是其最大的不足之处。采用多机位同时录制课堂教学活动的过程（或由观察者对拍摄者进行拍摄画面选取指导），在一定程度上可以弥补这个缺陷，使观察的信息更为全面。

随着信息技术的迅速发展，特别是随着教育信息化的日趋深入，利用信息技术手段进行课堂教学过程数据的记录变得简单可行。课堂教学视频可通过三种录制方式获取：现场录制、远程录制和自动录制。

（1）现场录制。现场录制的方式是由摄像者直接操作摄像机，在课堂现场进行录制。该方法操作简单，但易对课堂造成干扰。面对镜头，教师可能会产生如戒备心理、紧张等不利于课堂教学的反应；学生会产生好奇，易分散注意力。这在一定程度上会影响课堂教学活动的正常开展，可能导致录制的教学视频并不是原始课堂的真实反映。

（2）远程录制。远程录制方式是对现场录制的改进，减少了对课堂教学带来的干扰。远程录制一般先在教室的固定位置（如前面、后面或侧面）安装好带有云台的摄像机，录制者无需进入教室，通过计算机及相关软硬件，远程（控制端）直接控制摄像机，实现摄像机的开启、关闭、镜头方向控制、调焦等操作，从而完成视频的录制。

（3）自动录制。自动录制方式是近几年随着技术的发展诞生的一种新的智能录制方式，通过程序自动控制云台摄像机，实现了无人值守的自动录制。这种录制方式理念新颖，但要么依赖于特定的硬件，与教室具体情况相关；要么，镜头切换的有效性及录制效果欠佳。要真正在课堂教学视频录制中推广应用，有待进一步完善与发展。

因此，就现有的技术基础而言，采用远程录制的方式，是获取优质课堂教学视频较理想的方式。

二、基于视频的 S-T 教学互动行为分析方法

S-T 课堂教学分析是通过实际观察教学过程或观看教学录像资料，以某一确

定的采样频率对教学过程进行采样，并根据样本点的行为类别，以相应的符号 S 或 T 记入，由此构成 S-T 时间序列数据，或简称为 S-T 数据。然后对样本的行为是否源于教师进行判断，根据数据表绘制成 S-T 曲线。

（一）S-T 教学行为分类

T 行为是指教师视觉的、听觉的信息传递行为，S 行为是指 T 行为以外的所有行为。教学过程中，T 行为主要有：教师的讲话行为（听觉的）；教师的板书、演示等行为（视觉的）。教学过程中，这些行为具体表现为解说、示范、板书、提示、提问、点名、评价与反馈等。

S 行为包括学生的发言，学生的思考、计算，学生记笔记，学生做实验或完成作业，沉默等。

将观察的结果 S-T 数据填入图 3-1 所示的 S-T 数据记录卡片。设定采样的间

S-T数据记录卡片　　NO：

学校	
教师	
时间	1998-3-17　星期二
学科	物理
教材	电热器电路的构成
采样间隔	30秒

备忘：

	0	1	2	3	4	5	6	7	8	9
0	T	T	T	T	T	T	S	S	T	T
1	T	T	T	T	S	S	S	S	S	S
2	S	S	T	T	T	T	S	S	T	T
3	S	T	T	T	S	T	T	T	T	S
4	S	T	T	T	S	T	T	T	T	T
5	T	T	T	S	S	T	T	S	S	T
6	T	T	T	T	T	S	S	S	S	S
7	S	S	S	S	S	S	S	S	S	S
8	S	S	S	S	S	S	S	S	S	S
9	S	S	S	S	S	T	T	T	T	T
10	T	T	T	T	T					
11										
12										
13										
14										

备注：

图 3-1　S-T 数据记录卡片

隔时间，在观察的过程中，每个间隔时间选取一个样本。若该时刻为教师行为，则在表中记入 T，否则记入 S。

基于 S-T 分析，指定教学的教学模式可以有两种不同的方法来表示，一种是以 S 行为、T 行为随时间变化的 S-T 图所表示；一种是以表现教学形态（类型）的 Rt-Ch 图所表示。

（二）S-T 时序图

S-T 图有两种不同的类型，一种是描述教学设计结果的 S-T 图，称为计划 S-T 图；一种是描述实际教学过程的 S-T 图，称为实测 S-T 图。

1. 计划 S-T 图的描绘方法

计划 S-T 图是在教学实施前，参考教学设计的结果和教材所描绘的 S-T 图。作为教学展开的策略，可以用教学过程中的说明（T）、对话（D）和练习（S）随时间的推移来表示。S-T 图应在 S-T 数据分析记录卡片上描绘。

计划 S-T 图描绘的方法，如图 3-2 所示。①按照记录卡片的要求，填入*1 部分的内容。②*2 中的计划方案以说明（T）、对话（D）和练习（S）等三种符号来表示教学设计的结果。方框中填入 T、D、S 符号，括号内简单地记入有关的内容。③*3 为迁移表。参考*2 的有关内容，对 T、D、S 的部分，根据时间的长短，以连线表示。迁移表中，横轴为时间轴，用 0—60 表示，单位为分。④*4 为专用的绘图用纸。纵轴为 S，横轴为 T，分别表示 S 行为、T 行为的时间。各轴的长度均为 60 分钟，每 5 分钟标上相应的数字。教学的起点为原点。它与*3 记入的时间相对应。说明（T）和练习（S）分别根据时间的长短在 T 轴和 S 轴上引线。对话（D）是一种具有 45° 角倾斜的引线。需要注意的是 D 线的长度。D 线在 T 轴、S 轴上的投影应与对话过程中 T 行为和 S 行为的时间相对应。

2. 实测 S-T 图的描绘方法

实测 S-T 图与计划 S-T 图应描绘在同一张记录卡片上，以便进行比较、分析。为了区别实测 S-T 图和计划 S-T 图，应将这两个图形以不同的颜色或不同的线条来表示。实测 S-T 图与计划 S-T 图的描绘方法相同，只是数据的来源不同。计划 S-T 图的数据源于教学设计，实测 S-T 图的数据源于教学实施的结果，它是教学过程的实际数据。其原点为教学的起始时刻，将实测的 S、T 数据顺序地在 S 轴、T 轴上表示，直至教学结束。如图 3-2 所示，粗线表示实测 S-T 图，细线表示计划 S-T 图。

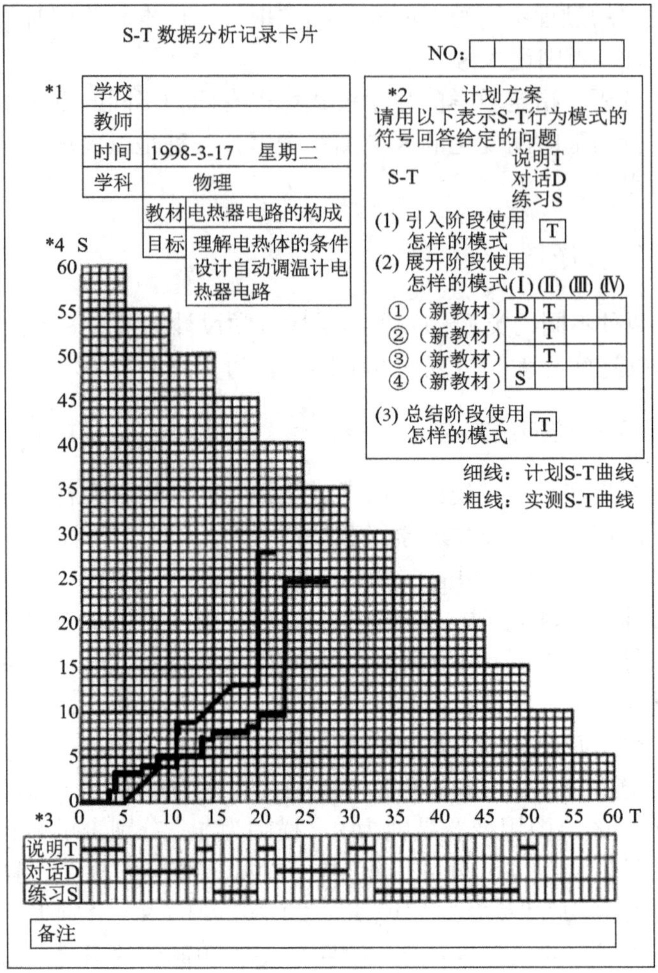

图 3-2 S-T 数据分析记录卡片

（三）Rt-Ch 分析

Rt 和 Ch 分别表示教学过程中的 T 行为占有率和行为转换率，对教学模式的描述、教学过程的分析具有重要的意义。

1. T 行为占有率 Rt

T 行为占有率 Rt 表示教学过程中 T 行为所占的比例。设教学过程中，行为的采样数为 N，其中 T 行为数为 N_t，S 行为数为 N_s，则有：

$$N = N_t + N_s \tag{3-1}$$

T 行为占有率 Rt 为

$$
\begin{aligned}
\mathrm{Rt} &= N_{\mathrm{t}} / N = (N - N_{\mathrm{s}}) / N \\
&= 1 - N_{\mathrm{s}} / N
\end{aligned}
\tag{3-2}
$$

同样，我们可以定义 S 行为占有率 Rs，它是教学过程中 S 行为占有的比例 N_s/N。显然，Rt 与 Rs 之和为 1，因为教学过程中仅包括 T 行为和 S 行为这两种不同的行为。教学过程中 Rt 的取值范围为 0—1。Rt 越大，T 行为所占的比例越大。以 Rt 乘以 100%可得到 T 行为在教学行为中所占的百分比。

Rt 的具体计算实例如下所示。

为了简单起见，设教学过程中的采样总数 N=10，采样间隔为 30 秒。经采样得到的样本数据序列为：

T　T　S　S　T　S　S　T　T　T

通过对 S-T 数据的统计处理，有

$$N=10，N_t=6，N_s=4。$$

T 行为占有率 Rt 为

$$\mathrm{Rt}=N_t/N=6/10=0.6=60\%$$

2. 行为转换率 Ch

行为转换率 Ch 表示教学过程中，T 行为与 S 行为间的相互转换次数与总的行为采样数之比。称相同行为的连续为连。设 S-T 数据为：

T　T　S　S　T　S　S　T　T　T

该数据中具有 5 个连：

$$\underbrace{\mathrm{T\ \ T}}_{1}\ \ \underbrace{\mathrm{S\ \ S}}_{2}\ \ \underbrace{\mathrm{T}}_{3}\ \ \underbrace{\mathrm{S\ \ S}}_{4}\ \ \underbrace{\mathrm{T\ \ T\ \ T}}_{5}$$

以 g 表示数据中的连数，则有 g=5。教学过程中，行为转换率 Ch 为

$$\mathrm{Ch} = (g-1)/N \tag{3-3}$$

上例中，N=10，g=5，则有

$$\mathrm{Ch} = (g-1)/N = (5-1)/10 = 0.4$$

若以百分数表示，则 Ch=40%。

3. Rt-Ch 图

将计算出的 Rt 和 Ch 数据描绘在横轴为 Rt，纵轴为 Ch 的平面上，可得到 Rt-Ch 图。显然，一节课的教学，在 Rt-Ch 图中对应 1 个点。如图 3-3 所示，阴影部分为（Rt，Ch）点存在的逻辑范围，即一般教学过程的（Rt，Ch）应落在阴影的范围内。

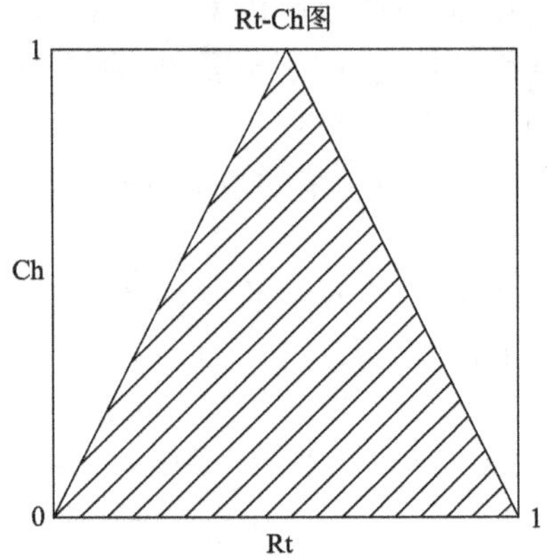

图 3-3　Rt-Ch 图

为了比较多个教学，可计算每个教学的 Rt、Ch 并将它描在 Rt-Ch 图上，由此可对多个教学的教学模式进行比较。

教学分析中，可利用 Rt-Ch 图进行如下比较：

（1）与以往的教学进行比较（对某一位教师）；

（2）与其他教师的教学进行比较（对多位教师）；

（3）对多个学科的教学进行比较；

（4）将实习教师与有经验的教师进行比较。

4. 课堂教学模式分析

在 Rt-Ch 图中，横轴 Rt 表示教师的讲授和演示，纵轴 Ch 表示教学中的对话性。当我们考查了这两个轴的关联后，可将教学分为四种不同的教学模式：练习型、讲授型、对话型、混合型。图 3-4 给出了这四种不同的教学模式在 Rt-Ch 图中所对应的位置。根据 Rt 和 Ch 的定义不难理解这种划分。

基于 Rt-Ch 图划分教学模式可以作为描述教学风格的一种方法，这种方法对于界定教学模式是十分有效的。在界定教学模式时，应设置一定的标准，作为一种经验的标准，不同教学模式的标准条件如表 3-1 所示。

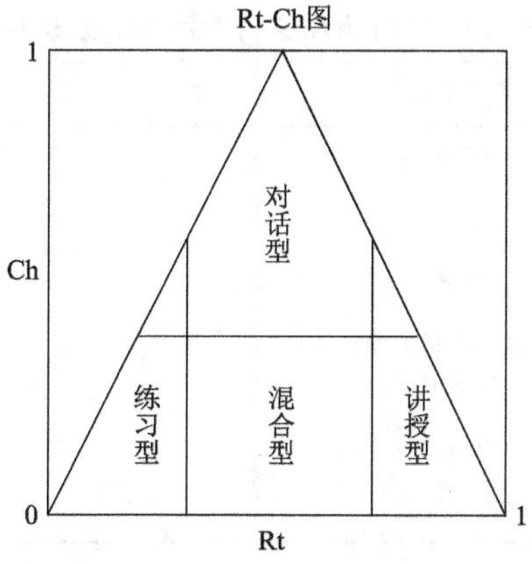

图 3-4　Rt-Ch 图与教学模式

表 3-1　教学模式及其标准条件

教学模式	标准条件
练习型	Rt≤0.3
讲授型	Rt≥0.7
对话型	Ch≥0.4
混合型	0.3<Rt<0.7，Ch<0.4

三、基于视频的改进型 S-T 教学互动行为分析方法

（一）S-T 分析的数据采集问题描述

S-T 分析法是一种以图形的方法表示教学风格的分析方法[①]。这种分析方法将教学中的行为仅分为学生（S）行为和教师（T）行为两类，减少了教学过程中行为分类的模糊性，增加了客观性。对于所记录的行为序列数据，可以计算 T 行为占有率 Rt，行为转换率 Ch，绘制 Rt-Ch 图，据此可以判定该节课所采用的教学模式，采用可视化的方法研讨教学。此外不需要复杂的计算，使用起来十分方便，有利于推广、实施。

在实际的课堂教学过程中，T 行为和 S 行为的具体表现形式如表 3-2 所示。由于 S 行为包括 T 行为以外的所有行为，所以除了表 3-2 描述的 11 种行为外，都可以归为“其他”，作为 S 行为的一种表现形式。

① 傅德荣，章慧敏，刘清堂. 教育信息处理（第 2 版）[M]. 北京：北京师范大学出版社，2011：2.

表 3-2 T 行为和 S 行为的具体表现形式

类别	编号	表现形式	类别	编号	表现形式
T 行为	1	解说	S 行为	7	学生的发言
	2	示范		8	学生的思考、计算
	3	板书		9	学生记笔记
	4	利用投影仪（OHP）等媒体进行提示		10	学生做实验或完成作业
	5	提问与点名		11	沉默
	6	评价、反馈		12	其他

但是，S-T 分析法采用机械采样方式进行教学行为数据的收集，每隔 30 秒采集一个行为样本数据，极易遗漏关键教学行为数据或连续采集重复的行为数据；行为占有率以行为个数占有率为统计标准，后期的数据处理和分析都以此为依据，其分析结果的误差较大，影响到其分析结果的科学性和准确性。

（二）以“时间抽样，动态补偿”原则进行数据采集

1. 教学行为数据采样原则

在具体的教学行为观察过程中，教学行为数据记录依据“时间抽样，动态补偿”的原则，根据编码系统规定的标准，依次记录课堂教学的行为数据，最终形成关键行为数据序列，这是课堂教学行为分析的前提和基础。

“时间抽样”指的是以时间为维度进行离散抽样。课堂教学活动的过程原本是一个连续的系统，但要采集连续系统的数据既很困难，也没有必要。因此，在数据采集的过程中，对这一连续系统进行离散化的采样，只采集某些时刻的关键行为数据，即以课堂教学正式开始的时刻为基准，依据课堂教学行为编码系统的编码标准，记录下此时刻样本点的行为编码数据；当教学行为有转换时，记录该时刻的样本点数据，直到教学过程结束。

“动态补偿”指的是以采集的关键行为数据为基准，根据数据分析需要，动态补偿两个行为间隔间的样本点数据，生成新的教学行为序列①。

2. 行为动态补偿方法

根据分析需要（如教学模式分析），可以通过“动态补偿”的方式形成新的

① 刘立新，杜卫民，王萍，等. 对 S-T 分析法的改进及全国高中化学优质课分析[J]. 化学教学，2014（7）：19-22.

行为序列。设第 i 个行为的持续时间为 t_i，单个行为平均持续时间为$\bar{t}$，参考值为 T，行为样本点 i 可以转换的等价行为个数为 n。则存在以下关系：

$$n=\begin{cases}\dfrac{t_i}{T} & (\bar{t}\geqslant T)\\[2ex] \dfrac{t_i}{\bar{t}} & (\bar{t}<T)\end{cases} \tag{3-4}$$

其中，$\bar{t}$ 为整个教学行为的有效长度与采集的有效行为样本数之比；T=30，即以 30 秒为标准。如果 n 的小数部分大于 0，则 $n=n+1$；最终的 n 值取整数部分的值。例如，样本点 i 的持续时间 t_i 为 48 秒，$\bar{t}$ 为 20 秒，则该样本点 i 可以转换的等价行为个数为 $n=\dfrac{t_i}{\bar{t}}+1=3.4$，由于 n 取整数，所以 $n=3$，该样本点 i 可以转换的等价行为个数为 3，即用 3 个同类别的行为样本数据替换该原始数据，完成行为序列的动态补偿。

依据“时间抽样，动态补偿”的原则，采集的每个教学行为样本点应包含行为类别（即教师行为或学生行为）和采样时刻两种基本信息；同时，两个相邻样本点采样的时间间隔是动态的，依据行为持续时间动态确定。

（三）依据行为持续时间统计行为占有率

每个样本点中都存储有采样时刻的时间信息和行为类别信息，相邻两个样本点之间的时间差即为前一样本点的持续时间。如 A 行为采集时刻为 51 秒，相邻的下一个行为 B 的采集时刻为 86 秒，则两个样本点的采样时间差 35 秒即 A 行为的持续时间（即占有时间）。

通过计算出每一样本点的行为持续时间，再依据行为类别，统计出 S 或 T 行为总的持续时间，可得出行为占有率情况。基于以上数据，还可进行时间序列分析、行为转换分析、教学模式分析等，为后续分析与评价提供依据。

（四）调整教学模式结构分布

在 S-T 分析中，练习型、讲授型两种模式与对话型教学模式有交叉，如果数据正好落在 Rt-Ch 图中的交叉部分，则不好判定具体结果。同时，改进型 S-T 分析方法所有的关键行为都采集下来，行为转换率相对 S-T 分析而言，会有所提升。鉴于以上两点，将 Rt-Ch 图的分布进行部分调整，改进型 Rt-Ch 图与教学模式分布如图 3-5 所示。

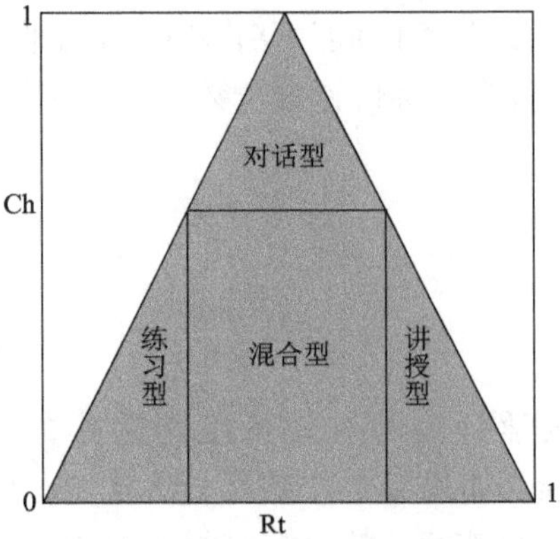

图 3-5 改进型 Rt-Ch 图与教学模式

四、改进型 S-T 教学互动行为分析方法的典型应用

（一）教学视频样本的选取

教学视频样本的选取来源于已有的村镇教育资源配置与远程服务平台（简称村镇教育平台）。该平台是"十一五"国家科技支撑计划重点课题"村镇教育资源配置与远程服务关键技术研究"的主要研究成果之一，截止到 2016 年，已在湖北省襄阳市、宜昌市、孝感市和北京市等地的农村地区展开了示范应用，共部署区域节点 30 余个，培训用户达 5000 人次，辐射用户达 20 万人。平台提供了 5TB 数字化教育资源，其中教学视频资源 8000 多个，共计 2.3TB。

在样本的选择上，综合考虑了教师、学科、学段等因素，从访问率较高的教学视频中，利用计算机程序采取简单随机抽样的方法，随机抽取 10 个教学视频，作为课堂教学视频分析的样本。由于平台中的资源主要面向基础教育领域，因此，本书另外从平台之外选择了 1 个大学的教学视频样本，样本的详细信息如表 3-3 所示。

表 3-3 教学视频样本信息

样本	授课内容	学段	科目	授课学校
1	认识人民币	小学	数学	广州市番禺区德兴小学
2	色彩色调	小学	美术	南京市游府西街小学
3	甲午中日战争	高中	历史	吴江中学
4	调整计划顺序	小学	信息技术	安徽省蚌埠师范附属小学
5	游戏型课件制作案例	大学	多媒体 CAI 课件设计与开发	黄冈师范学院
6	网上下载信息	小学	信息技术	宜兴市丁山实验小学

续表

样本	授课内容	学段	科目	授课学校
7	桂花雨	小学	语文	—
8	工业的区位选择	初中	地理	佛山市第一中学
9	平行四边形的分类讨论	初中	数学	台州市天台县赤城中学
10	篮球	初中	体育	浙江省回浦中学
11	喷泉实验的讨论	高中	化学	—

本书所选取的 11 个样本中，包括 10 节中小学课程（数学课 2 节，信息技术课 2 节，语文课、美术课、历史课、地理课、体育课、化学课各 1 节）、1 节大学课程（多媒体 CAI 课件设计与开发）；这 11 个教学视频样本中，包含小学课 5 节、初中课 3 节、高中课 2 节、大学课 1 节。

（二）数据采集及有效性分析

1. 数据采集方法

S-T 分析法在记录数据前，首先设定采样间隔（一般为 30 秒）。在观察的过程中，每到采样间隔选取一个样本。若该时刻为教师行为，则在表中记入 T，否则记入 S。一节 45 分钟的课堂教学，应有 90 个样本，记录表中应有 90 个 S 或 T 符号，并由这些符号构成一个 S-T 时间数据序列①。对相同的课堂教学视频进行采样，改进型 S-T 的采样间隔时间依据行为持续时间动态确定，行为类别判定依据 S-T 分析的标准。两种方法的区别如表 3-4 所示。

表 3-4 两种采样方法的比较

比较项目	改进型 S-T	S-T
采样方式	动态采样	机械采样
两个相邻样本点采样的时间间隔	依据样本特性	30 秒
行为占有率计算方式	行为持续时间占有率	行为个数占有率

2. 数据采集有效性分析

在实际的教学过程中，经常会出现某一种教学行为持续一段时间的情况，此时如果以每隔规定的时间（如 30 秒）采集一个样本的机械方式采样，虽记录了

① 陈勇，陈潇凯，李志远，等. 具有评价结果唯一性特征的雷达图综合评价法[J]. 北京理工大学学报，2010（12）：1409-1412.

一系列样本点，但实际上采集的教学行为数据都是一种教学行为。我们将采集下来的连续出现的同一种教学行为只视作一个教学行为样本数据，称作采集的一个有效教学行为。

为考察数据采集的有效性，我们引入了教学行为采全率和教学行为采准率的概念。使用教学行为采准率 P、教学行为采全率 R、$F1$ 测试值作为数据采集有效性评估指标①。

教学行为采准率：衡量数据采集的针对性，指某一课堂教学过程中所采集的有效教学行为，在采集下来的所有教学行为中所占的比例，用公式表示为

$$P = \frac{n}{N_{\text{all}}} \tag{3-5}$$

其中，P 表示教学行为采准率，n 表示采集的有效教学行为数，N_{all} 表示采集下来的所有教学行为数。

教学行为采全率：衡量课堂教学行为数据搜集的完整程度，指某一课堂教学过程中所采集的有效教学行为，在课堂教学过程中所有有效教学行为中所占的比例，公式为

$$R = \frac{n}{N_{\text{correct}}} \tag{3-6}$$

其中，R 表示教学行为采全率，n 表示采集的有效教学行为数，N_{correct} 表示课堂教学中所有有效教学行为数。

$F1$ 测试值是综合反映数据采集有效性的指标，其与教学行为采准率 P 和教学行为采全率 R 之间的关系如下

$$F1 = \frac{2 \times P \times R}{P + R} \tag{3-7}$$

表 3-5 给出了 11 个课堂教学视频样本的 P、R 和 $F1$ 值信息。不难发现，S-T 分析的 $F1$ 值整体偏低，说明 S-T 分析方法所采集的教学行为数据的有效性并不高。

表 3-5 11 个教学视频样本的 P、R 与 $F1$ 取值

样本	n	N_{all}	N_{correct}	P	R	$F1$
1	59	80	267	0.7375	0.2210	0.3401
2	34	92	79	0.3696	0.4304	0.3977

① 陈勇，陈潇凯，李志远，等. 具有评价结果唯一性特征的雷达图综合评价法[J]. 北京理工大学学报，2010（12）：1409-1412.

续表

样本	n	N_{all}	$N_{correct}$	P	R	$F1$
3	48	99	123	0.4848	0.3902	0.4324
4	54	75	147	0.72	0.3673	0.4865
5	21	91	37	0.2308	0.5676	0.3281
6	42	84	83	0.5	0.5060	0.5030
7	69	80	271	0.8625	0.2546	0.3932
8	40	80	69	0.5	0.5797	0.5369
9	72	88	217	0.8182	0.3318	0.4721
10	42	77	65	0.5455	0.6462	0.5915
11	17	90	23	0.1889	0.7391	0.3009

通过表 3-5 的 S-T 分析方法的教学行为采准率和采全率数据可以发现，应采集的全部有效行为数 $N_{correct}$ 较大时，教学行为采准率 P 的值较大，而教学行为采全率 R 的值则较小；反之，$N_{correct}$ 较小时，则 P 的值较小，R 的值较大。通过计算 P 和 R 的相关系数可以发现，二者在 0.01 水平上显著相关，相关系数为−0.793。由于 S-T 分析每间隔 30 秒采集一个样本数据，当 $N_{correct}$ 较大时，其采集的样本点为有效教学行为的概率就高一些，因此，P 值就较大；而 $N_{correct}$ 较大时，根据 R 的计算公式可知，分母的取值增幅必将大于分子，因此 R 的取值较小。

（三）行为数据统计结果分析

1. 行为占有率

通过表 3-4 可知，改进型 S-T 分析的采样方式更加灵活，采集的行为数据更加准确、科学，基于行为的持续时间来计算行为占有率，准确性更高。分别用两种分析方法统计 11 个教学视频样本的教师行为占有率情况，可以发现整体上数据的差别不是太大，但这些差别却将影响到其他分析结果，如教学模式的判定等。

2. 教学模式分析

S-T 分析中将教学模式分为讲授型、对话型、练习型和混合型四种，依据教师行为占有率 Rt 和师生间的教学行为转换率 Ch 的数值，确定课堂教学在 Rt-Ch 图中的分布位置，进而判定教学模式。

改进型 S-T 分析的教学模式判定方法与 S-T 是一致的，但由于采集的 S-T 行为序列只是发生行为转换的关键行为样本，因此需要通过动态补偿的方法形成完整的行为序列，进而才能计算出 Ch 值。依据前文所述的行为动态补偿方法，11 个样本动态补偿前后的统计信息如表 3-6 所示。

表 3-6 动态补偿转换后的等价行为个数

样本	原始采集的行为个数	单个行为持续时间均值（秒）	动态补偿后的等价行为个数
1	267	8.95	438
2	79	34.94	140
3	123	23.89	208
4	147	15.17	243
5	37	73.32	113
6	83	30	131
7	271	8.9	434
8	69	34.25	118
9	217	12.08	346
10	65	36.62	113
11	23	116.35	100

分别依据两种方法对 11 个教学视频样本进行统计分析，其行为信息及教学模式判定结果如表 3-7 所示。

表 3-7 11 个教学视频样本的行为信息及教学模式判定结果

样本	S-T				改进型 S-T			
	行为个数	Rt	Ch	教学模式	行为个数	Rt	Ch	教学模式
1	80	0.475	0.3625	混合型	267	0.3789	0.6073	对话型
2	92	0.3043	0.2609	混合型	79	0.2913	0.5571	练习型
3	99	0.8485	0.2626	讲授型	123	0.8553	0.5865	讲授型*
4	75	0.6	0.3733	混合型	147	0.5431	0.6008	对话型
5	91	0.7912	0.1099	讲授型	37	0.7954	0.3186	讲授型
6	84	0.3333	0.1667	混合型	83	0.3418	0.6220	对话型
7	80	0.625	0.4875	对话型	271	0.5702	0.6221	对话型
8	80	0.4375	0.225	混合型	69	0.4469	0.5847	混合型
9	88	0.6364	0.2841	混合型	217	0.579	0.6243	对话型
10	77	0.4156	0.2727	混合型	65	0.4769	0.5664	混合型
11	90	0.8889	0.1333	讲授型	23	0.8244	0.2200	讲授型

依据以上分析的基本数据，11 个教学视频样本的教学模式累积分布如图 3-6、图 3-7 所示。

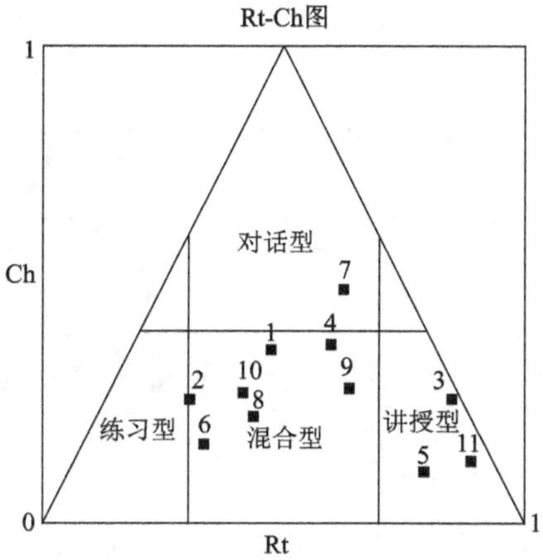

图 3-6 S-T 分析的 Rt-Ch 样本数据分布图

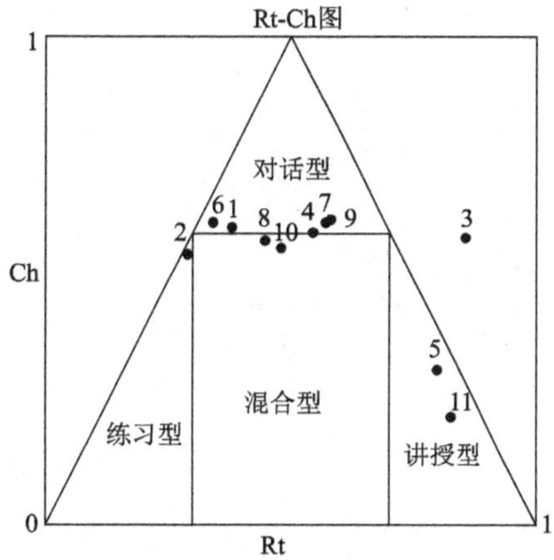

图 3-7 改进型 S-T 分析的 Rt-Ch 样本数据分布图

由于 11 个教学视频是从访问率较高的教学视频中抽取的，整体上是属于较优秀的课例；同时，改进型 S-T 分析把发生行为转换的所有关键行为都采集了下来，因此 Ch 值整体偏高。通过图 3-6、图 3-7 可以发现，除个别样本外，整体的分布趋势基本是一致的。在两种分析方法的 Rt-Ch 分布中，样本 5、7、8、10、11 的分布是一致的；样本 2 在图 3-6 中属于混合型，在图 3-7 中是练习型；1、4、6、9 在图 3-6 中属于混合型，在图 3-7 中属于对话型；样本 3 在图 3-6 中属于讲授型，在图 3-7 中分布在逻辑范围（三角形区域）之外，但依据标准条件，应属于讲授型（表 3-7 中*的含义）。

由于分析方法的差异，改进型 S-T 分析的 Rt 值是基于时间占有率进行统计的；关键行为数据全部被采集下来，Ch 值也必然有所增加。样本 2 是小学美术课，课堂上大量的时间学生在开展练习，在图 3-6、图 3-7 中的落点都位于练习型和混合型的分界线附近，分析方法的不同造成了两个图中的分布差异，但整体趋势是一致的。而样本 1、4、6、9 在两个图中的分布差异主要是 Ch 值的增加所致。结合表 3-7 中的数据可知，这 4 个样本的有效行为个数较高，也即行为转换频次较高，判定为对话型教学模式的结果是合理的（可结合具体的时间序列进一步分析）。

在图 3-7 中，样本 3 的数据落在了逻辑范围之外，为考察其具体教学过程，依据表 3-2 中 T 行为和 S 行为的 12 种具体表现形式，绘制出样本 3 的 12 种教学行为的具体时间序列图，如图 3-8 所示。

通过图 3-8 可知，行为出现频数较高的是 1（解说）、5（提问与点名）、6（评价、反馈）、7（学生的发言）四种，行为转换主要发生在这四者之间，教学

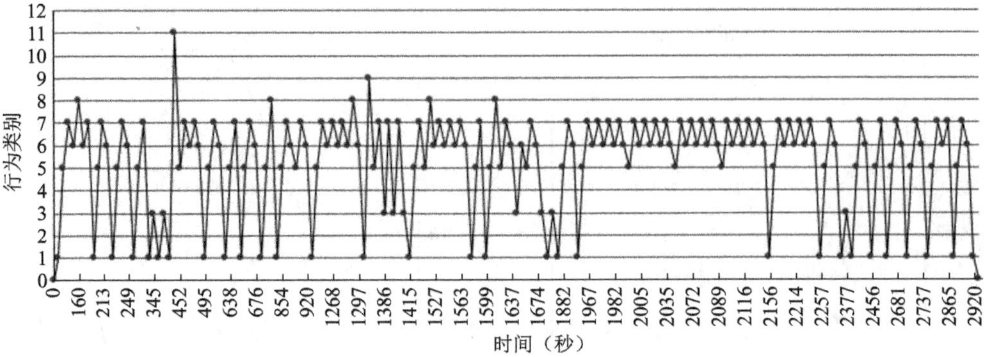

图 3-8 样本 3 的时间序列图

活动按照“讲授—提问—学生应答—反馈—讲授”的基本流程开展，教师的行为占有率高达 85.53%，是典型的讲授型模式的表现。但一般教师行为占有率较高时，行为转换率则偏低，而样本 3 的行为转换率却达到 0.5865，又体现出对话型模式的特点。进一步分析其统计数据可知，其单个行为平均持续时间为 23.89 秒，5、6、7 三种行为的单个行为持续时间普遍较短，最短仅 1 秒。因此，行为转换的频次虽高，但因为学生的应答行为普遍简单，多是选择性或判断性的应答，造成学生行为占有时间较少。

联系到具体的教学内容，样本 3 的内容是高中历史——中日甲午战争，学生对历史课的学习积极性整体偏低，教师通过高频次的交互促进教学活动的开展，取得了一定的效果，是值得肯定的；但同时，交互不够深入，学生思考的空间有限，学生的参与深度并不高。因此，在实际的教学中，在注重交互频次的同时，还要关注交互的深度①；高质量的交互才能更有效地带动学生的积极性，提高学生的参与深度，从而带动教学质量与效果的提升。

第三节 课堂教学互动行为分析云模型及其应用②

20 世纪 60 年代以来，课堂教学交互分析方法取得了长足发展，比较有代表

① 陈勇，陈潇凯，李志远，等. 具有评价结果唯一性特征的雷达图综合评价法[J]. 北京理工大学学报，2010（12）：1409-1412.

② 本节内容选自：程云，刘清堂，王艳丽，等. 课堂教学行为分析云模型的构建与应用研究[J]. 远程教育杂志，2017，35（2）：36-42.

性的课堂教学交互分析方法有弗兰德斯互动分析方法、言语互动分类分析方法、IIS 图分析法、基于信息技术的互动分析方法、S-T 分析法等。但随着教育理念的发展及教学环境的改善，这些分析方法存在的问题日益凸显，如行为类别划分不完整，媒体环境研究不足；“重教轻学”趋势明显，行为划分不均衡；行为划分粗略，难反映教学内涵；行为划分具有模糊性，降低了采集数据的准确性；机械采样操作难度大，易遗漏有效数据等[①]。因此，探索新的时代背景下的课堂教学互动行为分析方法，进一步完善和发展相关分析方法是十分必要的。

一、课堂教学互动行为数据的获取与处理

（一）课堂教学互动行为分类

在对几种典型课堂教学行为编码系统比较分析的基础上，从行为主体（教师、学生）和行为活动方式（言语、活动）两个维度出发，将课堂教学行为划分为教师言语行为、教师活动行为、学生言语行为、学生活动行为四大类共 16 种。其中，教师言语行为分为讲授、提问、指示、反馈与评价；教师活动行为分为板书、演示或展示、观察或巡视、个别指导或参与活动；学生言语行为分为主动提问、应答（被动反应）、对话（主动反应）、讨论；学生活动行为分为观察、笔记或练习、实践或实验、思考[②]。

（二）课堂教学互动行为数据的获取

按照上述四大类 16 种具体行为的分类标准，采用“时间抽样，动态补偿”的教学行为样本采集原则[③]，依据教学行为观察和记录的标准和约束规则，在软件的辅助下，基于视频对课堂教学互动行为进行观察和记录[④]。

（三）课堂教学互动行为数据处理

1. 数据标准化处理

为便于不同课堂教学之间的比较，首先将课堂教学互动行为数据的统计结果

① Daniel J S, Marquis C. Interaction and independence: Getting the mixture right[J]. Teaching at a Distance, 1979(14): 29-44.

② 王志军. 远程教育中“教学交互”本质及相关概念再辨析[J]. 电化教育研究，2016（4）：36-41.

③ 陈丽，王志军. 三代远程学习中的教学交互原理[J]. 中国远程教育，2016（10）：30-37，79-80.

④ 王艳丽，程云，王锋，等. 技术支持下的课堂教学行为观察方法探究[J]. 现代教育技术，2016（9）：39-45.

转换为频率分布，使转换后的数据分布于[0，1]；然后对转换后的数据再进行 z 分数标准化处理。经过处理的数据符合均值为 0、标准差为 1 的标准正态分布。

2. 多级评分方法

利用统计数据的平均值和标准偏差，将测试得分变换为具有指定的多个级别（段位）的评定值。参考 z 分数标准[①]，根据分析需要，多级评分以平均值为中心、以 1/2 倍标准偏差的范围为基准进行扩展，得到得分范围为 1—11 多级评定值，具体分布情况如表 3-8 所示。

表 3-8 11 级评定值及 z 分数范围分布表

评定值	z 分数范围		评定值	z 分数范围		评定值	z 分数范围	
	下限	上限		下限	上限		下限	上限
1	—	$\bar{x}-\frac{9}{4}S_x$	5	$\bar{x}-\frac{3}{4}S_x$	$\bar{x}-\frac{S_x}{4}$	9	$\bar{x}+\frac{5}{4}S_x$	$\bar{x}+\frac{7}{4}S_x$
2	$\bar{x}-\frac{9}{4}S_x$	$\bar{x}-\frac{7}{4}S_x$	6	$\bar{x}-\frac{S_x}{4}$	$\bar{x}+\frac{S_x}{4}$	10	$\bar{x}+\frac{7}{4}S_x$	$\bar{x}+\frac{9}{4}S_x$
3	$\bar{x}-\frac{7}{4}S_x$	$\bar{x}-\frac{5}{4}S_x$	7	$\bar{x}+\frac{S_x}{4}$	$\bar{x}+\frac{3}{4}S_x$	11	$\bar{x}+\frac{9}{4}S_x$	—
4	$\bar{x}-\frac{5}{4}S_x$	$\bar{x}-\frac{3}{4}S_x$	8	$\bar{x}+\frac{3}{4}S_x$	$\bar{x}+\frac{5}{4}S_x$			

二、课堂教学互动行为云模型的构建

（一）课堂教学互动行为云

“课堂教学互动行为云”模型是通过图形的方式把教师的课堂教学互动行为描述出来，以便表征、研究和分析。按照“言语-活动”以及“教师-学生”划分成两个维度，并构建出教师言语行为、教师活动行为、学生言语行为、学生活动行为四个分布区域；每个区域由 4 个不同的行为构成，形成 16 个子维度区间[②]，教学互动行为环形分布示意图如图 3-9 所示。

① 郭绍青，张绒，马彦龙.“有效教学”课堂录像分析方法与工具研究[J]. 电化教育研究，2013（1）：68-72.

② 李万春，朱云东，刘朝丽. 基于信息熵的课堂教学过程量化评价模型[J]. 电化教育研究，2009（1）：99-102.

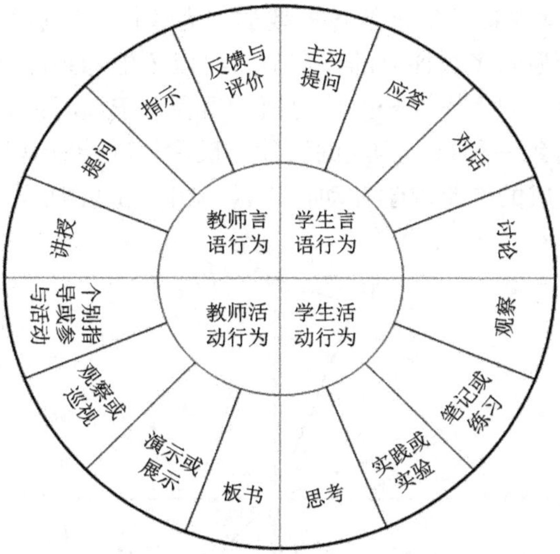

图 3-9　16 种课堂教学互动行为环形分布示意图

根据课堂教学互动行为分布示意图，可以将每一个维度的教学行为所对应的结果在图中标出。依据 11 级评分标准，最外圈为满分 11 分，我们将 16 个维度、11 个等级用同心圆表示出来，可形成一个课堂教学互动行为云坐标系，如图 3-10 所示。

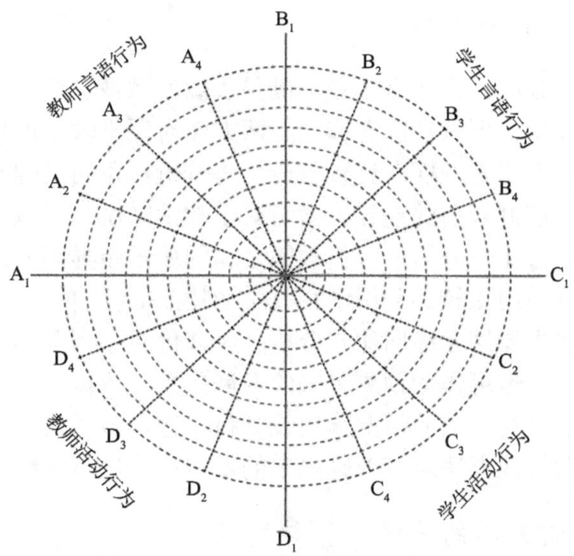

图 3-10　课堂教学互动行为云坐标系

为避免行为排序的变化影响到云的参数的估算，云的构造以扇形云片为基本单元①。首先将教学观察所记录的各种教学行为数据分别进行统计，并计算出每个维度上的教学行为的多级评分的评定值；再以云坐标系的几何中心为原点，某一维度（一种行为）的多级评分的评定值为半径，按顺时针方向绘制一个圆心角为 π/8 的扇形，得到一种行为构成的云片；最后依次绘制其他 15 个云片，得到一个由扇形云片组成的课堂教学互动行为云，如图 3-11 所示。

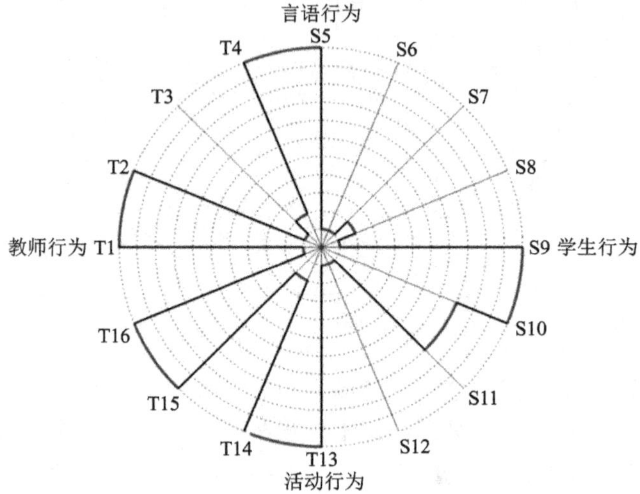

图 3-11　课堂教学互动行为云示意图

（二）基本属性及特性

依据云的构成方法，云具有半径、极差、离散系数、周长、面积、重心等基本属性。借助云模型，可以从静态和动态两方面对课堂教学的情况进行分析。

静态分析方法主要是做横向比较分析，将分析对象与其他对象的得分情况进行横向比较分析，挖掘背后的差异因素。对于教学来说，可以将同一学科的不同教师的得分分布进行比较分析，分析教师之间的教学差异因素；也可以将不同学科的教学情况进行横向比较，分析学科教学的特点等。

动态分析方法主要用于纵向比较分析，将评价对象当前的状态与之前的状态进行纵向比较分析，也可作为预测未来的发展前景的依据。在教学中，可以将某教师当前的教学情况与之前的情况作比较分析，进行教学研究，并可以依据比较分析的结果，借助其他方法对该教师未来的发展趋势进行预测。

（三）对课堂教学的分析与指导意义

基于云模型，结合具体的教学情况，可开展教学行为基本情况分析、教师教

① 李万春，朱云东，刘朝丽. 基于信息熵的课堂教学过程量化评价模型[J]. 电化教育研究，2009（1）：99-102.

学行为比较分析、教师教学行为掌控水平发展预测等方面的教学研究，探究隐含的相关因素，以促进教师教学、分析与评价能力的发展，提高教育教学质量。

1. 课堂教学行为基本情况分析

通过课堂教学行为云的基本属性，可以了解课堂教学行为的整体情况，如教师教学风格倾向、行为整体分布均衡性、离散情况等。

2. 教师教学行为比较分析

通过对教师课堂教学行为的比较分析，挖掘课堂教学行为差异的隐含因素，在帮助教师发现课堂教学中的问题、完善教学的同时，教师的课堂教学能力、分析与评价等专业能力也获得了发展。在具体的应用中，可对个人、团体、不同学科的课堂教学情况进行比较分析，有多种应用形式。

（1）教师个人的教学情况比较分析。针对教师个人，可以对教师的课堂教学进行跟踪比较分析，与以往的教学进行比较，找出两次课堂教学行为的差异并分析原因，不断完善教学。

（2）教师团体教学情况比较分析。可将某教师的教学情况与其他教师（如优秀教师）的教学情况作比较分析，找出差距并分析原因，完善教学；还可以将讲授相同内容的教师团体的课堂教学情况进行比较分析，并以此进行研讨，开展教学研究，完善该内容的教学。

（3）多学科间的教学情况比较。通过将不同学科的教学情况进行横向比较，分析学科教学的特点等。

（4）职前的教学技能训练。将师范生或实习教师与有经验的教师的课堂教学情况进行比较，分析原因并改善教学，可为师范生的教学技能训练、实习教师开展教研并完善教学提供一条有效途径。

3. 教师教学行为掌控水平发展预测

通过对教师的跟踪观察，将两次讲授相同内容的课堂教学情况进行比较分析，找出两次教学的差异，依据分析结果，利用马尔可夫模型对该教师未来的课堂教学能力的发展趋势进行预测，为开展教师的发展性评价提供依据。

三、主要属性参数的含义及估算方法

（一）主要属性参数的含义

（1）半径 R。即从原点到某项行为评定值的距离，是教学中某一行为的得分分布值。

（2）极差。即最大半径与最小半径之差，表示行为极端分布情况。

（3）离散系数。表示教师课堂教学行为分布的离散情况，用标准差表示。

（4）周长 L。即云外部边缘的周长，结合面积间接反映教师教学行为掌控水平。

（5）面积 S。即云内部的面积，在一定程度上反映教师教学行为掌控水平的高低。

（6）重心 G。即课堂教学行为云几何图形的重心，表示该教师教学行为的综合表现，即行为分布的集中趋势。

（二）主要属性参数的估算方法

课堂教学行为云的主要属性中，每个维度的半径与每种行为的得分值一一对应；极差可由最大半径减去最小半径直接得出；其他参数则需在每种行为得分的基础上计算得到。

1. 离散系数

离散系数用标准差 S_x 表示，可利用方差的计算公式计算得出。离散系数越大，表示课堂教学行为分布越散；反之，表示课堂教学行为分布越集中。

2. 周长

云的周长 L 为组成云的 16 个扇形云片弧长之和，由每个扇形云片的半径所决定。

3. 面积

云的面积 S 为组成云的各个扇形云片的面积之和。

4. 重心

我们可以将课堂教学行为云看作一个密度均匀的物体，云的重心只与云的形状有关。云的重心在一定程度上可以反映出课堂教学行为分布的整体倾向，有助于对课堂教学行为的深入分析。

改进后的云由 16 块扇形云片组成，由于扇形的半径大小不一，故构成的云是由多个扇形组成的不规则图形，我们无法直接得到其重心。由于扇形的数量一定，且圆心角相等，每个扇形的圆心角是固定的，即 $\pi/8$。在已知扇形的半径和圆心角的前提下，我们可以方便地计算出扇形的面积，并求出该扇形的重心坐标。

设扇形 i 的半径为 r_i，圆心角为 θ，面积为 S_i，重心为 G_i，G_i 到原点 O 的距离为 OG，OG 与 x 轴的夹角为 α，如图 3-12 所示。

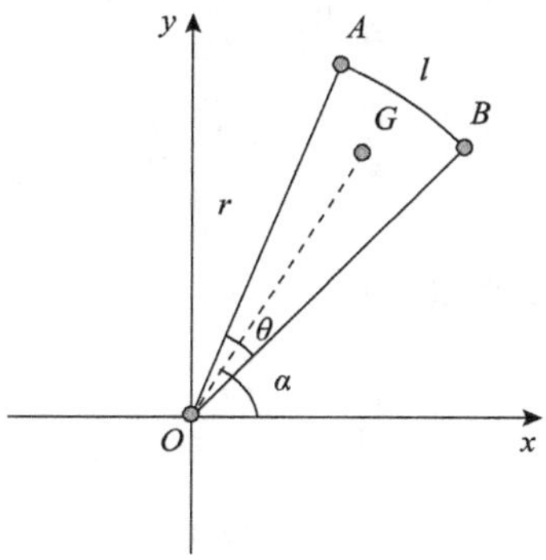

图 3-12　扇形重心示意图

可得 OG 的长度为

$$OG = \frac{2r_i \sin\theta}{3\theta} \tag{3-8}$$

从而得到扇形重心 G_i 的坐标为

$$\begin{cases} G_{xi} = OG \cdot \cos\alpha \\ G_{yi} = OG \cdot \sin\alpha \end{cases} \tag{3-9}$$

同理，我们可以逐一确定每个扇形的重心坐标。设云的几何中心为坐标原点，云的重心坐标为$(G_{\bar{x}}, G_{\bar{y}})$，面积为 S，总力矩为（$M_{\bar{x}}, M_{\bar{y}}$）。由于云是由各个扇形组合而成的，所以云的总面积与各个扇形面积之和相等，云的力矩与各个扇形力矩之和相等。根据力矩原理[①]（表 3-9）：

表 3-9　扇形云片的面积、重心、力矩表

扇形云片编号	面积 S	重心坐标 G	力矩 M
1	S_1	（G_{x1}，G_{y1}）	（W_{x1}，W_{y1}）
……	……	……	……
16	S_{16}	（G_{x16}，G_{y16}）	（W_{x16}，W_{y16}）
云（所有扇形的组合图形）	S	$(G_{\bar{x}}, G_{\bar{y}})$	$\left(\sum_{i=1}^{16} W_{xi}, \sum_{i=1}^{16} W_{yi}\right)$

① 中国社会科学院语言研究所词典编辑室. 现代汉语词典（第二版）[M]. 北京：商务印书馆，1983：1288-1291.

云的力矩等于各个扇形云片的力矩之和，从而可得云的总力矩

$$\begin{cases} M_{\bar{x}} = \sum_{i=1}^{16} w_{xi} = \sum_{i=1}^{16} S_i \cdot G_{xi} \\ M_{\bar{y}} = \sum_{i=1}^{16} w_{yi} = \sum_{i=1}^{16} S_i \cdot G_{yi} \end{cases} \tag{3-10}$$

进而，计算出云的重心坐标 $G(G_{\bar{x}}, G_{\bar{y}})$

$$\begin{cases} G_{\bar{x}} = \dfrac{M_{\bar{x}}}{S} \\ G_{\bar{y}} = \dfrac{M_{\bar{y}}}{S} \end{cases} \tag{3-11}$$

依据云的重心坐标，可精确确定云的重心所在的具体位置，从而确定课堂教学互动行为的一种整体分布倾向，为教学行为分析和评价提供依据。

四、课堂教学互动行为云模型及其分析应用

（一）应用案例

为验证上述方法的可行性和有效性，我们选取了一节小学“信息技术”课程的教学视频作为实验分析的样本，依据课堂教学互动行为编码与采集标准，对课堂教学行为进行采集，采集下来的教学行为序列如下：

1-9-1-6-4-6-4-1-14-1-9-3-6-4-6-1-3-6-3-10-11-3-1-11-2-6-4-6-4-6-4-16-2-6-3-6-4-6-4-1-2-6-3-6-1-2-6-1-3-6-4-6-4-1-11-5-3-11-4-1-2-9-3-6-4-6-4-6-4-6-4-14-11-2-6-3-6-4-6-4-6-4-6-4-1-10-2-16-6-4-6-3-1-2-3-6-4-6-4-6-2-6-3-6-4-6-4-6-4-1-2-6-3-6-4-6-2-2-6-4-1-11-4-1-2-6-1-2-6-4-12-6-4-6-4-6-4-1-2-6-4-6-3-3-6-3-11-2-6-2-6-2-6-2-6-4-11-4-2-14-1-6-4-6-4-14-3-6-4-11-6-4-6-4-6-4-11-4-11-2-6-4-1-9-4-2-6-4-1

通过统计可得到每类教学行为的基本数据，该样本的离散系数为0.08473175，进而可得到 z 分数、多级评分（即云片半径值）、极差等数据，如表 3-10 所示。

表 3-10 教学行为分布情况统计数据

行为类别	行为个数	累计时间（秒）	所占比率	z 分数	多级评分
1	21	420	0.188 340 8	1.485 167	11
2	22	88	0.039 461 88	−0.271 894 7	1

续表

行为类别	行为个数	累计时间（秒）	所占比率	z 分数	多级评分
3	18	132	0.059 192 83	−0.039 031 12	4
4	45	493	0.221 076 2	1.871 509	11
5	1	6	0.002 690 583	−0.705 867 8	1
6	58	299	0.134 080 7	0.844 792 2	11
7	0	0	0	−0.737 622	1
8	0	0	0	−0.737 622	1
9	4	134	0.060 089 69	−0.028 446 42	4
10	2	56	0.025 112 11	−0.441 250 1	1
11	11	538	0.241 255 6	2.109 665	11
12	1	7	0.003 139 013	−0.700 575 5	1
13	0	0	0	−0.737 622	1
14	4	35	0.015 695 07	−0.552 389 6	1
15	0	0	0	−0.737 622	1
16	2	22	0.009 865 471	−0.621 190 1	1

依据每个云片的半径值，可以绘制出课堂教学互动行为云图，并可分别计算出每个云片的面积、周长、重心、力矩等基本属性值，如表 3-11 所示。

表 3-11 云的基本属性值

行为类别	云片面积	云片周长	云片重心 G_x	云片重心 G_y	云片力矩 M_x	云片力矩 M_y
1	23.758 3	4.319 69	−7.008 985 158	1.394 174	−166.521 533 1	33.123 192 37
2	0.196 349 5	0.392 699 1	−0.540 175 519	0.360 934	−0.106 063 215	0.070 869 175
3	3.141 593	1.570 796	−1.443 734 969	2.160 702	−4.535 627 172	6.788 045 763
4	23.758 3	4.319 69	−1.394 173 831	7.008 985	−33.123 192 37	166.521 533 1
5	0.196 349 5	0.392 699 1	0.126 743 076	0.637 18	0.024 885 945	0.125 110 093
6	23.758 3	4.319 69	3.970 271 165	5.941 931	94.326 871 34	141.170 139 2
7	0.196 349 5	0.392 699 1	0.540 175 519	0.360 934	0.106 063 215	0.070 869 175
8	0.196 349 5	0.392 699 1	0.637 180 469	0.126 743	0.125 110 093	0.024 885 945
9	3.141 593	1.570 796	2.548 721 876	−0.506 97	8.007 045 92	−1.592 700 46
10	0.196 349 5	0.392 699 1	0.540 175 519	−0.360 93	0.106 063 215	−0.070 869 175
11	23.758 3	4.319 69	3.970 271 165	−5.941 93	94.326 871 34	−141.170 139 2
12	0.196 349 5	0.392 699 1	0.126 743 076	−0.637 18	0.024 885 945	−0.125 110 093
13	0.196 349 5	0.392 699 1	−0.126 743 076	−0.637 18	−0.024 885 945	−0.125 110 093
14	0.196 349 5	0.392 699 1	−0.360 933 742	−0.540 18	−0.070 869 175	−0.106 063 215

续表

行为类别	云片面积	云片周长	云片重心 G_x	云片重心 G_y	云片力矩 M_x	云片力矩 M_y
15	0.196 349 5	0.392 699 1	−0.540 175 519	−0.360 93	−0.106 063 215	−0.070 869 175
16	0.196 349 5	0.392 699 1	−0.637 180 469	−0.126 74	−0.125 110 093	−0.024 885 945

根据云的定义，可计算得到云的面积 S 为 103.2799、周长 L 的值为 24.3473、力矩 $M_{\bar{x}}$ 值为−7.5655、力矩 $M_{\bar{y}}$ 值为 204.6089。

基于以上云的基本属性值，可计算出云的重心坐标为 $G(-0.073\,25, 1.981\,111)$。

至此，云的属性值均已计算得出，可绘制出如图 3-13 所示的行为云，可直观地反映出教学行为的整体情况，为教学行为分析与评价提供依据。

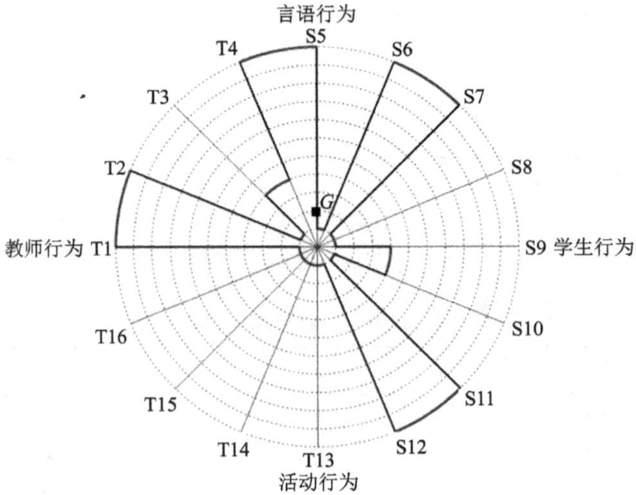

图 3-13 “调整计划顺序”教学互动行为云

（二）相关讨论

极端分布情况下（如整个教学过程只有一种行为或每种行为等比率分布等），云是一种什么样的结构？云的面积是否有一个确定的取值范围呢？

1. 一种课堂教学行为主导教学

当只有一种课堂教学行为主导教学时，该教学行为所占比率为 1，而其他 15 种教学行为所占比率均为 0。据此，我们可以算出平均值为 0.0625，标准差为 0.25，并计算出每种行为的 z 分数情况，确定 z 分数的分布范围，得出每种行为的多级得分评定值，从而得到课堂教学互动行为云的分布图，如图 3-14 所示。此时，云的面积为 16π。

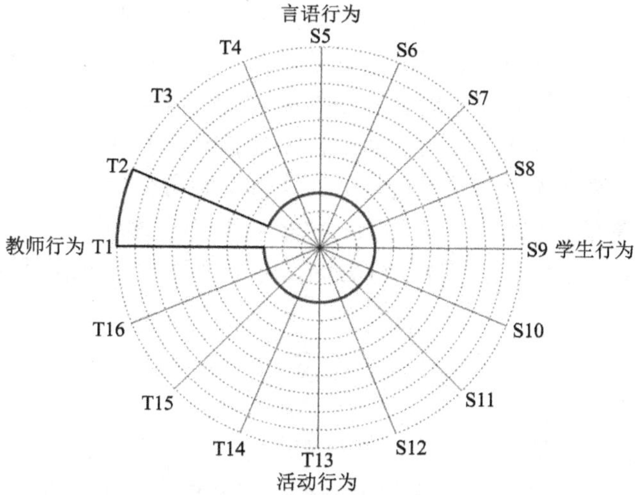

图 3-14　只有一种行为的课堂教学互动行为云分布

2. 课堂教学行为等比率分布

教学行为呈等比率分布时，平均值为 0.0625，标准差为 0，每种行为的 z 分数也为 0。根据多级评分的定义规则，取得分平均值 6 为每种行为的最终得分。此时的课堂教学互动行为云如图 3-15 所示。此时的云实际上是一个标准的圆形，云的面积为 36π。

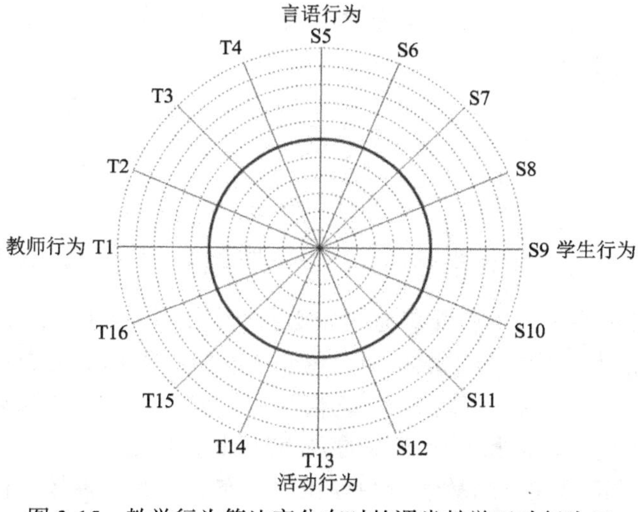

图 3-15　教学行为等比率分布时的课堂教学互动行为云

3. 云面积取得极值情况

显然，当教学行为等比率分布时，云的面积并不是最大的。从教学的角度来说，云模型只是提供了一种比较分析的方法，教学不能刻意追求行为的比率分布，教学行为等比率分布未必就是最好的教学。理想情况下，一位优秀的教师应该能够根据课堂教学的对象、内容、条件等多方面因素，尽可能运用多种教学行为，灵活多变地开展教学，行为分布的比率应该是有高有低的。

根据课堂教学互动行为云的构成方式及多级得分的标准可知，每种行为的最高得分为 11，最低得分为 1。即使某种教学行为出现的频数为 0，该教学行为得分也是 1。那么，能不能每种教学行为的得分都为最小值或最大值呢？

$$Z_i = \frac{x_i - \overline{x}}{S_x} \tag{3-12}$$

云的面积的大小是由组成云的各个云片的半径决定的，即由每种教学行为的最后得分所定。而每种教学行为的最后得分是依据每个得分数据的 z 分数确定的，而 z 分数又由原始得分、平均值和标准差决定，如式（3-12）所示。在平均值一定（0.0625）的前提下，z 分数由标准差决定，且与标准差是成反比的关系。当 16 种教学行为等比率分布时，标准差为 0，其他情况下的标准差的值是大于 0 的。在标准差不为 0 的情况下，标准差越大，相对于某一确定的原始得分而言，z 分数越小；反之，z 分数越大。因此，教学行为的极端得分情况与标准差也成反比的关系，可通过间接考察标准差的取值来探讨教学行为的极端得分情况。

标准差取的是方差的算术平方根，而方差直接反映的是一组数据的分散程度。因此，数据分布越分散，方差越大，标准差也越大；数据分布越集中，方差越小，标准差也越小。

$$S_x = \sqrt{\frac{1}{N}(x_i - \overline{x})^2} \tag{3-13}$$

对于一组由 16 个数据组成，且满足条件$\sum_{i=1}^{16} x_i = 1$的数据集合来说，平均值$\overline{x} = 0.0625$。数据最分散的分布就是一个数据为 1，其他 15 个数据全为 0 的情况，此时方差最大，标准差也取得最大值，为 0.25；数据最集中的分布即为等比率分布的情况，每个数据的值都与平均值相等，此时的方差和标准差都将取得最小值，即 0。因此，可以得到标准差的取值范围为[0, 0.25]。

通过前文讨论可知，当教学行为等比率分布和只有一种教学行为时，标准差的取值分别为 0 和 0.25 两个极值，对应的云的面积分别为 36π 和 16π。那么，有没有一种状态的云的面积比这两种极端状况大或小呢？

上面我们只讨论了影响 z 分数的因素，但教学行为的最终得分还受到多级评分中的每个得分的分布范围的影响。在平均值一定的情况下，这个分布范围也是由标准差决定的，标准差越小，每个得分的分布范围就越小；标准差越大，每个得分的分布范围就越大。极端情况下，标准差为 0 时，即是每种教学行为等比率分布的情况，得分范围就成了一个数值，所有的教学行为得分都相同。因此，标准差同时影响到 z 分数和多级评分中每个得分的分布范围，且与 z 分数呈反比的关系，与多级评分中每个得分的分布范围呈正比关系，因此，在考察极值时也考虑对这两个方面带来的影响。

1. 极大值

标准差与 z 分数呈反比的关系，理论上讲，标准差的取值可以无限接近于 0，z 分数相应地可取到很大的值。但根据多级评分的标准，当 z 分数的值超过 10 分后，均记作 11 分。要想使标准差取到一个非常接近于 0 的值，15 个数据的值要基本相等，且比另外一个数据略大。根据 z 分数及标准差的定义可知，对于 16 个行为数值组成的集合来说，最多只能取到有 15 个 11 分，而此时数值较小的那个数据对应的 z 分数是一个负值。由于 S_x 的取值是一个接近于 0 的正数，$\overline{x}$ 为 0.0625，因此，最小的那个数据的 z 分数必然小于 $\overline{x}-\dfrac{9}{4}S_x$，依据多级评分标准，其对应的最后得分为 1。具体的教学行为分布比率可能是多种多样的，但当能取得 15 个 11 分、1 个 1 分的情况下，教学行为的比率与平均值的差值必然较小，此时云的分布如图 3-16 所示，面积取得最大值为 113.5π。

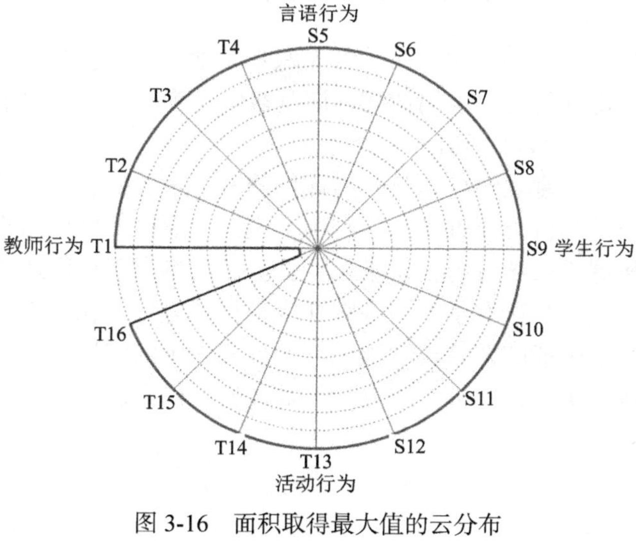

图 3-16　面积取得最大值的云分布

2. 极小值

同理，当标准差取得一个较小的值时，每个得分的分布范围就较小，如果有一种教学行为的占有率明显大于其他 15 种行为，且其他 15 种教学行为接近于等比率分布时，则该种行为的 z 分数可以取到一个较大的值。由于此时的每个得分的分布范围较小，该行为的 z 分数值很容易超过 10 分，即记作 11 分；而其他 15 种行为对应的 z 分数将是一个负值，其对应的最后得分必然为 1。当能取得 15 个 1 分、1 个 11 分的情况下，此时云的分布情况如图 3-17 所示，将取得最小面积为 8.5π。

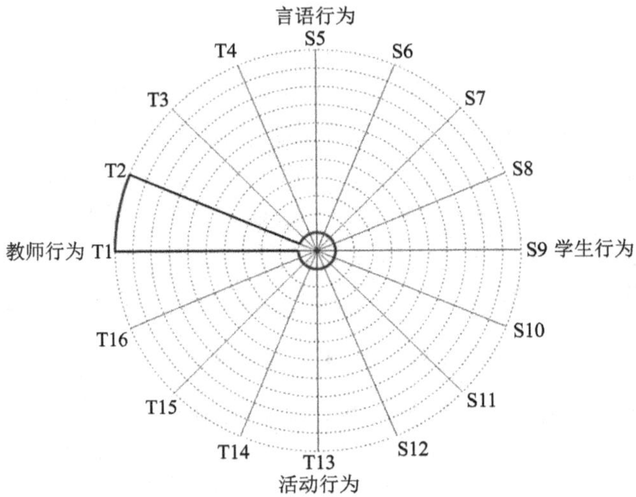

图 3-17　面积取得最小值的云分布

云的面积是云的核心属性之一，可为课堂教学行为分析和评价提供一定的参考依据。以上讨论的是几种极端情况的课堂教学行为分布，一般情况下，云的面积的取值范围 $S \in [8.5\pi, 113.5\pi]$ 。

模型的构建是课堂教学行为分析与评价的一个重要环节，好的模型可以提供更为科学和有效的分析与评价方法。利用云模型可便捷地分析出相关属性参数的值，为深入分析课堂教学行为提供量化依据。但是本书着重阐述的是模型的构建与参数的估算方法，只选取了个案视频样本进行了应用，在后续研究中应丰富各种案例样本，结合一般的课堂教学情况，开展进一步的实证研究。希望课堂教学行为云模型的概念提出，能够为进一步丰富和发展课堂教学行为分析方法带来一定的启发意义。

第四节 课堂教学互动行为的交互深度量化方法①

1979 年，Daniel 等将交互与独立学习作为两个对立的概念，其中交互是指学生与教师或教育机构成员之间的交流②。课堂教学中的交互行为作为教学活动开展的基础，教学交互的水平直接反映教学的水平，也直接影响学习的效果。

一、课堂教学互动行为的交互深度分析

（一）课堂教学行为的交互分析

教学交互本质上是为了让学习者达到学习目标。学习环境中主体间相互交流和相互作用的过程，旨在改变学习者的行为，帮助学习者对学习内容进行正确意义建构，从而实现教学目标③。学习通过教学交互实现，而教学交互是学习过程的基本功能属性；学习者与学习环境相互交流、相互作用而追求自身发展的过程，是学与教的过程属性④。当环境对学习者的反应能够使学习者的行为朝着教学目标的方向发展时，教学交互是有效的。

国内外较有影响的课堂交互行为分析方法包括弗兰德斯互动分析系统（FIAS）、言语互动分类系统（VICS）、IIS 图分析法、基于信息技术的互动分析系统（ITIAS）、S-T 分析法等。这些分析方法的主要特点是建立行为分类编码方法、运用统计方法观测属性参数的特征、探究教育特征之间的关系，但缺乏完善的课堂教学行为交互深度量化分析方法。

（二）基于视频的课堂教学行为的交互分析

作为课堂教学行为交互分析方法的发展，基于视频的课堂教学行为交互分析编码体系将课堂教学行为划分为“言语–活动”和“教师–学生”两个维度，并建

---

① 本节内容选自：程云，刘清堂，王艳丽，等. 课堂教学行为分析云模型的构建与应用研究[J]. 远程教育杂志，2017，35（2）：36-42.

② Daniel J S, Marquis C. Interaction and independence: Getting the mixture right[J]. Teaching at a Distance, 1979(14): 29-44.

③ 王志军. 远程教育中“教学交互”本质及相关概念再辨析[J]. 电化教育研究，2016（4）：36-41.

④ 陈丽，王志军. 三代远程学习中的教学交互原理[J]. 中国远程教育，2016（10）：30-37，79-80.

立了 16 类行为编码体系[①]：讲授、提问、指示、反馈与评价；主动提问、应答（被动反应）、对话（主动反应）、讨论；观察、笔记或练习、实践或实验、思考；板书、演示或展示、观察或巡视、个别指导或参与活动。本书综合考察了行为主体（即教师、学生）与行为方式（即言语、活动）这两个维度的关联性，通过对行为序列所反映出的行为交互频度、行为交互持续时间等因素的统计与分析，间接考察了交互主题（学习内容）的复杂性，从而探讨课堂教学行为的交互深度，并就课堂教学行为交互深度的量化分析提出新思路。

（三）交互深度量化分析的基本过程

课堂教学行为交互深度量化分析的基本过程模型如图 3-18 所示。基本过程主要分为三个环节：①教学行为逻辑结构解析，即划分课堂教学行为交互逻辑结构，依据基于视频的课堂教学行为交互分析编码体系和数据采集标准，采集课堂教学行为交互序列数据，并结合教学内容的特点，将教学行为交互序列数据进行逻辑结构划分。②主要特征参数的计算，包括以基本课堂教学单元的教学交互行为熵 H 和交互系数 I 为课堂教学单元的交互特征参数，作为课堂教学行为交互深度量化分析的核心指标；以基本逻辑结构单元为基础，对教学行为交互序列数据进行统计，通过计算每种教学行为的时间占有率 F 和行为持续时间 T，确定基本逻辑结构单元特征参数。③教学行为量化统计与分析，包括计算课堂教学行为交互深度值；依据课堂教学行为交互的特性，探究交互深度量化统计与分析方法，为交互深度值 D 的计算提供标准。

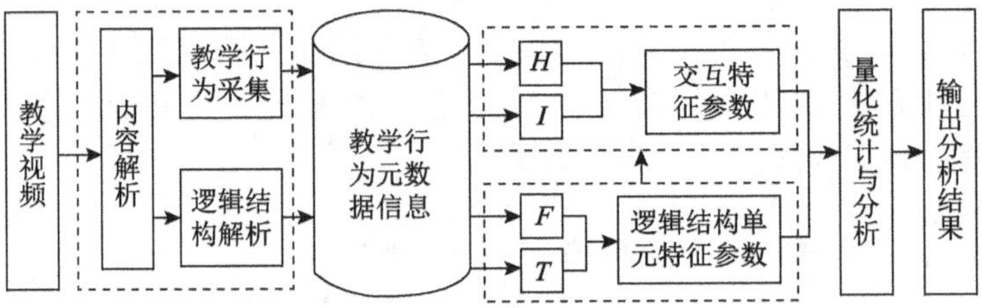

图 3-18 课堂教学行为交互深度量化分析的基本过程模型

二、课堂教学行为逻辑结构解析

（一）教学行为采集

以新的课堂教学行为分析编码系统为基础，可将教学行为划分为教师言语行

---

① 王艳丽，程云，王锋，等. 技术支持下的课堂教学行为观察方法探究[J]. 现代教育技术，2016（9）：39-45.

为、教师活动行为、学生言语行为、学生活动行为等四大类共 16 种具体行为。在具体的教学行为观察过程中，教学行为样本采集遵循“时间抽样，动态补偿”的原则，根据编码系统规定的标准，依次记录课堂教学的行为数据，最终形成关键行为数据序列①。

（二）逻辑结构解析

课堂教学行为交互逻辑结构如图 3-19 所示。一节课的课堂教学过程可以划分为若干个教学阶段（教学环节），每个教学阶段可由多个主题组成，每个主题又可由多个问题（或知识点）组成——问题（或知识点）是构成教学交互行为的基本单元，是最小的交互行为逻辑单元结构。

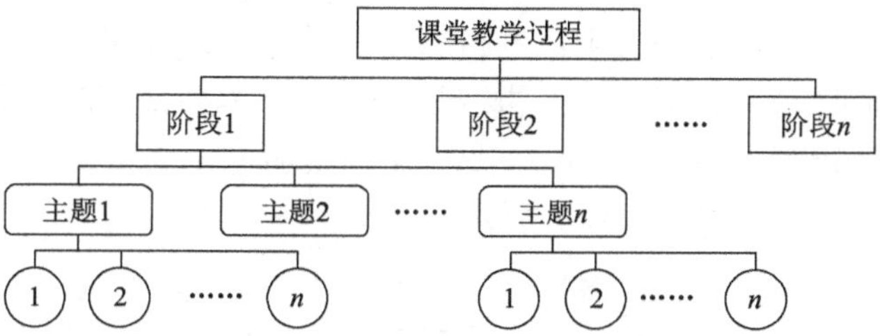

图 3-19 课堂教学行为交互逻辑结构示意图

教师针对课堂教学中的某个问题（或知识点）提问，然后师生之间进行交互，此时可能有两种情况：①问题很简单，学生一下子就给出正确答案；②问题是开放性的或相对比较困难，经过师生之间、生生之间的多次交互，对问题的探讨日趋深入，越来越接近于正确答案。

第一种情况下，如果教师不再引导学生进行发散性思考，那么交互层次显然较浅；而第二种情况下，经过多次交互后，对问题的探讨日趋深入，交互的深度也会随着交互频数的增加而日益加深；同时，后续的交互行为是在前面已有交互行为的基础上发生的，是对前面答案的逐步修正与完善，随着越来越接近于正确答案，交互深度也逐渐加深。针对一个问题（或知识点）的多次交互过程如图 3-20 所示。

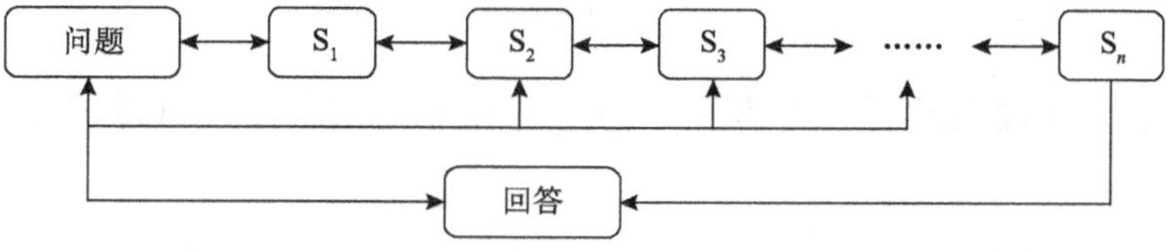

图 3-20 针对一个问题（或知识点）的多次交互过程示意图

① 傅德荣，章慧敏，刘清堂. 教育信息处理（第 2 版）[M]. 北京：北京师范大学出版社，2011：2.

综上所述，本书依据基于视频的课堂教学行为交互分析编码体系和数据采集标准，采集课堂教学行为交互序列数据；同时，结合教学内容的特点，对课堂教学行为交互序列数据进行逻辑结构划分。

三、课堂教学行为交互特征参数计算

（一）逻辑结构单元特征参数

以基本逻辑结构单元为基础，本书对课堂教学行为交互序列数据进行统计，通过计算每种行为的时间占有率和持续时间，确定基本逻辑结构单元的特征参数。

为便于量化分析，本书将采集的行为序列数据，以逻辑单元结构为基础，转化为相对频率（时间占有率）F 分析。具体来说，本书采用时间累积的方法进行统计——将每类行为的持续时间 T 进行统计累加，作为该类行为的原始统计数据（以秒为单位），如式（3-14）所示。

$$F_n = \frac{T_n}{\sum_{n=1}^{16} T_n} \tag{3-14}$$

（二）交互特征参数

1. 基本课堂教学单元的教学交互行为熵 H 的计算

若想更加科学地表示出交互深度，以便对不同问题的交互深度进行比较，就需要考虑行为交互过程中的时间因素所带来的影响。假设在某一问题的交互过程中有 n 次交互行为发生，某一次交互行为的持续时间为 t_i，交互持续时间占有率 P_i 则可按照式（3-15）计算得出。

$$P_i = \frac{t_i}{\sum_{i=1}^{n} t_i} \tag{3-15}$$

将整个交互过程的行为占有率看作一个概率分布事件，可按式（3-16）求出其交互行为熵 H①

① 中国社会科学院语言研究所词典编辑室编. 现代汉语词典（第二版）[M]. 北京：商务印书馆，1983：1288-1291.

$$H = -\sum_{i=1}^{n} P_i \log_2 P_i \quad (n \geqslant 1) \tag{3-16}$$

2. 基本课堂教学单元的交互系数 *I* 的计算

教师根据教学需要提问后，由第一个学生开始进行应答，接着由第二个学生根据前面的应答进行二次应答，再由下一个学生进行三次应答……当到第 n 个学生的应答接近于正确答案时，便可停止应答。在这一交互过程中，教师可以对学生的应答进行反馈或引导，学生与学生之间也可以进行交流，最后由教师根据实际教学需要终止应答时间。

若把针对某一问题（或知识点）的行为交互过程看作探究正确答案的过程，那么在这一过程中的所有交互对于最终探讨出的正确答案都有贡献，包括所有学生的应答（不论正误）、教师的引导或反馈等。若教学内容只需一次交互完成，则教学内容的不确定性很小；而需要交互的次数越多，则内容的不确定性就越大。综合考察交互频次、交互时间与交互内容的不确定关系，每次交互对交互深度的贡献以一次交互为基础，贡献值和效果由后面的交互情况决定。

依据行为交互出现的先后顺序，确定每次行为交互对最终探讨出正确答案的贡献率为 I_i，用 $1/i^2$ 表示。基于每次行为交互的贡献率，可按照式（3-17）得到针对该问题的交互系数 I。根据行为交互次数，可以确定交互系数 I 的取值：当只有一次交互发生时，交互系数最小，值为 1；当有 n 次交互发生时，可求得 I 的极限值为 $\pi^2/6$。据此，得出 I 的有效取值范围为$[1, \pi^2/6)$。

$$I = \sum_{i=1}^{n} I_i = 1 + \frac{1}{2^2} + \frac{1}{3^2} + \cdots + \frac{1}{n^2} = \sum_{i=1}^{n} \frac{1}{i^2} \tag{3-17}$$

四、不同层次的课堂教学行为交互深度值的计算

依据课堂教学行为交互的特性，本书将课堂教学行为交互深度分析划分为同一问题交互深度、同一主题交互深度和整节课堂教学的交互深度三个层次的交互深度分析，并定义每个层次的交互深度量化统计与分析方法，为不同层次的交互深度值 D 的计算提供标准。

（一）同一问题的交互深度值（*D*）

针对同一问题的交互深度值 D，可直接通过交互系数 I 和交互行为熵 H 的积[①]得出：$D=I \cdot H$。D 值可以反映问题的交互深度，并可对不同问题之间的交互

① 李万春，朱云东，刘朝丽. 基于信息熵的课堂教学过程量化评价模型[J]. 电化教育研究，2009（1）：99-102.

情况进行比较。

（二）同一主题的交互深度值（D'）

围绕学习主题，在交互过程中可能会涉及多个小问题的探讨。从一个问题转向另一个问题，称作一次交互转移。经过多次交互转移，交互越来越深入，也越来越接近于最终目标；交互转移的次数越多，说明初始目标到达最终目标的概率越低、主题内容的难度越大，也就需要更加深入的交互才能达到学习目标。

假设围绕同一主题进行 n 个子问题的讨论，每个子问题中的具体某一交互行为的持续时间为 t_i'，整个子问题的交互持续时间占有率为 T_i'；对该主题学习的容易度贡献率为 S_i，用$(1/n)^i$ 表示，即 $1/n^i$。基于每个问题的贡献率，可根据式（3-18）得到针对该主题的容易度系数 S。当该主题只有一个问题时，容易度系数取得最大值，为 1；当有 n 个问题时，容易度系数为一个接近于 0 的正数，故容易度系数 S 的取值范围为（0, 1]。本书取容易度系数的倒数作为难度系数 C，即 $C = 1/S$，得出 C 的取值范围为$[1, +\infty)$。

$$S=\sum_{i=1}^{n}S_i=\frac{1}{n}+\frac{1}{n^2}+\frac{1}{n^3}+\cdots+\frac{1}{n^n}=\sum_{i=1}^{n}\frac{1}{n^i}=\begin{cases}1 & (\text{当}n=1\text{时})\\ \dfrac{n^n-1}{(n-1)n^n} & (\text{当}n\neq1\text{时})\end{cases} \tag{3-18}$$

越是复杂的主题，其难度系数越高，也就需要通过更加深入的行为交互才能获得更有效的教学。因此，针对该主题的交互深度值 D'，与难度系数 C 成正比，如式（3-19）所示。

$$D'=C\times\sum_{i=1}^{n}(D_i\times T_i')=\frac{\sum_{i=1}^{n}(D_i\times T_i')}{S} \tag{3-19}$$

（三）整节课堂教学的交互深度值（D^*）

整节课的行为交互深度由每个阶段的交互深度决定。假设一节课的课堂教学由 m 个阶段组成，每个阶段有 n 个主题，每个主题所占时间比为 TS_i，其对应的交互深度为 DS_i；每个阶段所占时间比为 TP_i，其对应的交互深度为 DP_i，则整节课堂教学的交互深度值 D^*可根据式（3-20）得出。也就是说，通过逐步计算各个主题、各个阶段的行为交互深度情况，可间接得到整节课教学的交互深度情况，从而为整节课的课堂教学行为交互深度的研究提供参考。

$$D^* = \sum_{i=1}^{m}(\text{TP}_i \times \text{DP}_i) = \sum_{i=1}^{m}(\text{TP}_i \times \sum_{i=1}^{m}(\text{TS}_i \times \text{DS}_i)) \qquad (3\text{-}20)$$

五、课堂教学行为交互深度分析方法的应用

（一）教学行为数据采集

本书的实验样本为吴江中学高一历史课的教学视频，内容为“甲午中日战争”，采集的教学行为基本数据信息如表 3-12 所示。

表 3-12 教学行为基本数据信息

行为类别	教师言语行为	教师活动行为	学生言语行为	学生活动行为
行为个数	110	9	54	7
行为时间占有率	0.8223	0.0330	0.1226	0.0221

在教学过程中，四大类教学行为的 16 种具体行为分布情况的时间序列如图 3-21 所示。

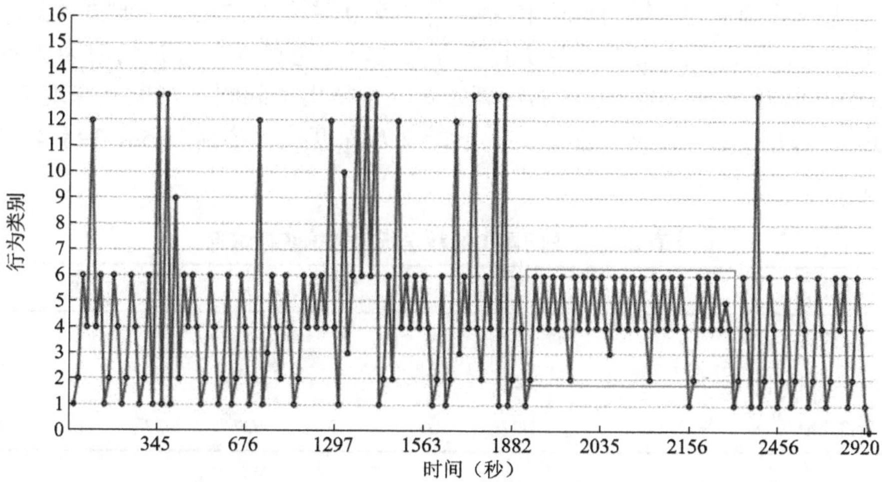

图 3-21 16 种具体行为分布情况的时间序列图

（二）分析与讨论

在实验样本中，1949—2256 秒的教学片断（图 3-21 中框选部分的时间序列）具有显著的主题交互特征——围绕“为什么说《马关条约》是继《南京条约》以来最严重的不平等条约（从割地、赔款、开放通商口岸、获得特权四个方

面比较）”这一主题展开教学活动，通过问题引导，师生之间通过多次交互，完成该教学内容的学习。基于所讨论问题的内容差异，该教学片断可以明确分为四个子问题，其课堂教学过程结构如图 3-22 所示。

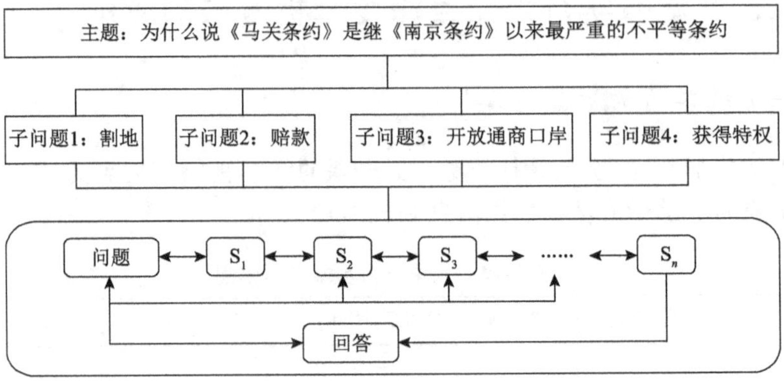

图 3-22 “甲午中日战争”教学片断的课堂教学过程结构示意图

基于行为交互深度分析的基本方法，首先对每个子问题进行交互深度分析，然后分析整个主题的交互深度。子问题 1 的教学行为数据统计情况如表 3-13 所示，其中行为序号 1 为教师提问，行为序号 2—9 为交互行为；行为持续时间共 45 秒，减去教师提问所耗的时间 18 秒，行为交互时间共 27 秒。依据式（3-16）和式（3-17），可以算出交互系数 I 的值为 1.5274，交互行为熵 H 的值为 2.9538。根据同一问题的交互深度值 D 的计算公式，可得出子问题 1 的交互深度值 D 为 4.5116；同理，可求出子问题 2、3、4 的交互深度值，分别为 5.8939、4.6665、4.1406。

表 3-13 子问题 1 的教学行为数据统计情况

行为序号	1	2	3	4	5	6	7	8	9
行为类别	2	6	4	6	4	6	4	6	4
持续时间（秒）	18	3	2	3	3	4	5	3	4
所占比率	—	1/9	2/27	1/9	1/9	4/27	5/27	1/9	4/27

依据教学行为序列的基本数据，可统计出四个子问题的整体持续时间分布情况，如表 3-14 所示。整节课由四个子问题构成，因此 n=4，根据式（3-18）和难度系数 C 的计算公式，则可计算出难度系数 C 的值为 384/127；根据式（3-19），可计算出“为什么说《马关条约》是继《南京条约》以来最严重的不平等条约”这一主题的交互深度值 D'为 14.7523。

表 3-14 四个子问题的整体持续时间分布情况

问题	1	2	3	4
持续时间（秒）	45	98	74	91
所占比率	45/308	7/22	37/154	91/308

交互深度值是通过对行为序列所反映的行为交互频度、行为交互持续时间等因素的统计与量化分析所得出的，在一定程度上可以反映交互情况，也可间接反映交互主题（学习内容）的复杂性。交互深度值越大，表明交互越深入，学习内容越复杂；反之则反。上述数值的计算结果说明，四个子问题中，子问题 2（赔款）的交互最为深入；基于四个子问题，该主题取得了较高的交互深度值，交互较为深入。

课堂教学交互对于课堂教学活动的开展和学习者的发展都具有特殊的重要意义。通过对课堂教学行为交互深度量化分析方法的探究，本书提出了课堂教学行为交互深度的基本分析过程模型，给出了三个层次的交互深度分析方法，对于进一步完善课堂教学行为分析的理论与方法具有一定的指导和借鉴意义。交互深度值可为教学行为交互分析提供参考依据，在实际应用中可结合具体的教学过程进行进一步的深入分析。需要说明的是，本书所述的分析方法在很大程度上仍依赖人工数据采集与分析，因此耗费的时间和人力成本很高，故在后续研究中应努力探索教学行为自动采集与分析技术，并丰富教学视频样本，结合一般的课堂教学情况，开展进一步的实证研究，确定交互深度值的常模，作为交互深度比较分析的判定依据。

第五节 人工智能支持的课堂教学互动行为分析及应用①

当前，人工智能技术已渗入人类生活的各个领域，社会对人才的需求正在发生改变，教育的变革也相应引发。美国《国家人工智能研发战略规划》中提到要

① 本节内容选自：刘清堂，何皓怡，吴林静，等. 基于人工智能的课堂教学行为分析方法及其应用[J]. 中国电化教育，2019（9）：13-21.

利用人工智能技术改进教育机会，实施个性化学习和终身学习等。我国《新一代人工智能发展规划》提出要发展“智能教育”，推动人才培养模式和教学方法改革。《教育信息化 2.0 行动计划》提出要推进智能教育，开展以学习者为中心的智能化教学支持环境建设，推动人工智能在教学、管理等方面的全流程应用等。

课堂是教学行为发生的主要“场域”。进行课堂教学行为分析，探究课堂教学活动促进学生发展的内在机制，帮助教师反思，获得实践性知识，有利于促进课堂教学质量的提升。然而传统的课堂教学行为分析方法，多是通过自我报告法、人工观察手动编码等方法采集和分析数据，存在着编码主观性强，费时费力，所获得样本量小等缺点，不利于发现普遍的教学规律。随着信息技术的发展，利用智能技术自动采集和编码教学过程信息，并进行精准化的教学分析，为这些问题的解决带来了契机。基于人工智能技术能更为全面且及时地识别课堂教学行为，通过计算客观描述课堂教学情境，自动化地对课堂教学行为进行分析和可视化呈现，为教师的专业发展和教学质量的提升提供了有力支持。

一、不同教学场景下的课堂教学互动行为分析方法

关于行为是指为实现某种意图而具体进行的活动①。教学可理解为教师的教和学生的学两方面的统一。课堂教学行为指在课堂上行为主体以及行为主体之间在采取一定手段实现教学目标的过程中所发生的活动的总和，可包括教师行为、学生行为和互动行为②。课堂教学行为具有情境性和多变性，同时，在一定情境中，课堂教学行为又有着一定的规律性。课堂教学行为研究就是要在零散、具体的课堂教学行为特征和表现中，探索教学行为的发生、发展规律，以增强师生在教学中的行为自觉，提高教学行为的效率③。课堂教学行为研究对促进教学评价的客观性、优化教学设计④、发展教师实践性知识等有重要意义。信息技术的发展使课堂教学环境发生了改变，课堂教学行为分析方法亦随之进化。以下以课堂教学环境的发展变化为线索来看课堂教学行为分析方法的发展。

（一）传统课堂教学环境阶段

此阶段的课堂教学行为分析方法研究多集中于分析量表的编制，观察者基于

---

① 中国社会科学院语言研究所词典编辑室. 现代汉语词典（第二版）[M]. 北京：商务印书馆，1983：1288-1291.

② 王姣姣. 实践与反思：课堂教学行为研究——以六所中小学校为个案[D]. 湖南师范大学博士学位论文，2009.

③ 张建琼. 教学行为研究的教学论意义[J]. 教育理论与实践，2004（17）：50-53.

④ 李松林. 课堂教学行为分析引论[J]. 教育理论与实践，2005（4）：48-51.

相关量表对课堂中的教学行为进行手工编码记录，再进行计算分析。学者Anderson 对幼儿教师与儿童的交互行为进行研究，研制出了观测幼儿教师在教学过程中的支配行为和民主行为的量表，并对两种行为进行计算比较[①]。弗兰德斯互动分析系统将课堂中教师和学生的言语行为分为教师言语、学生言语、静止或混乱三大类共 10 个维度，观察人员选择适当的代码记录下师生的言语互动行为，形成互动分析矩阵，该方法为教师进行教学反思提供了支持[②]。S-T 分析方法将课堂教学行为分为学生（S）行为和教师（T）行为两类，通过观察课堂教学过程，以一定时间间隔进行采样、编码，形成 S-T 时序数据，绘制 S-T 曲线并计算确定课堂教学模式[③]。

（二）信息化教学环境阶段

信息技术特别是多媒体技术的发展，给课堂教学带来了更为丰富的媒体展示和信息交互手段，同时也带动了课堂教学行为分析新方法和新工具的产生和应用。顾小清等基于弗兰德斯互动分析系统，增加了师生与技术互动的维度，设计了基于信息技术的互动分析编码系统[④]。穆肃等结合信息化教学环境中课堂教学行为的特点，提出了课堂教学行为分析系统（TBAS）及系列方法[⑤]。李静等利用 Nvivo 质性分析软件，以同一教学内容在不同信息化课堂环境下的教学视频作为研究对象，基于质性分析的视角对课堂教学交互行为进行研究[⑥]。王艳丽等开发了课堂教学行为采集与分析软件，提高了数据采集和分析的效率[⑦]。

（三）智慧教室阶段

智慧教室环境，为自动化和智能化地采集和分析数据创造了条件，研究者们从多种教学行为切入开展分析方法的研究，进一步丰富了课堂教学行为分析的内容和方法。Liu 等利用移动脑电波传感器采集学习者的脑电信号，采用支持向量机分类器分析计算脑电特征并判断学习者的注意力情况，取得了较高的准确率，

---

① Anderson H H. The measurement of domination and of socially integrative behavior in teachers' contacts with children[J]. Child Development, 1939, 10(2): 73-89.

② Flanders N A. Intent, action and feedback: A preparation for teaching[J]. Journal of Teacher Education, 1963, 14(3): 251-260.

③ 傅德荣，章慧敏，刘清堂. 教育信息处理（第 2 版）[M]. 北京：北京师范大学出版社，2011：2.

④ 顾小清，王炜. 支持教师专业发展的课堂分析技术新探索[J]. 中国电化教育，2004（7）：18-21.

⑤ 穆肃，左萍萍. 信息化教学环境下课堂教学行为分析方法的研究[J]. 电化教育研究，2015（9）：62-69.

⑥ 李静，张祺，苗志刚，等. 中学信息化课堂教学交互行为研究——基于质性分析的视角[J]. 中国电化教育，2014（2）：101-107.

⑦ 王艳丽，程云，王锋，等. 技术支持下的课堂教学行为观察方法探究[J]. 现代教育技术，2016（9）：39-45.

这为教师的实时教学干预提供了支持①。Whitehill 等开发了自动化的课堂学习参与度识别器，该工具采用机器学习的方法实现了对学习者面部表情的自动采集和计算，推断出学习者的参与度情况，以增强教师对学习者参与度的瞬时感知②。韩丽等建立了认知行为与学生头部姿态及面部表情行为的特征关系，并在此基础上构建了基于人脸检测与表情分析的课堂教学评价系统，分析与评价了学生对课堂教学的关注度、参与度以及活跃度③。曹晓明等采用深度学习的方法，融合多模态数据，构建了学生学习参与度识别模型④。

综上所述，随着信息技术的发展，课堂教学行为分析技术正走向自动化和智能化，这使得课堂教学评价的常态化和规模化成为可能，为课堂教学规律的研究和学习本质的探寻提供了强有力的支持。然而，智慧教室是一个既先进又复杂的教学环境，目前多数研究还处在实验测试阶段。通过教学视频来分析教学行为，因其低成本和易用性的特点，受到了研究者们的青睐，可这对图像抓取、特征选择、数据处理、计算和分析提出了更高的要求。如何在复杂的教学情境中提取有价值的信息，以提升课堂教学行为分析的客观性和科学性还需进一步研究。

二、课堂教学行为的智能分析模型

智慧教学环境下的课堂教学行为分析是目前关注的热点研究领域，期待利用课堂教学行为分析和大数据的方法揭示课堂教学的一般规律。课堂教学行为分析涉及教师行为、学生行为、师生互动行为等，同时需要综合考虑课堂教学内容（知识点）、智慧教学情境以及师生情感变化等，迫切需要研究课堂教学行为的数据采集、行为表征与分析、应用效果揭示与阐释等。综合前人的研究和自身的实践，本书提出了课堂教学行为智能分析模型，如图 3-23 所示。

该模型以课堂教学为中心，在教育教学理论和人工智能技术、标准，以及信息安全和隐私保护相关规范指导下，进行课堂教学数据从采集、处理、存储、建模分析到应用反馈的一体化流程，力求充分发挥课堂教学数据的实际应用价值，提高课堂教学行为分析的科学性和客观性，最终提升教学质量。以下对各模块具体功能进行介绍。

---

① Liu N H, Chiang C Y, Chu H C. Recognizing the degree of human attention using EEG signals from mobile sensors[J]. Sensors, 2013, 13(8): 10 273-10 286.

② Whitehill J, Serpell Z, Lin Y C, et al. The faces of engagement：Automatic recognition of student engagement from facial expressions[J]. IEEE Transactions on Affective Computing, 2014, 5(1): 86-98.

③ 韩丽，李洋，周子佳，等. 课堂环境中基于面部表情的教学效果分析[J]. 现代远程教育研究，2017（4）：97-103，112.

④ 曹晓明，张永和，潘萌，等. 人工智能视域下的学习参与度识别方法研究——基于一项多模态数据融合的深度学习实验分析[J]. 远程教育杂志，2019（1）：32-44.

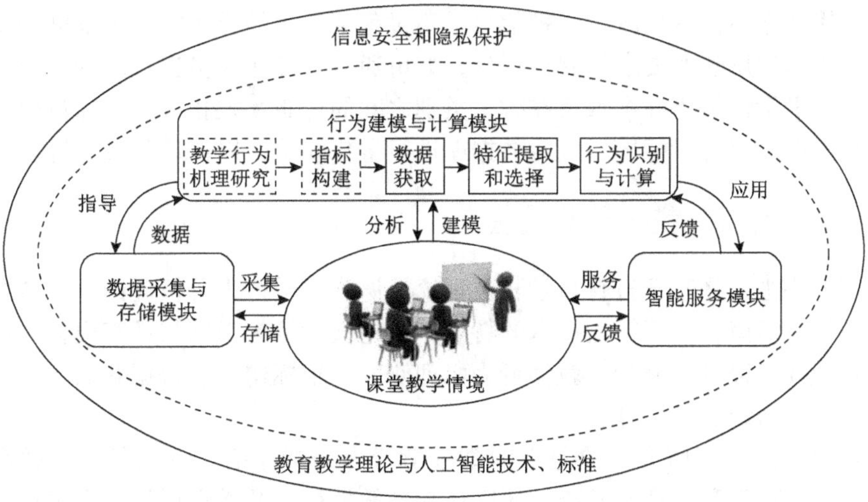

图 3-23　课堂教学行为的智能分析模型

（一）数据采集与存储模块

该模块主要依据相关教育教学理论及建立的课堂教学行为分析指标体系，利用相关设备进行数据采集。为了不对课堂教学造成干扰以获取真实数据，尽量采用非入侵、伴随式的数据采集方式。采集到的数据存入相应的数据库中。采集的数据主要分为 4 种类型：图像数据、语音数据、生理信号数据和其他数据。图像数据主要是利用安装在教室各个方位的摄像头等来进行采集，可采集教师、学生、电子白板和黑板等的图像数据。语音数据主要通过教室安装的拾音器、教师佩戴的麦克风等来进行采集。生理信号数据则是利用可穿戴设备来进行采集，采集的信号包括脑电、皮肤电、心率、血压、呼吸、皮肤温度、肌电、眼电信号等。其他数据包括教学过程中的文本数据、基于移动终端的师生互动答题数据等，可利用相关工具进行采集。对采集下来的数据进行相应的预处理，如：截取图像、设置图像大小和转换格式等；对语音数据及生理信号数据去除噪声、变换格式等。

行为识别与计算模型的构建，离不开高质量训练集和测试集的支撑。建立行为和情感数据库是进行行为识别的基础。一个真实、自然、可靠的教学行为和情感数据库有利于教学行为特征的分析和提取，有利于提高行为识别的准确性。因此在构建教学行为和情感数据库来进行模型的训练和验证时，应该考虑使用数据的自然度、清晰度、准确度及平衡性等问题。自然度主要是指数据反映的教学行为和情感是自发表现的，符合日常表达习惯，行为类型多样，人物多样（不同性别、年龄），具有较好的实用性。清晰度是指图像清晰分辨率高，语音咬字清晰并较少掺杂噪声，尽量减少生理信号采集过程中产生的噪声等。准确度是指该数据能准确标注反映所要求情感或行为，如可通过对标注人员进行培训来提升准确度。数据平衡性是指样本数目在各个类别之间的分布大致相等。可通过建立行为和情感数据库评价指标体系来对数据库进行量化评价，以保证其质量等。

（二）行为建模与计算模块

该模块主要是基于教育教学相关理论及课堂教学行为分析理论，并结合课堂教学的具体情境和人工智能技术的特点，构建教学行为识别与计算模型并进行行为计算，其流程可划分为：教学行为机理研究、指标构建、数据获取、特征提取和选择、行为识别与计算。

教学行为机理研究主要是以课堂教学行为分析理论、认知科学、教育心理学、行为心理学等为理论基础，研究认知与教学行为及教学行为与人类动作、生理特征等之间的关系。只有掌握了课堂教学行为的意义及其表现特征，才能明确采集什么样的数据及如何提取相关信息来进行分析。

指标构建则是在教学行为机理研究的基础上，结合人工智能技术的特点，构建教学行为与人物动作、姿态、表情等特征之间的对应关系，形成相应的指标体系，使教学行为的测量更具有可操作性，以指导数据采集、特征提取和选择、行为识别与计算等。如在分析学生的学习兴趣时，将学生的学习兴趣分为认知注意力、学习情感和思维活跃度 3 个维度，其中认知注意力的测量指标为学生注视黑板的时长，学习情感的测量指标为注意力集中时的笑脸时长，思维活跃度则是通过答题正确率和答题频率来进行测量①。

数据获取主要是从图像、语音、文本、生理信号等数据库中获取数据，以进行处理和分析。

特征提取和选择主要是从视频、图像、语音、文本及生理信号等数据中获取能够表征行为类别的相关特征信息，该步骤可包括特征标准化、特征层融合等操作，为行为识别提供具有良好区分性的特征。特征提取在人脸识别、数据可视化、模式识别等领域有广泛的应用，但该技术难以解释新特征与样本类别之间的相关关系。特征选择是指从原始属性中选取最小数量的特征子集，特征子集内的属性与样本类别具有较大相关性，属性与属性之间有较大独立性②。在进行特征的选择时，可利用皮尔逊统计量、信息增益等方法来度量和评估特征与类别之间的相关度，以及特征之间的相关度。另外，深度学习方法可实现自下而上的无监督的特征自动提取，在样本量较多的情况下采用此方法获取特征，无需过多的人

① 陈靓影，罗珍珍，徐如意. 课堂教学环境下学生学习兴趣智能化分析[J]. 电化教育研究，2018（8）：91-96.
② 潘锋. 特征提取与特征选择技术研究[D]. 南京航空航天大学博士学位论文，2011.

为干预，也得到较多研究者的青睐。

行为识别与计算是利用相关算法根据输入的特征信息进行教学行为类别的判断和计算，内容包括决策层融合、情感识别、教学行为分类、师生行为比例计算、教学模式判断等。行为识别与计算模型的构建需反复调试与比较，以提升其计算性能和精度。当行为识别与计算模型构建成功后，便可实现自动化的以教学行为多模态数据作为输入变量进行计算，输出相应的教学行为状态结果，计算结果应用于智能服务模块，为教师、学生、管理者等提供教学支持服务。

1. 智能服务模块

课堂教学行为智能分析的结果主要服务于课堂教学分析、教师教学分析和教学管理分析与决策三个方面。在课堂教学过程中，智能分析与计算结果的实时可视化呈现，增强了教师的课堂教学感知，辅助教师进行课堂教学的形成性评价，及时调整教学策略，提供有针对性的学习支持服务，实现“因材施教”。在教师教学分析方面，教师和教研室利用累积下来的课堂教学行为分析数据，与学生的人口统计学信息及学习绩效相关联，发现影响学生学习绩效的相关因素，便于教师精准施教。基于计算结果自动生成的课堂记录表及教师成长曲线等，能跟踪教师教学能力变化，为教师的教学反思提供支架，以进一步改善课堂教学，提升教学质量，促进教师专业发展。在教学管理分析与决策方面，可在相关平台上汇聚整合辖区内课堂教学分析的数据，学校或区域管理者等基于该数据进行宏观层面的教育分析与决策，提升教学管理的效率和科学化水平。在以上各方面的应用过程中，对出现的问题以及提出的建议形成反馈，继续对行为识别与计算模型进行改进和完善。

2. 教育教学理论与人工智能技术、标准

教育系统的复杂性，给人工智能技术与教育的融合提出了挑战，需在教育教学理论的指导下，智能化地应对教学系统的多样性和复杂性。在对教学行为进行数据刻画时，既要针对不同的学习场景和学习过程，还要考虑教学行为数据来源的多样性和异构性，研制相应的标准规范对师生不同的教学行为进行量化与分析。在教育实践中总结研究，促进相关理论创新和技术变革，提升课堂教学行为分析的科学性和客观性，以提升教学效能。

3. 信息安全和隐私保护

技术是把双刃剑，随着人工智能技术与学校教育的不断融合深化，大量的教育数据被采集、挖掘、整合和共享，教学场域被逐步量化，教师和学生因被数据化构建而变得更为“透明”，这为教学研究和教学服务带来巨大便利，同时也存

在着信息泄露的风险和危害。因此，在数据的采集、分析和应用的过程中，要加强信息安全和隐私保护，遵守相应的法律法规和伦理规范，提高教师的数据素养。

三、课堂教学行为的智能分析模型应用

对课堂教学中师生的交互行为进行分析和研究，可为教师开展协同教研、教学反思提供支持，现有的分析方法已有很多。S-T 分析方法，是常用的课堂交互行为分析方法，将教学行为分为 T 行为（教师行为）和 S 行为（学生行为）两类，这样减少了教学过程中行为编码的模糊性，提高了分类的可靠性和客观性[①]。传统的 S-T 分析方法多采用的是人工观察手动编码的方式进行。随着智能技术的发展，教学环境的改变，课堂教学行为分析实现自动化、常态化、规模化成为可能。下面以课堂教学行为的 S-T 分析为例，阐述课堂教学行为智能分析模型的应用过程。

（一）数据采集与存储

本书中，课堂教学数据的采集采用了非入侵、伴随式的数据采集方式。利用教室中安装的多路高清摄像机采集课堂上教师和学生的图像，利用麦克风采集语音数据，并通过录播系统自动合成教学视频，存入视频数据库中。本书采集了 10 个中小学课堂教学现场视频数据。

构建课堂教学行为图像数据库。通过视频图像捕获软件，设置每 5 秒钟采样一帧图像，获得 5360 幅课堂教学图像，并标注图像的行为类别（T 行为或 S 行为）。为保证图像标注的准确度，研究过程中请 10 名研究生作为图像标注人员，并制定相关标注规则，对标注人员进行培训后，完成标注。将标注好的图像数据的 70%作为训练集，30%作为测试集，分别存入训练图像库和测试图像库。

（二）行为建模与计算

1. 教学行为机理研究

教学过程中的 S-T 行为分析，T 行为主要包括教师的解说、示范、板书、媒体演示、提问、点名和巡视等。S 行为可定义为除 T 行为以外的所有行为，包括学生发言、思考、笔记、作业等。基于 S-T 分析方法对课堂教学场景进行采样并记录，形成反映教学行为分布的量化数据，计算并绘制 S-T 曲线和 Rt-Ch 图，据

---

① 傅德荣，章慧敏，刘清堂. 教育信息处理（第 2 版）[M]. 北京：北京师范大学出版社，2011：2.

此可以分析该节课师生交互的情况及所采用的教学模式，辅助教师进行教学研讨和反思。

2. 指标构建

基于 S-T 行为分析理论及人工智能技术的特点，主要对课堂教学图像中的 T 行为进行识别。根据人脸检测、轮廓检测等技术的特点及对教学场景图像特征的识别，建立教学行为与图像特征之间的对应关系，设计了 S-T 行为分析特征指标，如表 3-15 所示。

表 3-15 S-T 行为分析特征指标

行为类型	主体行为描述	人脸检测（人脸数目 c）	轮廓检测（轮廓数目 n）	图像最大轮廓面积	主体运动检测（帧间差分图最大轮廓面积）
T 行为	T1：教师解说（课件播放、板书）	c=0	较少		
	T2：教师解说（示范、提问、点名）	c=1		较大	
	T3：教师解说（学生认真听讲）	较多	较多		
	T4：教师在学生中巡视、讲授（有学生背景）		较多		较大
S 行为	除 T 行为以外的所有行为				

在表 3-15 中，可将教师（T）行为用图像中的人脸数目、轮廓数目、图像最大轮廓面积和帧间差分图最大轮廓面积四个特征来表示。行为 T1 为教师解说（课件播放或板书），教师背对或侧对学生，教学视频中没有人脸，可用人脸检测数目为 0 和轮廓数目较少来进行推测。行为 T2 为教师解说（示范、提问或点名），视频中出现教师正面人脸且教师背景环境简单，可用人脸检测数目为 1 和图像最大轮廓面积较大来进行推测。行为 T3 为教师解说，视频中表现为学生听课抬头看黑板，人脸数目和轮廓数目较多。行为 T4 为教师在学生中巡视、讲授，主体动作幅度较大时，利用帧差法将当前样本图像与前一样本图像的像素点的灰度值做差计算，得到帧间差分图像并计算其最大轮廓面积，如其大于某阈值可判断有物体移动，并且背景有学生时，轮廓数目较多。学生（S）行为为除 T 行为以外的所有行为。

3. 数据获取

从训练图像库、测试图像库或视频数据库中获取数据，以进行处理和分析。

4. 特征提取和选择

根据提出的 S-T 行为分析特征指标，需要获取人脸数目、轮廓数目、图像最大轮廓面积和帧间差分图最大轮廓面积共 4 种用于 S-T 行为分类的特征。OpenCV 是一个开放源代码的计算机视觉类库①，本书采用 OpenCV 提供的相关算法获取图像特征再进行特征选择。

（1）通过人脸检测获取图像中的人脸数目。人脸检测需要提取人脸特征，OpenCV 提供了 HOG、Haar、LBP 等多种特征提取技术。本书采用 OpenCV 自带的人脸检测器，通过在训练集中进行实验对比，Haar 人脸检测器获得较高准确率。人脸检测结果示例如图 3-24 所示。

图 3-24　人脸检测结果示例

（2）通过轮廓检测获取图像中的轮廓数目及最大轮廓面积。轮廓检测是从图像中找出显著性物体并提取物体轮廓，对于背景较为复杂的图像需过滤掉小面积轮廓，提取有参考价值的轮廓并保存相关信息。通过对样本图像进行分析后发现，教师行为状态图像背景较为简单，轮廓数目较少，轮廓面积较大且清晰；而学生行为状态图像背景相对复杂、轮廓数目较多。因此，可将轮廓检测结果（轮廓数目和面积）作为教学行为类型判定的因素之一。

（3）采用帧差法进行主体动作检测获取帧间差分图最大轮廓面积。帧差法即帧间差分法，它利用连续或相隔一定时间的帧间差分来确定图像中的变化区域，从而判断运动目标②。本书中帧差法计算步骤如图 3-25 所示，将相邻两个样本图像进行差分运算得到帧间差分图像，然后对帧间差分图像进行二值化处理及轮廓检测，即可将运动目标检测出来。课堂情境下，帧间差分图像中最大轮廓面积的取值较大时，即可判断为教师在课堂中巡视、授课。

① Bradski G，Kaehler A. 学习 OpenCV（中文版）[M]. 于仕琪，刘瑞祯，译. 北京：清华大学出版社，2009：1.

② 李彤. 智能视频监控下的多目标跟踪技术研究[D]. 中国科学技术大学博士学位论文，2013.

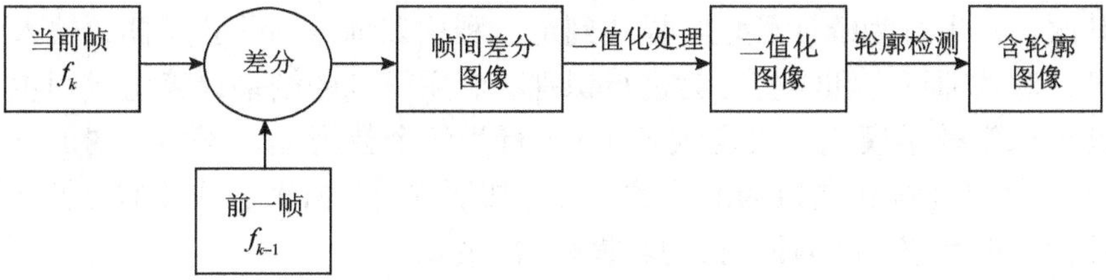

图 3-25　帧间差分法计算步骤

（4）特征相关性检验。本书利用 Weka 软件对从训练集图像中所提取的图像特征进行评估，判断其与教学行为类别之间的相关性，对各特征值进行归一化处理后，计算结果如表 3-16 所示。

表 3-16　特征与教学行为类别相关性评估结果

皮尔逊相关系数	特征名称
0.539	轮廓数目
0.366	人脸数目
0.285	图像最大轮廓面积
0.255	帧间差分图最大轮廓面积

计算所有单个特征与教学行为类别之间的皮尔逊相关系数，并根据系数的大小对特征进行排序，系数值越大表示该特征与教学行为类别之间的相关性越强。表 3-16 中的 4 项特征都取得较大数值，因此可将其作为建立行为识别模型的自变量。

5. 行为识别与计算

首先，构建行为识别模型，对教学行为类别进行判断。以提取到的图像特征信息作为输入训练并评估分类器，以获得针对本数据集的最优分类器。所选择算法训练得出的分类器性能比较如表 3-17 所示。通过比较发现，决策树分类器的查准率较高，可作为针对本数据集的最优分类器。

表 3-17　各分类器性能比较

分类器	真正率	假正率	查准率	召回率
朴素贝叶斯	0.667	0.301	0.703	0.667
SVM	0.762	0.243	0.770	0.762
Logistic 回归	0.714	0.368	0.708	0.714
J48 决策树	0.810	0.213	0.810	0.810
随机森林	0.762	0.291	0.759	0.762

其次，师生行为统计及教学模式判定。利用训练得到的分类器，输入图像特征信息，对教师行为和学生行为进行识别。利用识别的结果计算生成师生互动曲线并判定课堂教学模式。设定教师（T）行为的个数为 N_t，学生（S）行为的个数为 N_s，计算连续相同行为的连数为 g，按照式（3-21）、式（3-22）计算课堂中教师行为占有率 Rt 和师生行为转换率 Ch 的值：

$$\text{Rt} = N_t / (N_t + N_s) \tag{3-21}$$

$$\text{Ch} = (g-1) / (N_t + N_s) \tag{3-22}$$

然后，根据 Rt、Ch 的值判定课堂教学模式。

（三）智能服务

1. 服务与反馈

该实验程序应用于教师网络研修平台，实现了自动化的对上传的课堂教学视频进行计算分析，为教师的教学反思提供了支架。如图 3-26 所示，展示了某校小学语文“雪地里的小画家”一课的师生互动情况，最右侧显示的是通过计算得出的教师行为占有率 Rt、学生行为占有率、师生行为转换率 Ch 及判断得出的教学模式；最左侧显示了自动绘制的 S-T 曲线；中间呈现的 Rt-Ch 图反映了本次课的教学模式类型为讲授型。该实验成果在应用过程中得到了教师的认可，新方法减轻了教师统计数据的工作量，让教师能更专注于课堂教学的反思和评价，发现自身不足，加速个人成长。同时教师们也提供了反馈意见，希望软件能自动识别出更多的课堂教学行为，如果能提供课堂教学视频的相关背景信息，如教师的相关信息、学情信息、教学设计等，则更有利于对教师教学行为进行对比和分析。

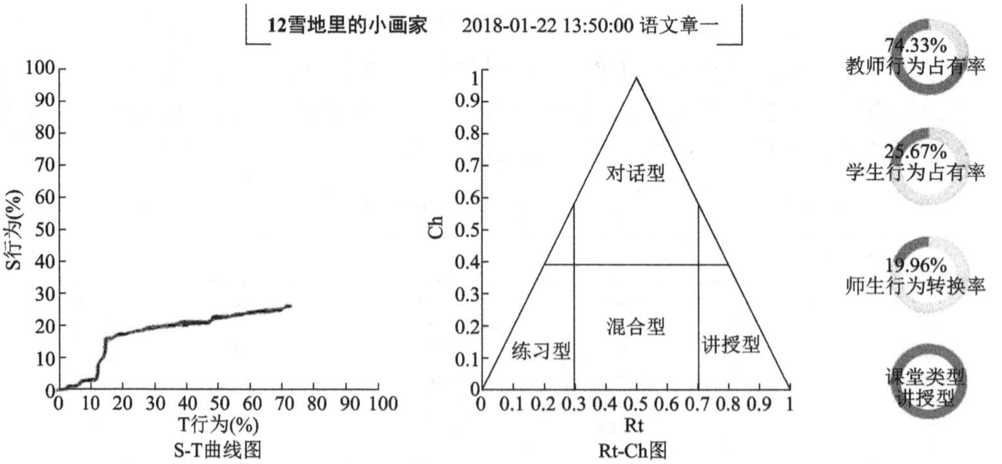

图 3-26 S-T 曲线和 Rt-Ch 图

2. 反思与对策

根据应用过程中所获得的反馈和意见，进行总结和反思，提出改进策略以求进一步满足实际应用需求。首先，需继续增加样本量，补充多种类型的课堂教学样本，力求样本数据的平衡性，这将有利于特征选择和模型训练。其次，优化技术和方法，继续挖掘和融入更多的行为识别特征（如头部姿态特征、语音特征、生理信号特征等），采用多模态信息融合的方法提升行为识别的精确度、多样化及细粒度；同时，优化特征提取方法提高检测准确率和鲁棒性，以提升模型的泛化能力。最后，进行教学行为分析和统计时能关联教学情境等相关信息，深入挖掘教学行为产生的内在含义，以求更好地服务于教学；同时，还需注意隐私保护，防止教师和学生的个人信息泄露。

本章小结

课堂是教育教学的核心。对课堂教学行为的分析，能有效解读课堂教学中到底发生了什么，以及课堂教学是否有效。为此，国内外研究者开展大量的研究，具有代表性的如弗兰德斯互动分析系统（FIAS）、言语互动分类系统（VICS）、IIS 图分析法、基于信息技术的互动分析系统（ITIAS）、改进型弗兰德斯互动分析系统（iFIAS）等，其核心在于利用观察方法，对课堂教学的言语行为和非言语行为等进行分析，通过对课堂教学现象深度剖析，发掘课堂教学规律。华中师范大学研究团队一直致力于教育信息分析与处理，其中的核心内容之一在于课堂教学过程分析，力图结合数据挖掘、人工智能等技术方法，形成课堂教学互动行为的智能分析处理模式和方法。为此，研究团队探索了课堂教学互动行为的特征，并在此基础上提出了基于视频的课堂观察和改进 S-T 分析方法，破解了已有研究方法的短板和疑惑点；创新性地提出了言语行为和活动行为结合的课堂教学行为分析云模型，不同于已有的言语互动分析方法，精细地刻画了课堂教学互动过程，提供了新的思路和方法。在此基础上，进一步提出了课堂教学行为的交互深度量化分析方法，并通过实践证明了该方法的可行性和有用性。

第四章

融合信息技术的教师网络研修模式及应用

区域研修发展了传统的教师研修模式，是在一个行政区域（县、区）内，由电教、教研、师训等部门组织开展的跨学校或跨学区教师发展模式，是对常规教研的补充、改善和超越，是促进教师专业成长的重要研修方式[①]。华中师范大学研究团队于 2019 年对全国 25 个省（自治区、直辖市）35 个县（区）进行了大规模调研，发现区域研修活动设计随意性较强、缺乏有效的理论模型支撑是当前我国区域研修面临的最大问题之一。规范区域研修活动的设计要素，构建支持教师区域研修的理论模型，充分发挥“互联网+”、大数据及人工智能等新技术对区域研修模式设计和研修效果评价的支持作用，是“互联网+”时代对区域研修提出的基本要求，也是一线教师的强烈期盼，是我国教师专业队伍建设和区域研修常态化发展的当务之急[②]。

① 张妮，刘清堂，曾祥翊，等. 信息技术支持下的区域研修现状及发展研究——基于全国 25 省（市）35 县（区）的调研. 中国电化教育，2019（10）：109-116.

② 张妮，刘清堂，徐彪，等. 支持教师区域研修的 PAST 模型构建及应用研究[J]. 中国电化教育，2020（4）：93-101.

第一节 教师网络研修内涵及理论基础

一、教师网络研修相关研究

（一）网络研修及研修模式内涵

国内外研究者从不同的视角出发对网络研修进行界定。其中一部分研究者从网络研修功能的视角切入，提出网络研修是基于网络技术和网络资源的一种新型研修形态，其主要活动包括交流互动和资源共享[①]。而另一部分学者则从网络研修目的角度出发，提出网络研修不仅是一种不断优化和改善学校常规研修的手段，还是一种可以促进教学质量提升的新型教育教学研究模式[②]。结合上述观点以及参与网络研修的实践体验，我们认为网络研修是通过有效应用现代网络技术开展的有计划、有目的、有组织的资源共享，以及可以不受时空限制的研修经验分享活动，进而有效促进教师专业化发展。

在网络研修中，社会互动是其中最为重要的环节之一。网络研修中的社会互动是指教师通过使用相关部门所研发的网络平台，与其他教师进行交流，开展相关的交流互助活动。例如，可以围绕存疑较大的问题开展相关讨论，教师可以通过发帖以及跟帖的方式阐述自己的观点；可以就自己在实际教学过程中遇到的教学难题向相关的学科专家进行提问；可以进行资源共享，将自己认为利用率高的资源以及优秀的课例分享至平台，以供研修群体中其他成员参考与学习；除此之外，还可以组织研修群体进行“磨课”，即针对一个课例进行讨论，分析该课例的优点和缺点，以及对需要改进之处提出有效的改进措施[③]。有学者基于教育博客开展教师互动策略研究，构建了教育博客的互动环境框架和互动策略模型[④]。我们研究团队基于活动理论、混合学习理论构建了教师混合式培训中主题研修活动设计模型[⑤]，并在认知学徒制理论指导下继续研究，形成了教师工作坊研修模式，依据认知学徒制的一般步骤设计区域学科研修活动，并以活动序列为支架开

① 张妮，刘清堂，曾祥翊，等. 信息技术支持下的区域研修现状及发展研究——基于全国 25 省（市）35 县（区）的调研. 中国电化教育，2019（10）：109-116.

② 肖正德. 网络教研：一种促进教师专业发展的新型教研模式[J]. 现代远距离教育，2007（1）：34-36.

③ 马立，郁晓华，祝智庭. 教师继续教育新模式：网络研修[J]. 教育研究，2011，32（11）：21-28.

④ 张杰，黄柳青. 基于教育博客的教师互动策略模型研究[J]. 远程教育杂志，2012（6）：31-38.

⑤ 刘清堂，张思. 教师混合式培训中主题研修活动设计模型研究[J]. 中国电化教育，2015（1）：111-117.

展研修活动，实施效果比较好[①]。但以往网络研修主要是基于国培项目实施的，是自上而下的培训式网络研修活动，教师教育的常态发展还是要依靠教师自发组织的网络研修。因此，研究团队提出网络研修是教师教育未来的主要形式，可以促进教师的专业发展；并认为，网络研修模式的意义在于指导学科教师合理有效地开展网络研修的方案或者流程图，网络研修模式中需要清晰呈现网络研修中的组成元素、具体步骤、所需条件以及相关注意事项等，对提升研修质量有重要意义。网络研修主要是教师共同体自发自主地依托某开放网络研修平台，与相同学科的教师一同组建学科研修室，围绕在实际教学活动过程中存在的教学问题同其他教师、研修员、专家等进行多向交流讨论，实施课例点评、协同备课、分享教学资源等互动研修活动。

（二）网络研修平台应用现状

网络研修平台是网络研修活动顺利开展的前提条件，网络研修是否可以顺利开展，其所依托的研修平台具有一定的决定性[②]。有学者在对国内外网络研修的主要形式进行详细剖析的基础上，强调网络技术对教师参与的支持功能，设计、搭建了支持网络研修互动的平台系统，并对平台进行了有效性的验证[③]。有学者依托网络教学平台所搭建的互动环境，以异地同步、异地异步的形式开展城乡教师研修活动，实现了两地教师积极、平等地参与网络互动研讨，同时可以将各主体在网络研修平台上所有发帖、跟帖的内容转化成“活资源”，以供后来的学习者进行持续反思、学习[④]。还有学者借助文献计量软件 Citespace，对网络研修现状进行研究，结果发现教师网络研修中资源库的建设处于严重缺乏状态；网络研修活动设计仍处于研究层面，内容单薄，推广性不强；网络研修环境差异性较大，将导致教师专业发展极度不均衡[⑤]。因此，针对存在的问题，借鉴已有的网络研修成果，研究团队基于国家投资建设的免费开放的网络研修平台，开展 PST 理论指导下的教师网络研修模式及应用研究。

（三）TPACK 测评现状

TPACK 理论在本书第二章有详细介绍，不作赘述，此处仅阐述 TPACK 的

---

① 张思，刘清堂，熊久明. 认知学徒制视域下教师工作坊研修模式研究[J]. 中国电化教育，2015（2）：84-89.

② 汪晓凤，陈玲，余胜泉. 基于实践性知识创生的网络教研实证研究[J]. 中国电化教育，2014（10）：16-22.

③ 黄慧芳，辛一君，俞树煜，等. 我国教师网络研修研究现状的可视化分析[J]. 现代远距离教育，2015（5）：34-41.

④ 黄慧芳，辛一君，俞树煜，等. 我国教师网络研修研究现状的可视化分析[J]. 现代远距离教育，2015（5）：34-41.

⑤ 徐鹏，刘艳华，王以宁，等. 整合技术的学科教学知识（TPACK）测量方法国外研究现状及启示[J]. 电化教育研究，2013（12）：98-101.

测评方法。有学者认为 TPACK 知识体系具有复杂性、情境性、相互依赖性，可以采用量表式自我报告、绩效评价、访谈法、观察法等进行测量[①]。当前比较权威的是 Schmidt 等设计的“职前教师教学和技术知识调查”问卷[②]；Archambault 和 Crippen 面向 K-12 在线课程教师的在线教学能力评价量表[③]；Chai 等开发的衡量中国台湾教师使用网络教学的 TPACK-Web 量表等[④]。以上研究对于教师研修后的水平测量具有指导意义。

二、教师网络研修的理论基础[⑤]

国内外研究者开发了一些概念模型来指导教师完成教学（学习）活动的设计过程。例如，常用于教师专业能力测评的 TPACK 模型[⑥]、支持教学活动设计的教学法—社会交互—技术（PST）通用模型[⑦]、支持教学环境设计的教学法—空间—技术（PST）框架[⑧]，以及支持教学设计的 APT 教学模型[⑨]。

（一）教学法—社会交互—技术（PST）通用模型

Kirschner 等指出，教育系统是教学法、社会交互和技术等三部分元素的独特组合。在此基础上，PST 通用模型由新加坡南洋理工大学王其云教授于 2008 年正式提出[⑩]，由教学法、社会交互和技术等三个关键要素构成（图 4-1）。PST

① 徐鹏，刘艳华，王以宁，等. 整合技术的学科教学知识（TPACK）测量方法国外研究现状及启示[J]. 电化教育研究，2013（12）：98-101.

② Schmidt D A, Baran E, Thompson A D, et al. Technological pedagogical content knowledge(TPACK): The development and validation of an assessment instrument for preservice teachers[J]. Journal of Research on Technology in Education, 2009(2): 123-149.

③ Archambault L, Crippen K. Examining TPACK among K-12 online distance educators in the United States[J]. Contemporary Issues in Technology and Teacher Education (CITE Journal), 2009, 9(1): 71-88.

④ Chai C S, Koh J, Tsai C C. Facilitating preservice teachers' development of technological, pedagogical, and content knowledge (TPACK)[J]. Journal of Educational Technology & Society, 2010, 13(4): 63-73.

⑤ “教师网络研修的理论基础”内容选自：张妮，刘清堂，徐彪，等. 支持教师区域研修的 PAST 模型构建及应用研究[J]. 中国电化教育，2020（4）：93-101.

⑥ Mishra P, Koehler M J. Technological pedagogical content knowledge: A framework for integrating technology in teachers' knowledge[J]. Teachers College Record, 2006, 108(6): 1017-1054.

⑦ Wang Q Y. A generic model for guiding the integration of ICT into teaching and learning[J]. Innovations in Education and Teaching International, 2008, 45(4): 411-419.

⑧ Radcliffe D, Wilson H, Powell D, et al. Learning spaces in higher education: positive outcomes by design [DB/OL]. (2019-05-14)[2020-12-02]. https://docplayer.net/11410038-Learning-spaces-in-higher-education-positive-outcomes-by-design.html.

⑨ 张屹，白清玉，李晓艳，等. 基于 APT 教学模型的移动学习对学生学习兴趣与成绩的影响研究——以小学数学“扇形统计图”为例[J]. 中国电化教育，2016（1）：26-33.

⑩ Wang Q Y. A generic model for guiding the integration of ICT into teaching and learning[J].Innovation in Education and Teaching International Journal, 2008,45(4): 411-419.

通用模型以建构主义学习理论、交互性设计及有用性原则为理论基础，适用于教学过程的许多阶段，也可以指导网络学习环境的设计和评价，促进在线讨论，或帮助教师比较和选择合适的教育环境及工具。

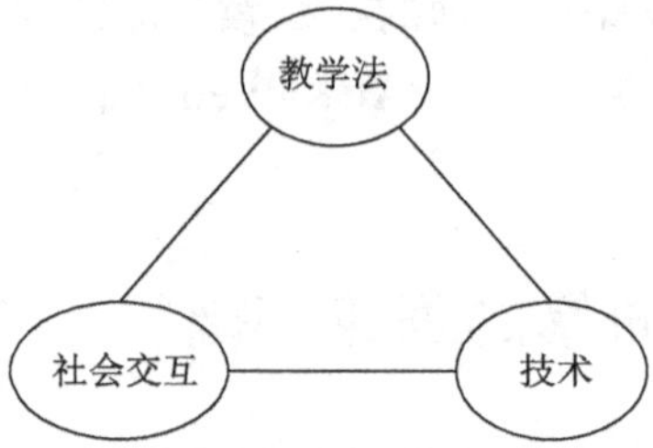

图 4-1　PST 通用模型

（二）教学法–空间–技术（PST）框架

教学法–空间–技术（pedagogy-space-technology，PST）框架由昆士兰大学教授 Radcliffe 于 2009 年基于下一代学习空间（NGLS）项目提出①，重点关注在高等教育机构学习空间中进行的各种活动，从而为指导学习空间设计创建了一个全新的框架，为离散学习环境（如单个房间）或空间网络（如整个校园）的设计和评估提供了依据。PST 框架包含了教学法、空间和技术等三个要素②（图 4-2）。其中，教学法为技术与学习空间相结合提供了理论依据，学习空间为促进教学法和技术手段的融合提供了必要的环境，而技术反过来增强了教学法的实施效果，拓展了学习空间的范围，所以三者是相辅相成的关系。

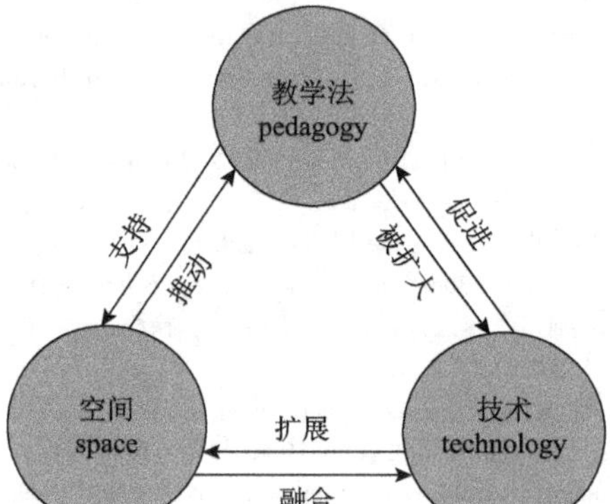

图 4-2　教学法–空间–技术（PST）框架

① Radcliffe D, Wilson H, Powell D, et al. Learning spaces in higher education: Positive outcomes by design [DB/OL]. (2019-05-14)[2020-12-02]. https://docplayer.net/11410038-Learning-spaces-in-higher-education-positive-outcomes-by-design.html.

② 华子荀，马子淇，丁延茹. 基于目标导向"教学法—空间—技术"（PST）框架的学习空间再设计及其案例研究[J]. 中国电化教育，2017（2）：76-81.

（三）APT 教学模型

评价-教学法-技术（APT）教学模型由华中师范大学张屹教授团队于 2015 年首次提出。该模型由评价（assessment）、教学法（pedagogy）和技术（technology）等三个核心要素组成（图 4-3），提倡在深入分析学习者特征、教学内容特征的基础上，设计科学、多元的评价体系，同时，对评价手段、教学方法、技术工具进行科学合理的整合，转变学生的学习方式，打造高效的课堂教学，培养学生的知识获取、共享、构建和创新能力，提升学生的合作与创新能力和主动学习能力①。

综上，TPACK、PST 通用模型、PST 框架及 APT 教学模型涉及教学法、内容、社会交互、空间、技术和评价等几个核心要素，且模型关注点也不完全相同。例如，TPACK 模型关注的是教师专业能力，但对“空间”这一概念没有涉及；PST 通用模型则强调了学习环境属性和学习者之间的社会交互；PST 框架以问题驱动，注重空间设计持续改进；APT 教学模型的目标是提升学生的综合能力，“以评促学”②。

随着移动设备的普及和互联网技术日新月异的发展，提高研修便捷性和辐射性，开展个性化、区域研修，获取各种资源适应性服务，同时在研修过程中进行良好互动，是教师研修的几个主要发展目标③。然而，通过大规模调研和文献梳理发现：研修评价是目前教师区域研修的难点，同时也是广大一线研修教师、教研员和管理者的共同诉求，而区域研修的评价存在流于形式、研修数据尚未得到合理利用、研修效果评价存在较大的困难等问题④。

当前，TPACK、PST、APT 等典型模型并不足以为解决教师网络和区域研修存在的问题提供理论支持。基于此，研究团队认为，支持教师区域研修的理论模型应将教学法、评价、空间和技术等四个方面有机整合起来，既要强调教学法的指导作用，也要注重融合评价工具的研修空间设计，同时发挥技术的中介作用⑤。

---

① 张屹，白清玉，李晓艳，等. 基于 APT 教学模型的移动学习对学生学习兴趣与成绩的影响研究——以小学数学“扇形统计图”为例[J]. 中国电化教育，2016（1）：26-33.

② 张妮，刘清堂，徐彪，等. 支持教师区域研修的 PAST 模型构建及应用研究[J]. 中国电化教育，2020（4）：93-101.

③ 刘清堂，张妮，何皓怡. 教师信息化教学能力提升研修模式变革[N]. 中国教育报，2018（3）.

④ 张妮，刘清堂，徐彪，等. 支持教师区域研修的 PAST 模型构建及应用研究[J]. 中国电化教育，2020（4）：93-101.

⑤ 张妮，刘清堂，徐彪，等. 支持教师区域研修的 PAST 模型构建及应用研究[J]. 中国电化教育，2020（4）：93-101.

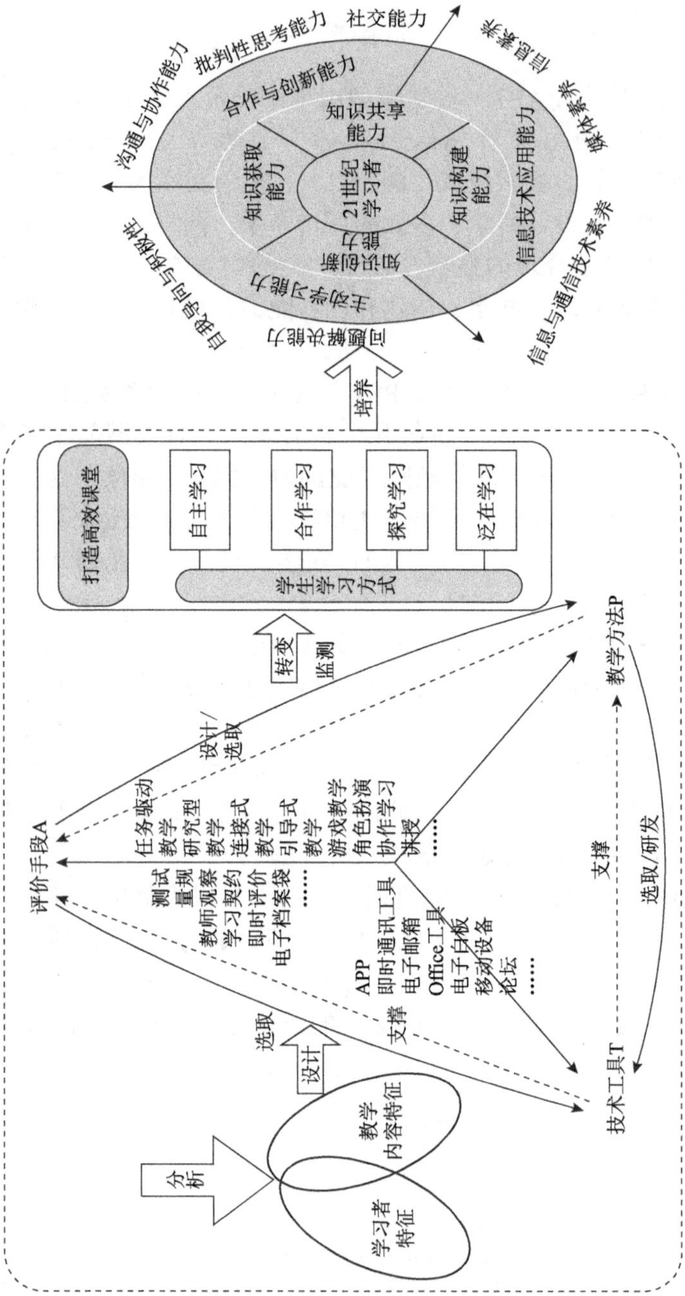

图4-3 APT教学模型①

① 华子荀，马子淇，丁延茹. 基于目标导向“教学法—空间—技术”（PST）框架的学习空间再设计及其案例研究[J]. 中国电化教育，2017（2）：76-81.

第二节　PST 视域下教师网络研修模式及应用

随着教育信息化的发展，教师教育正发生着历史性的变革，教师研修的质量决定着教师专业化程度的高低，教师网络研修成为与传统集中研修并重的教师专业发展途径。集中研修是研修组织者组织学科教师指定时间、集中地点进行研讨，受到时间、空间、引领、共享、管理等方面的局限性[①]。网络研修是基于网络环境开展的研修活动，具有虚拟性、开放性、民主性等网络社会特征，突破了传统研修的框架，使研修活动主体突破教师圈、研修环境突破地域圈、研修内容突破学科圈、研修组织突破领导圈[②]。为了提升教师研修质量，国家出台了政策支持教师研修活动，2014 年 3 月，教育部颁布《网络研修与校本研修整合培训实施指南》，文件指出“依托教师网络研修社区，实施网络研修与校本研修整合培训，创新教师网络研修模式，建立校本研修常态化运行机制”，强调了网络研修实施的指导方针，各地也进行了实施工作。研究团队基于已有研究文献及实践调研，发现网络研修实施取得成绩的同时还存在以下问题：网络研修缺乏有效理论支撑；各区域建立的网络研修平台系统不够稳定，区域平台间无法互访；学科教师参与网络研修互动频度及深度不够；网络研修促进学科教师专业化发展实证研究欠缺[③④]。

为解决以上问题，研究团队借鉴 PST 理论尝试指导教师网络研修的实施。PST 理论是 2004 年由 Kirschner 教授等提出的一个评价网络教学环境的理论框架，包含教学支持（pedagogical affordance）、社会交互支持（social affordance）和技术支持（technical affordance）[⑤]。新加坡学者王其云依据 PST 理论构建了面向教师的建构主义学习环境，促进了教师协作学习、知识建构和社会关系建立，提升了教师信息技术与课程整合能力[⑥]；依据 PST 理论评价教师的教育技术应

① 赵才欣. 有效教研：基础教育教研工作导论[M]. 上海：上海教育出版社，2008：1-28.

② 张捷. 网上教研活动的实践与探索[J]. 中国电化教育，2003（2）：53.

③ 戴心来，任丽燕，谌亮. WIKI 环境下网络教研的交互机制与活动路径探究[J]. 中国远程教育，2012（2）：52-55.

④ 熊才平，杨薇薇. 基于网络教学平台的城乡教师教研互动研究[J]. 教育研究，2010（4）：80-84.

⑤ Kirschner P, Strijbos J W, Kreijns K, et al. Designing electronic collaborative learning environments[J]. Educational Technology Research and Development, 2004, 52(3): 47-66.

⑥ Wang Q Y. Designing a web-based constructivist learning environment[J]. Interactive Learning Environments, 2009, 17(1): 1-13.

用能力①。教师网络研修是一种群体网络学习，本书尝试将 PST 理论应用到网络研修环境的分析、研修模式的构建中，试图探索提升教师网络研修质量的途径。

一、基于 PST 理论的网络研修环境功能及评价②

（一）网络研修环境的研修功能分析

本书选择国家教育资源公共服务平台作为网络研修系统环境，它是在“宽带网络校校通”的基础上，为促进“优质资源班班通”和“网络学习空间人人通”而建立的。教师可以利用该平台提供的教育教学服务，获得优质的数字化备课学习资源，也可以进行网络研修活动。网络研修活动主要体现在“研修模块”，该模块包含“协作备课”“课例点评”“主题研讨”等三类活动。通过这三类活动，对学科教学中教学法、学科重难点、热点主题进行讲解和讨论。

1. 协作备课

根据研修工作室的活动需求，创建人或组长可以以本学科某一课程作为打磨对象，创建一次协作备课活动。从研修工作室成员中选出参加本次协作备课活动的成员，以其中一名成员为主备人，其他作为协备人，要求在规定时间内共同完成本课的教学设计集体研修。完整的协作备课活动包含主备、协备、自备、晒课、反思、总结六个阶段，成员们结合教学实践对课程进行多轮打磨，促进教学设计方案的完善和深化。

2. 课例点评

网络研修工作室成员可上传视频和教学实录，以便小组成员观摩和交流。评论员从教学目标、教材处理、教学程序、教学方法和手段、教学基本功、教学效果等多个维度进行评课打分，写出具体的评语，也可对他人点评作出回应。该课评分结果将以雷达图的形式呈现。通过课例点评，教师可直观地了解到自己的教学在哪些方面还有待提高，应采取何种策略对教学方法进行改进，最终全面提升课堂教学水平。

---

① Wang Q Y. A generic model for guiding the integration of ICT into teaching and learning[J]. Innovations in Education and Teaching International, 2008, 45(4): 411-419.

② “基于 PST 理论的网络研修环境评价”的内容选自：杨海茹，叶梨萍，刘清堂，等. PST 视域下教师网络研修模式的设计及应用[J]. 中国教育信息化，2020（5）：36-40.

3. 主题研讨

针对当前教育领域或学科教学范围内的热点、重点和难点，发起主题讨论。邀请成员通过发帖、回帖和评论进行各种交流互动行为。主题研讨形式多样，内容多样。例如，可以采取菜单式主题方案，供研修成员结合自己的需求进行针对性研修。

（二）基于 PST 理论的网络研修环境评价

教学支持是为实现教学目标，在给定的教育情境中运用的方式与手段，它涵盖了教学目标和方法、学习内容和活动、学习过程和评价等。例如，为了支持和满足学习者的各种需求和学习目的，可以灵活处理学习内容和学习目标，支持活动学习形式的各种学习资源和学习活动。在该平台中，理论学习、协作备课、课例点评都提供教学方面的支持，主题研讨聚焦教学中的重点、难点、热点问题，也满足了网络环境中的教学支持。

社会交互支持是指网络学习环境需要支持被感知到的或真实存在的、能促进用户社交互动的各种活动，包括安全舒适的交互环境、便于沟通的交流工具和促进交互的动力机制等。在该平台中，课例点评、协同备课、主题研讨三个环节都有社会交互支持，比如打分区、点评话语等。技术支持是指网络学习环境中支持学习的各种技术可供性要素，包括技术的可用性、易用性，界面设计的美观性，多媒体呈现的艺术性和用户学习体验的舒适性。在该平台中，为网络研修互动提供了专门的研修工作室。教师可以自己申请工作室，邀请区域各地同学科教师加入组成研修团队。平台系统稳定、资源丰富，为研修互动中的教师反思提供有力支持。在课例点评互动中，对课例进行图示化评价，提高研修互动的积极性。综上三方面分析，此网络平台的研修环境比较适合开展网络研修活动，对促进研修互动有一定作用。

二、PST 视域下“五阶段两层次”网络研修模式

研究团队在 PST 理论的指导下，借鉴了《基于教育博客的教师互动策略模型研究》中关于互动从浅度到深度划分的思路[①]、《基于实践性知识创生的网络教研实证研究》一文中涉及的网络研修一般过程的思路[②]，在平台研修功能基础上，构建了“五阶段两层次”研修模式，如图 4-4 所示。

① 张杰，黄柳青．基于教育博客的教师互动策略模型研究[J]．远程教育杂志，2012（6）：31-38.

② 汪晓风，陈玲，余胜泉．基于实践性知识创生的网络教研实证研究[J]．中国电化教育，2014（10）：16-22.

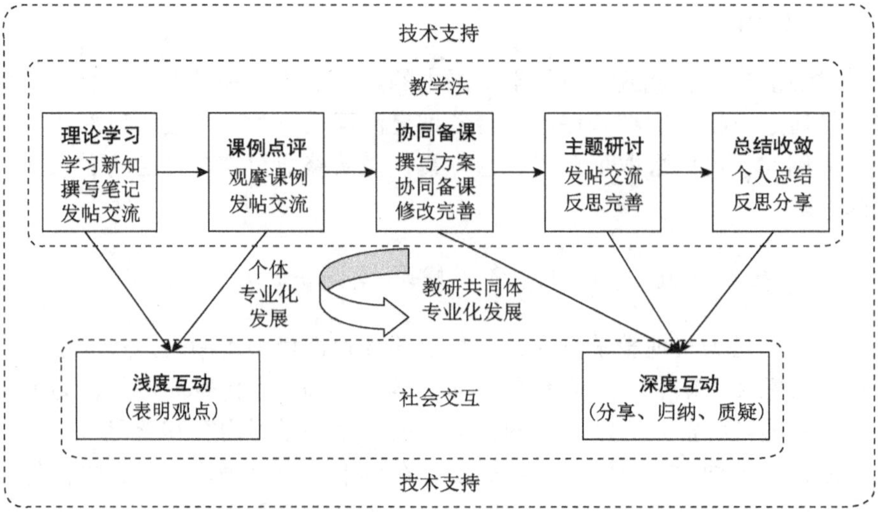

图 4-4 基于 PST 的“五阶段两层次”网络研修模式

有学者认为，教研共同体是为完成真实教研任务、解决实际教研问题，成员之间相互依赖、探究、交流和协作的一种教研方式，共同体的发展能促进每个个体的发展，同时每个个体的专业化水平也为共同体的发展献策献力①。研修模式图中的研修目的是促进个体专业化发展及教研共同体专业化发展。研修开始，要求先构建教研共同体，增强成员的信任感及归属感，集体协商研修具体方案，提高教研的有效性、针对性等。

有学者认为网络研修有效开展的三个基本条件分别是良好的环境、符合教师专业发展需求的教研内容，以及促进教研目标达成的有效活动方式②。因此，模式的构建要体现有效网络研修的条件。模式外围是网络研修环境技术支持，研修共同体构建后要带领成员学习掌握研修的信息技能；模式内部上半部分体现了研修的五个阶段内容，从第一阶段到第五阶段研修活动的深度是逐步推进的，每阶段研修活动的设计都是以教师专业发展为目的，又在 PST 理论指导下开展各项活动；模式内部下半部分，体现了研修过程中互动的深度发展过程，从开始的表明观点，到后续活动中同伴之间的分享、归纳以及质疑，依靠社会交互的支持，反映了研修的质量。下面按照研修的阶段流程，结合研修平台的功能模块，详细阐释网络研修的关键事项。

① 杨卉，王陆，张敏霞. 教师网络实践共同体研修活动体系研究[J]. 中国远程教育，2012（2）：56-60，76.
② 李娟. 论网络教师研究共同体的构建[J]. 中国远程教育，2006（8）：44-47，80.

（一）理论学习阶段

在研修中利用“共享”功能有针对性地推送一些符合教师教育教学实际需要的，具有一定理论高度的文本性材料，用于教师的理论学习，形成较为上位的理论框架。研修组织者选择的学习材料应符合研修主题。为促进教师对于理论知识的内化和理解，每位教师将自身学习所得形成学习笔记，分享在“共享”中，供教师之间相互学习，同时也可随时发帖表达学习心得。

（二）课例点评阶段

此阶段的核心内容是通过案例让教师积累该研修主题下的教学情境。案例的选择应根据学科特点，针对当前教学中的热点、难点问题，并应符合本次研修活动的主题。最好选择学科中的典型案例，供观摩、探讨、学习。成员们在研修组织者的引导下共同协商，确定典型案例，首先进行案例观摩，随后进行课例点评，最后组内成员相互查看并探讨。为了提高视频案例反思的效果，研究者在行动实施阶段设计三个问题用于支持教师进行深入反思：①此课例中你看到了什么（本课的教学目标是否高效达成？教学内容设计有哪些亮点？情境创设方法如何？）；②看完课例你想到了什么（此课例的优点和不足）；③此课例对你的教学有什么启示。

（三）协同备课阶段

研修组织者和成员协商制定本学期将要磨课的教学内容，成员轮流担任磨课的主备人，其他成员就是协备人。通过主备、协备、自备、晒课、反思、总结六个环节，成员结合教学实践对该课程进行多轮打磨，从而促进教学设计的完善和深化，形成一个较为完善的教学设计。每一轮打磨，成员为主备人提出修改意见，主备人对教学设计进行修改，同时研修组织者在其中起引导作用。从而形成“你来我往”的互动，互动深度明显较前期增强。这个阶段不仅体现了环境中的教学支持功能，而且体现了社会交互功能。研修组织者组织成员自由平等地选择磨课内容，磨课阶段就由每个主备人负责交流互动，可以论坛异步，也可以结合QQ实时互动，给成员创造了安全舒适的网络互动环境。

（四）主题研讨阶段

此阶段的核心内容是针对当前教学中讨论的热点、难点问题展开研讨交流活动。研修组织者在确定研讨主题时应结合前三阶段的研修主题。在这个阶段，经过前几个阶段的互动，研修成员有了共同的话题以及经验。研修组织者可以结合学科的热点、难点以及重点或者调研发现的关键问题设置主题研修方案，然后引导教师进行积极讨论，发帖和回帖，平台具有积分奖励技术支持，增强了教师们研修互动的积极性。

（五）总结收敛阶段

在此阶段每位教师记录研修收获，结合自身学习情况撰写研修心得体会，并发表在“共享”模块中，在研修组织者的引导下梳理出共同体的集体共识，便于成员们后期进行反思和学习。

在研究模式中，可以看出协同备课、主题研讨、总结收敛是研修的深度互动阶段，成员们的活动不仅包括简单地表达观点，还要对每个主题进行教学设计和反思。所有成员将对同一个设计提出不同的修改方案，并分享交流，在研修组织者的引导下逐渐形成较为完善的教学设计方案。随后可在主题研讨中就协作备课中的主题展开讨论，采取发帖、跟帖的形式积极开展活动，在组织者的引导下层层深入、解决问题，挖掘问题的本质。最后各成员分享自己的学习成果，便于其他成员相互学习，最终形成该共同体的集体共识。

三、PST 视域下教师网络研修模式的实施效果

（一）实施目的和对象

为了解决高中生物教师线下教研时间少、互动不积极的问题，研究团队基于开放研修平台，设计了网络研修模式，选择 11 名教师参与了“万源生物研修室”2 个多月的研修，目的是通过教师的 TPACK 水平来表征研修效果的变化，验证网络研修模式的有效性。

（二）实施效果 TPACK 水平工具

本书中采用的 TPACK 水平量表主要是基于 Schmidt 的量表，对其中有关社会学、文学以及科学的题目进行删除，同时结合高中生物教师的特征，进行翻译、改编、试测后完成的[①]。量表共包括 27 个测试项目，具体题项分布如下：CK（3 项）、PK（6 项）、TK（4 项）、PCK（5 项）、TPK（3 项）、TCK（3 项）、TPCK（3 项）。研究采用 5 级利克特量表，1—5 分别表示“非常不符合”至“非常符合”。采用 SPSS18.0 对量表进行信度分析，7 个因子及总量

① 刘清堂，武鹏，张思，等. 教师工作坊中的用户参与行为研究[J]. 中国电化教育，2016（1）：103-108.

表的信度系数均大于 0.6，表明信度较高。笔者使用皮尔逊双变量相关分析的方法，对量表内容效度进行检测分析，结果发现量表题项的皮尔逊相关系数在 0.623—0.876，显著性（双尾）p 值为 0.000，小于 0.05，表明量表的效度较好。

（三）实施过程及结果分析

实施过程：研究团队成员之一作为负责人，召集自愿参与网络研修的高中生物教师 11 名，学习“同课异构”的网络研修等理论知识和政策文件，组建研修共同体，熟悉研修平台的操作，选择高中生物科目中的高考难点“染色体的变异”及相关内容，协商设计研修方案，按照“五阶段两层次”网络研修模式进行为期 2 个多月的网络研修，网络研修时间是从 2016 年 3 月到 2016 年 5 月。

实施结果分析：网络研修效果主要是通过教师的 TPACK 水平判断。实施前和实施后，给 11 名教师发放设计好的教师发展问卷，采用配对样本 t 检验方式对教师 TPACK 各维度前后测数值进行统计分析，结果如表 4-1 所示。

表 4-1 教师 TPACK 水平前后测配对样本 t 检验对比分析

检验变量	组别	N	均值	标准差	相关系数	t
TK	前测	11	3.318 2	0.475 54	0.529	–5.451***
	后测	11	3.981 8	0.263 89		
PK	前测	11	3.893 9	0.597 55	0.827**	–3.505**
	后测	11	4.281 8	0.446 81		
CK	前测	11	3.878 8	0.582 58	0.613*	–3.974**
	后测	11	4.430 3	0.359 77		
TPK	前测	11	3.651 5	0.634 45	0.716	–5.142***
	后测	11	4.341 8	0.410 41		
TCK	前测	11	3.787 9	0.477 79	0.766**	–6.243***
	后测	11	4.377 3	0.305 22		
PCK	前测	11	3.845 5	0.314 21	0.456	–6.828***
	后测	11	4.470 0	0.260 58		
TPCK	前测	11	3.796 7	0.665 26	0.837**	–5.426***
	后测	11	4.472 7	0.360 81		

注：*表示 $p<0.05$，**表示 $p<0.01$，***表示 $p<0.001$，下同。

表 4-1 中结果显示，后测中的 TK、PK、CK、TPK、TCK、PCK、TPCK7 个因子的水平均值显著高于前测，其中双尾显著概率各维度 p 值为：0.000<0.001，

0.006<0.01，0.003<0.01，0.000<0.001，0.000<0.001，0.000<0.001，0.000<0.001。从表 4-1 中数据可以看出：PK、CK 差异显著，在研修过程中教师们提升了自己的教学法知识及学科内容知识水平；TK、TPK、TCK、PCK、TPCK 差异非常显著，表明基于 PST 理论的五阶段两层次网络研修模式有效提升了教师的专业水平。同时，由数据我们发现，在应用此网络研修平台进行研修活动中，信息技术发挥了很大作用，但是教师信息技术水平平均值低于其他维度，生物学科教师忙于学科知识和教学法的学习，疏于技能的学习和培养，教师们接受技术能力强，紧跟软件及紧跟当前流行技术方面比较弱。

因此，在后续研究中，我们认为提升教师参与网络研修的信息技术水平尤为重要。同时，根据表中结果，我们还发现教师的 TPCK、PK、TCK 三个因子的前后测因子之间的线性相关性很高，在研修中通过提高教师的教学法知识水平、技术水平可以预测教师的后测水平值。结合前后测均值，我们还发现研修中组织者或者主备教师的前后测各维度水平值都处于均值以上。研修前测中的低水平教师经过研修后，后测也有了很大幅度的提升，同时，信息技术技能高的教师研修后测变化也较大。这再次表明研修中教师的信息技能提升非常关键。

通过对参与教师的访谈发现，教师们普遍认为基于该平台的网络研修环境满足了教学支持、社会交互、技术支持三个功能，但是，教师们也提出希望研修中增加深层次互动交流，得到组织者的引导，否则会耽误大家的时间出现无效研修及交互方面的浅层次回应。总体上，教师对网络研修的实施效果感到满意，认为提升了生物学科教师的专业水平，深刻把握、理解了染色体变异方面的知识、教法和技能。

四、提升教师网络研修质量的策略

（一）遵循网络研修促进教师专业化发展宗旨

教师专业化发展就是促进教师的专业知识结构不断丰富、优化，促进教师专业素养的提升。在教师专业发展的过程中，促进教师隐性知识外显化和增长是网络研修的主要任务之一。教师希望通过在该平台上互动交流得到一些新的启发、新的观点，但有时会让教师们陷入低层次的讨论。因此，要紧紧以教师专业化发展的 7 个维度因子为总目标，促使教师借助该平台进行研修，围绕问题的实质展开讨论，并在交流中升华自我。

（二）营造网络研修中的参与式文化氛围

参与式文化主要强调让各个成员更加主动自觉地参与，表达自己的观点，并热衷于网络上的交互，倡导自由化、公开化、平等化的文化氛围。因此研修共同体的组织者应倡导、鼓励成员积极参与每次研修活动，并在活动中敢言、敢真言。建立外部政策机制，可以利用外部因素对教师更好地使用该平台进行干预，从而营造该平台良好的交流环境。比如，政府教育部门、学校领导鼓励教师应用该平台。

（三）提升教师的信息技术应用能力

信息技术能力是各种信息的获取、处理、转换、存储和传输，包括计算机应用、工具软件的使用、信息资源的开发等信息加工处理技术的总称，当前在教育信息化 2.0 时代，特指信息技术的应用能力，包含教师的信息素养、计划与准备能力、实施与监控能力、评估与诊断能力、学习与发展能力。因此，网络研修实施之前，要对与网络研修相关的学科教学信息技术进行讲解，提升教师应用信息技术的理念、知识、自我效能感。然后对网络研修平台的功能及操作流程进行详细讲解以及示范演练，对学科内容信息化呈现、技术与教学整合的教学法等进行讲解和培训，提升教师实施研修的技术水平。

（四）聚焦网络研修主题开展多维深度互动

研修组织者开展各阶段的互动活动都应围绕事先确定的网络研修主题来开展，脱离主题的活动是无效的，并会影响研修互动的效果。在研修组长的带领下和成员协商制定研修主题，并提供多样选择。每阶段建议围绕同一研修主题设计活动，各环节环环相扣，互动层层深入，确保研修的顺利开展。

（五）邀请学科专家引领并及时评价研修活动

如果所有成员的学科素养水平层次都不高，就不能对相应问题进行深入认识和剖析，从而导致研修内容的学术性和科学性不高。因此，研修工作室内需要引入专家学者来充当研修组长或评论者的角色，这对于提升教师群体的研修能力非常有效，可以促进研修的深层次讨论，还可吸引更多成员参与其中，最终使研修成果达到较高的水平。

（六）规范网络研修工作室的组织和管理

平台研修工作室的组织管理者要担起研修管理的责任，制定工作室规章制度，做好工作室的日常维护协调工作。同时，对研修的时间、内容、方式、礼仪、研修任务等进行严格规范管理，建立良好的成员联系，并积极引导成员参与研修。研修组织者要在工作室内营造一种积极参与、交流、互动的良好氛围，并以个人魅力比如出色的语言表达能力、文字感染力、思想引导力、行动示范力，增强教师对工作室活动的关注度，增强教师对工作室及其他成员的信任度和归属感，最终形成一种乐于参与、主动贡献的教师研修共同体。

第三节　支持教师区域研修的 PAST 模型及应用[①]

本节以建构主义学习理论、协作学习理论、活动理论和交互理论为基础，从文献研究和大规模调研中发现教师区域研修存在的问题，利用演绎法，构建 PAST 模型，从教学法、评价、空间和技术等四个维度对区域研修活动进行指导。

一、支持教师研修模型构建的理论基础

（一）建构主义学习理论

建构主义学习是指一个人基于先验知识、情感和意义，以及与物理和社会环境的积极关系，构建自己的思想和知识[②]。学习者通过重新组合，进行合作学习并实施研究，构建新知[③]。为此，基于网络的教师研修空间必须为教师提供用户体验较好、交互便利的学习环境，使教师愿意在其中分享信息。此外，教师研修空间必须提供一些有效的支持工具，便于教师与他人沟通和合作，且有助于研修效果评价。显然，建构主义学习理论为教师区域研修环境和研修活动的设计提供了理论支持。

（二）协作学习理论

协作学习通常以建构主义学习理论为指导，强调学习者的学习和知识建构

---

① 本节内容选自：张妮，刘清堂，徐彪，等. 支持教师区域研修的 PAST 模型构建及应用研究[J]. 中国电化教育，2020（4）：93-101.

② Yilmaz K. Constructivism: Its theoretical underpinnings, variations, and implications for classroom instruction[J]. Educational Horizons, 2008, 86(3): 161-172.

③ Matijević M, Topolovčan T, Rajić V. Teacher assessment related to the use of digital media and constructivist learning in primary and secondary education[J]. Croatian Journal of Education, 2017, 19(2): 563-603.

受互动和协作的影响①，实现共同学习目标。教师协作学习是以教师专业发展为目标、以教师为学习者、以小组协作形式开展的教师学习（研修）活动②。当前国内较流行的教师区域研修方式（例如，教师工作坊、名师工作室）很大程度上具备了协作学习的特征。基于此，教师研修活动的设计必须注重教师协作学习，使教师通过协作完成研修任务，达到研修目标，从而提高教师协作学习的能力。

（三）活动理论

活动理论起源于社会文化历史学派，最初由维果茨基创立，大体形成于 20 世纪 20 年代中期至 30 年代初。当前，研究者较关注的是第三代活动理论模型，即活动系统之间的交互③，突破了个体与共同体互动的局限，升华到系统之间的互动④。活动理论的第三代模型强调不同活动系统间的互动，注重知识建构过程的影响因素，关注矛盾对教师实践性知识的激活作用，重视教师的交互行为⑤。

（四）交互理论

交互理论的渊源有两种经典取向：一种是从认知细化的观点研究交互，认为同伴的交互主要是对信息进行加工的过程；另一种是从认知发展的视角审视交互⑥。在教师区域研修过程中，交互是指研修教师之间或教师与教研员（专家）之间持续的、双向的、互动式交互。本书重点关注的是教师研修过程中的社会交互和行为交互，在区域研修空间和研修活动设计时充分考虑到教师的交互需求，为教师的各种交互行为提供良好的条件和接口，同时着重观察教师的社会交互和行为交互特征。

通过对相关文献的进一步追踪，我们发现，技术支持下的社会交互发生的环境一般是网络学习空间（环境），同时行为交互通常会伴随社会交互发生。为

① Dillenbourg P, Järvelä S, Fischer F. Technology Enhanced Learning: Principles and Products[M]. New York: Springer, 2009.

② Lawrence C A, Chong W H. Teacher collaborative learning through the lesson study: Identifying pathways for instructional success in a Singapore high school[J]. Asia Pacific Education Review, 2010, 11(4): 565-572.

③ 转引自：毛齐明. 教师有效学习的机制研究——基于“社会文化—活动”理论的视角[M]. 武汉：华中师范大学出版社，2013：94-125.

④ Engestrom Y. Expansive learning at work：Toward an activity theoretical reconceptualization[J]. Journal of Education and Work, 2001, 14(1): 133-156.

⑤ 魏戈. 文化-历史活动理论视角下的教师实践性知识研究[J]. 教师发展研究，2017，1（4）：90-96.

⑥ Hakkarainen K, Paavola S, Kangas K, et al. Sociocultural Perspectives on Collaborative Learning[M]. *In* C. E. Hmelo-Silver. The International Handbook of Collaborative Learning. London：Routledge, 2013: 57-73.

此，本书将教师区域研修中的社会交互和行为交互一并看成教师在研修空间中发生的交互行为，因而将教学法、评价、空间和技术作为支持教师区域研修的四个核心要素，构建 PAST 模型。总体来说，教师区域研修活动中的教学法、评价、空间和技术等四个维度在方法层面和应用层面上的设计均要满足以下四个条件：①有利于教师发挥先验知识的作用，建构新知；②有利于教师进行协作学习，完成研修目标；③有利于研修活动的开展和效果评价；④有利于促进教师的社会交互和行为交互。

二、支持教师区域研修的 PAST 模型

（一）PAST 模型构建要素及内涵

PAST 模型（图 4-5）以建构主义学习理论、协作学习理论、活动理论和交互理论为基础，以支持教师区域研修为目标，注重教学法的设计，通过设计基于网络的研修空间，融合技术支持下的研修绩效评价方法，开展教师区域研修活动，提升教师信息化教学设计能力、教学管理能力、教学实施能力、教学评价能力、教学研究能力和教学反思能力。

PAST 模型的四个核心要素的关系如下：①选取适宜的评价方法，推动教学法的实施；②区域研修空间融合了研修评价方法，而研修评价方法依托空间来应用和可视化；③区域研修空间融合了技术，技术同时也扩展了空间的范畴；④技术促进了“互联网+”时代下教学法的实施，而教学法在技术的推动下将其效果扩大化；⑤教学法依托区域研修空间实施，而区域研修空间支持教学法的实现；⑥选取恰当的技术支持区域研修评价，而技术支撑了“互联网+”时代下的区域研修评价。在教学法、评价、空间和技术的相互作用下，设计并开展区域研修活动，将为提高教师信息化教学设计能力、教学管理能力、教学实施能力、教学评价能力、教学研究能力和教学反思能力提供强有力的支持。

1. 教学法

通过前期大规模调研和文献梳理，我们发现，专家讲座、课堂观摩、自主研修和案例评析是在研修活动中较常见的几种教学策略。为此，PAST 模型应遵循各地实际研修现状和需求，在对研修活动进行教学法设计时，将讲授法、讨论法、直观演示法、练习法、参观教学法、现场教学法、案例教学法、协作学习、任务驱动法、研究性学习及自主学习等多种教学方法有效结合起来，支持各种区域研修模式，设计并开展研修活动，全面提升教师的信息化教学能力。

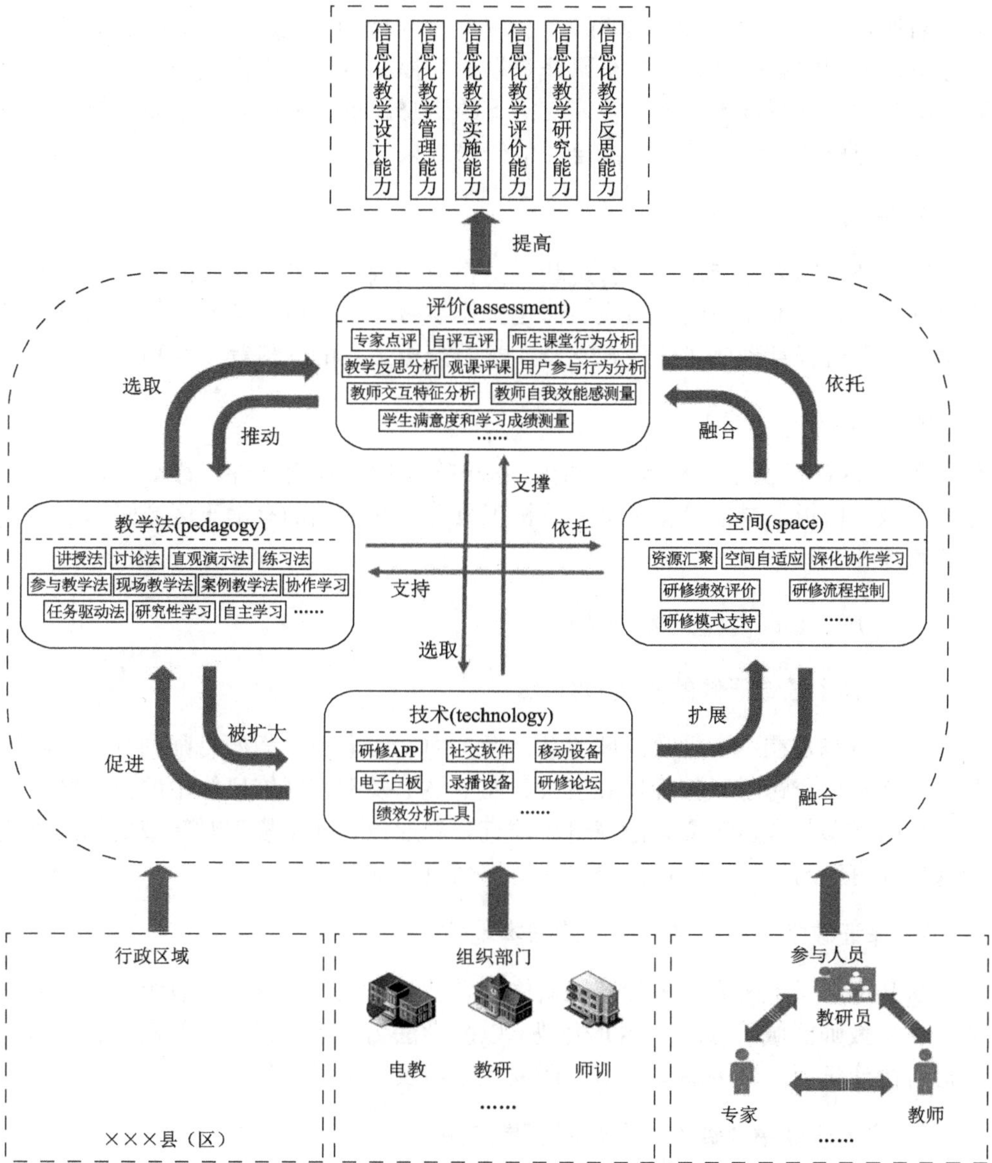

图 4-5　PAST 区域研修模型图

2. 评价

研修效果评价是目前区域研修中较困难的一个环节，专家点评、观课评课和自评互评等主观报告法是各地广泛使用的研修评价方法。然而，在“互联网+”时代，随着研修过程中海量数据的产生，传统评价方法在可视化、科学性及客观性等方面均存在并面临较大的问题和挑战。在学习分析技术和人工智能的支持下，对研修过程中的师生课堂行为[①]、用户参与行为[②]、交互特征及反思特征进行分析，利用定量研究方法分析研修效果，为提高研修效果提供支持。此外，可通过结合学习分析技术和人工智能支持下的研修评价、教师自我效能感与学生满意度和学习成绩的测量结果，综合评估研修效果。

3. 空间

通过梳理国内教师研修平台现状，结合前期调研，教师区域研修空间的设计应该满足资源汇聚、空间自适应、深化协作学习、注重研修绩效评价、加强研修流程控制和过程管理、研修模式支持、学习分析工具的支持等多种功能。

4. 技术

在 PAST 模型中，技术通常指的是研修 APP、社交软件、移动设备、研修论坛、电子白板、录播设备和绩效分析工具等一些常用的有助于区域研修活动开展的软件和工具。

（二）PAST 模型的特征描述

1. 诠释了区域研修的本质和特点

区域研修是在一个行政区域（县、区）内，由电教、教研、师训等部门组织开展的跨学校或跨学区教师发展模式，而 PAST 模型将区域研修中的行政区域、组织部门和参与人员等要素诠释得比较直观和形象，使得模型对区域研修的理论指导更加有针对性，对区域研修的支持作用也更加突出。

2. 保证教学法在研修活动中的根本地位

从某种意义上来看，教师区域研修活动就是区域教师进行的有组织的学习活动。支持教师区域研修的 PAST 模型，以教学法为驱动，设计研修模式，支持教师进行协作学习、任务驱动学习、研究性学习及案例学习等。

3. 注重研修绩效评价的方法和工具应用

支持教师区域研修的 PAST 模型，注重研修绩效评价的方法和工具应用，利用定量和定性相结合的方法，对教师研修绩效进行评价。借助学习分析技术对师生课堂行为进行分析，通过社会网络分析和时间序列分析对研修过程进行可视化分析，以准实验研究的方法对研修效果进行实证研究，基于自我报告法对研修效

---

① 刘清堂，何皓怡，吴林静，等. 基于人工智能的课堂教学行为分析方法及其应用[J]. 中国电化教育，2019（9）：13-21.

② 刘清堂，武鹏，张思，等. 教师工作坊中的用户参与行为研究[J]. 中国电化教育，2016（1）：103-108.

果进行调查。

4. 设计区域研修空间以满足研修活动开展和评价的需求

本书中，教师依托区域研修空间开展研修活动和研修评价。支持教师区域研修的 PAST 模型中，区域研修空间的设计要满足研修活动开展和评价的需求，例如，支持研修模式、监控研修过程、汇聚研修资源、促进研修教师间的交流和研讨及嵌入评价工具以对研修进行绩效评价等。

5. 发挥技术对区域研修活动的促进作用

支持教师区域研修的 PAST 模型，发挥技术对区域研修活动的促进作用。借助研修 APP、社交软件和移动设备等增强研修的便利性，借助录播设备、电子白板等为研修活动创造一个良好的信息化实施环境，借助学习分析技术对研修绩效进行评价等。

针对区域研修当前存在的主要问题，PAST 模型应用的重点在于：①关注教师的研修需求，在教学法的指导下进行区域研修模式设计，重点进行主题选择、活动设计和研修评价；②融合评价工具进行区域研修空间的设计，提高教师和平台间的交互、教师和教师间的交互、教师和内容间的交互的便捷性，汇聚研修资源，同时提供丰富的资源下载链接。PAST 模型应用的难点在于：①应用过程性数据支持下的评价方法和工具进行研修效果评价，并将评价结果进行可视化展现；②进行研修效果评价的实证研究设计；③合理运用各种技术工具支持区域研修活动的开展。

三、支持区域研修的 PAST 模型典型应用

依托教育部—中国移动科研基金项目“信息技术支持下的区域教研模式研究及试点”，研究团队进行了 PAST 模型应用实践。

（一）研修背景

湖南省 A 市 B 区是项目遴选的全国 35 个试点县（区）之一，近年来在区域研修方面进行了大量的探索和实践，区域教师信息化教学能力得到了普遍提高。然而，该区在区域研修活动设计方面仍存在理论支持不足、研修流程不够科学、研修评价缺乏数据的有效支持及研修效果有待提升等问题。

湖南省 A 市 B 区 C 中学是建于 2018 年的新学校，以新手教师居多，存在教师信息化教学能力参差不齐的问题。2018 年至 2019 年，学校多次开展“以老

带新”的校本研修活动，旨在提高新手教师的信息化教学能力。其中，语文学科组在探索新教师教学能力提升方面采取了多种研修模式，例如集体备课、教学大比武、网络赛评课及学科主题研讨等，取得了一定成效。然而，校本研修过程产生的大量数据尚未得到有效利用，教研活动大都基于主观经验进行，缺乏量化分析与评价。此外，该校新手教师较多，骨干教师数量有限，在专业引领方面还存在较大的局限性。为此，我们基于 PAST 模型设计了精准教研支持下的工作坊主题研修活动，在区教育局的组织下，C 中学联合该区老牌名校 D 中学组成语文学科教师工作坊，提升新手教师信息化教学能力。

（二）研修流程

本次工作坊主题研修依托校企合作开发的区域研修平台，由区域教研员作为坊主在平台上发起活动，之后由坊主组织教师加入工作坊中。坊主可自行对研修进行管理，可根据实际需求对研修活动环节进行相应调整。此外，坊主还可通过系统自带的功能组件对研修活动的流程进行设计并设定结束时间，一旦活动完成，则该活动对应的右边边框将会打“√”。

1. 研修准备阶段

（1）组建团队。老牌名校 D 中学语文教研组组长彭老师作为工作坊坊主，在区域网络研修空间内创建“两校联合语文教师工作坊”，邀请 13 名语文教师（其中 C 中学 9 名，D 中学 4 名）参加工作坊主题研修，另外邀请 2 名学科专家（湖南省特级教师）指导工作坊的研修活动。

（2）主题选择。《记承天寺夜游》是人教版八年级上册的一篇课文，是苏轼的一篇小品文，写于苏轼被贬黄州期间。全文仅 84 个字，却运用记叙、描写、抒情等多种表达方式，表达了作者赏月时的欣喜、散步时的闲适心情，从中透露出他当时被贬黄州的失意和幽怨，同时也透露出一种豁达乐观的人生态度。

（3）领会难点。理解文章的写作背景和作者生平，有助于初中学生体会古文的意境，提升文学素养。根据教师课堂教学实践反馈，如何介绍文章写作背景和作者生平是本课的难点。

因此，本次工作坊研修选取“如何介绍文章写作背景和作者生平——以《记承天寺夜游》为例”为主题进行精准教研。张老师是老牌名校 D 中学语文组的骨干教师（教龄 18 年，中学高级教师），李老师是 C 中学刚走上教师岗位的新手教师（教龄 1 年）。两名教师作为本次工作坊主题研修的被观察教师，进行《记承天寺夜游》这一教学内容的同课同构，坊主带领坊员在工作坊中根据活动流程开展主题研修。

2. 精准教研阶段

（1）集体备课。全体坊员在坊主的带领下进行《记承天寺夜游》集体备课，通过研修空间在线讨论、打磨教学设计，形成用于同课同构的教学设计。

（2）同课同构。为了提升新手教师的教学实施能力，工作坊在集体备课的基础上开展同课同构课例观摩。骨干教师张老师首先进行课例展示，如图 4-6 所示。其他坊员作为观察教师在线上或线下进行同步观课，同时，所有坊员使用研修 APP 进行同步评课，在线填写观课量表。在观摩张老师的课例展示之后，新手教师李老师进行课例展示，如图 4-7 所示，其他坊员作为观察教师在线上或线下进行同步观课，同时，所有坊员使用研修 APP 进行同步评课，在线填写观课量表。

图 4-6　骨干教师张老师双屏同步课例展示

图 4-7　新手教师李老师双屏同步课例展示

3. 区域研修中的教学精准分析

同课同构结束后，区域研修空间即时生成了两名被观察教师的精准教研报告，包括师生课堂行为、教学模式、学生参与度散点图及课堂表现曲线及教师能力矩阵等。

（1）骨干教师张老师的课堂分析。图 4-8 展示了张老师课堂中 S（学生）行为（读写、举手、听讲、应答）和 T（教师）行为（板书、讲授、师生互动、巡视）的分析报告；由 Rt-Ch 分析结果来看，张老师 T 行为占有率为 56.72%，S

行为占有率为 43.28%，行为转换率为 41.79%，说明该课堂中师生活动交流较频繁，属于对话型课堂。

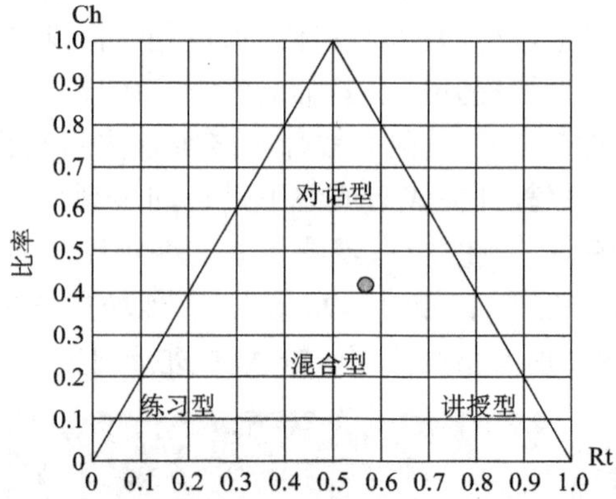

教师行为占有率Rt：56.72%
学生行为占有率：43.28%
行为转换率Ch：41.79%

教学模式	练习型	讲授型	对话型	混合型
标准模式	Rt≤0.3	Rt≥0.7	Ch≥0.4	0.3<Rt<0.7，Ch<0.4

图 4-8 张老师课堂 Rt-Ch 分析报告

如图 4-9，计算得出张老师课堂上的学生参与度平均水平是 38.55%；课堂表现曲线（图 4-10）展示了该节课上学生的表现一致性，当学生课堂行为一致时曲线走高，比如，齐读、齐写之类；当学生课堂行为离散时曲线走低，比如，个体举手、个体回答问题之类。基于 LICC 量表选取 4 个维度、12 个视角和 30 个观察点，由坊员在线对该课堂进行评课，由此生成了教师课堂教学能力矩阵，其中教学内容方面“任务内涵”和“课堂评价”这两个观察点被评为“一般”，其他观察点均为“优秀”。

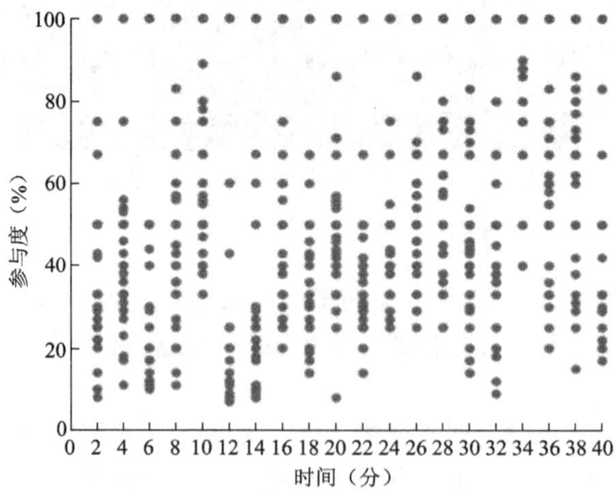

图 4-9 张老师课堂学生参与度散点图

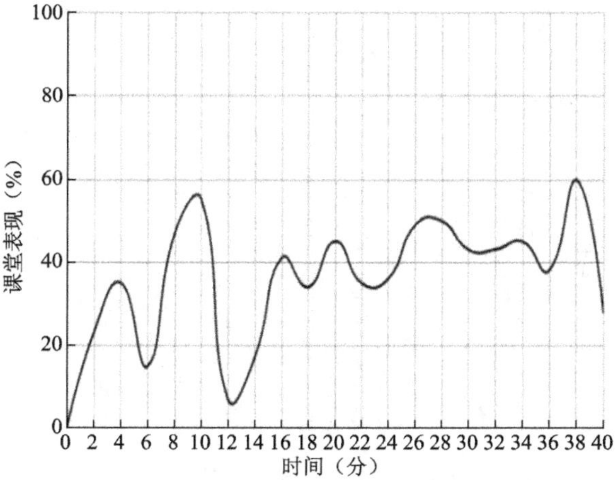

图 4-10　张老师课堂表现曲线

（2）新手教师李老师的课堂分析。由图 4-11 的 Rt-Ch 分析结果来看，李老师 T 行为占有率为 31.75%，S 行为占有率为 68.25%，行为转换率为 28.57%，说明该课堂属于混合型课堂。

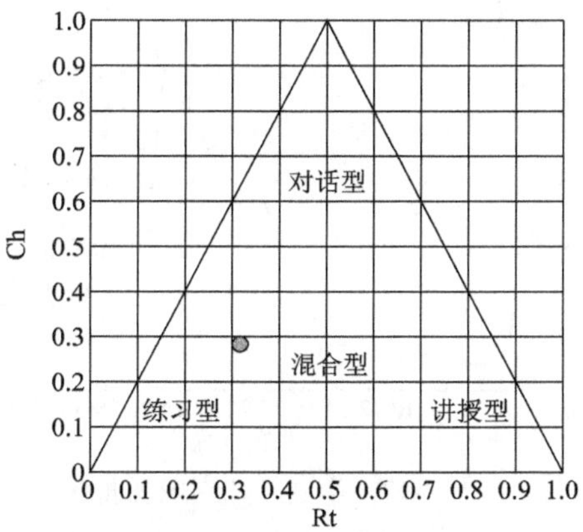

教师行为占有率Rt：31.75%
学生行为占有率：68.25%
行为转换率Ch：28.57%

教学模式	练习型	讲授型	对话型	混合型
标准模式	Rt≤0.3	Rt≥0.7	Ch≥0.4	0.3<Rt<0.7，Ch<0.4

图 4-11　李老师课堂 Rt-Ch 分析报告

由图 4-12 计算得出李老师课堂上的学生参与度平均水平是 32.75%；课堂表现曲线（图 4-13）显示了学生的表现一致性，当学生课堂行为一致时曲线走高，比如，齐读、齐写等；当学生课堂行为离散时曲线走低，比如，个体举手、个体回答问题等。

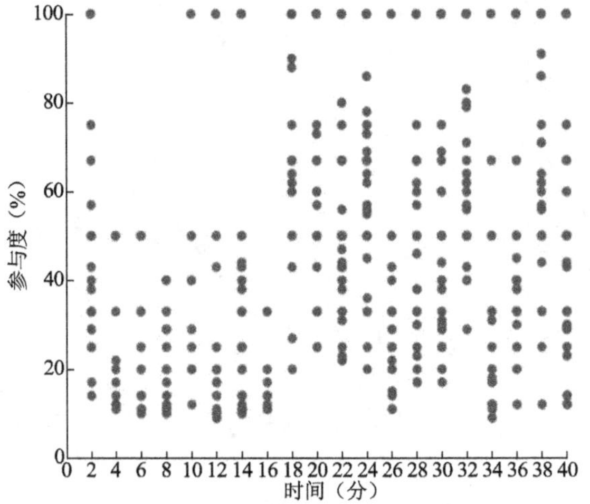

图 4-12　李老师课堂学生参与度散点图

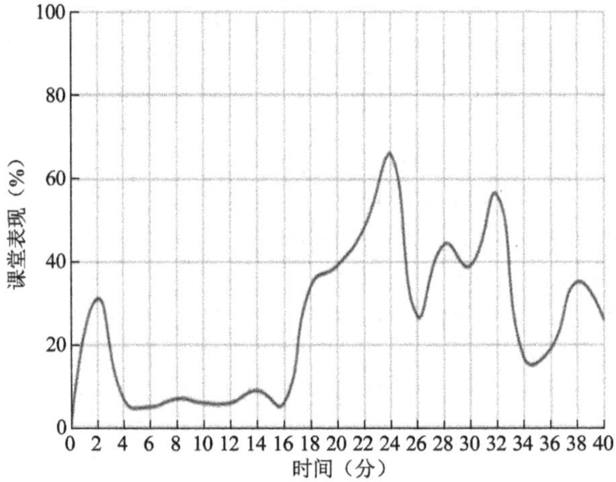

图 4-13　李老师课堂表现曲线

基于 LICC 量表选取 4 个维度、12 个视角和 30 个观察点，由坊员在线对该课堂进行评课，由此生成了教师课堂教学能力矩阵，其中，“互动合作”、“课堂组织”、“内容呈示”、“教学机制”、“任务内涵”、“师生习惯”及“课堂氛围”等方面均需要加强。

对比两位老师的课堂观察报告，从教学行为看，这两位老师的讲授时间比例相当（51.20%和 52.55%）；教学模式方面，张老师的课堂是对话型课堂，而李老师的是混合型课堂；通过课堂实录对比，我们发现，张老师较关注学生的主动质疑，注重师生交流和学生发散性思维的培养，因此，在学生参与度方面，张老师的课堂（38.55%）也高于李老师的课堂（32.75%）。根据观课量表生成的教师教学能力矩阵显示，李老师的课堂需要改进的方面要多于张老师的课堂。

本 章 小 结

网络研修和校本研修有机结合是教师专业发展的必然趋势。网络研修具有覆盖面广、优质资源共享、交互性强、形式多样等特点，能很好地解决师资不足、经费紧张、课程资源缺乏等师资培训问题。区域研修发展了传统的教师研修模式，有效融合了网络研修、校本研修等教师培训形式，是对常规教研的补充、改善和超越，是促进教师专业成长的重要研修方式，对大规模开展教师培育培训、全面提升教师队伍素质，具有重要的推动与促进作用。研究团队致力于探索信息技术支持的校本研修、网络研修和区域研修新模式创新实证探索，并取得一定的研究成果。本章首先探讨了教师网络研修内涵及理论基础，梳理了教师网络研修的 TPACK 模型、PST 通用模型、PST 框架以及 APT 教学模型等特征；进一步从 PST 理论视角构建了“五阶段两层次”网络研修模式，并以高中生物教师研修工作室为例实施了研修活动，进行了实施效果的实验研究；针对区域研修活动设计随意、缺乏有效的理论支撑等问题，以建构主义学习理论、协作学习理论、活动理论和交互理论为指导，构建支持教师区域研修的 PAST 模型，阐述核心要素的内涵及其关系，设计了精准教研支持下的工作坊主题研修活动并开展应用研究，为区域研修活动的开展提供有力的理论支撑。

第五章

教师工作坊研修模式及其应用

2013 年起，我国实施新一轮五年一周期的中小学教师全员培训，目标是提升教师信息技术应用能力、学科教学能力和专业自主发展能力。为指导各地在教师培训工作中开展网络研修与校本研修整合培训，教育部于 2014 年 3 月颁布《网络研修与校本研修整合培训实施指南》，文件指出“依托教师网络研修社区，实施网络研修与校本研修整合培训，创新教师网络研修模式，建立校本研修常态化运行机制”。教师网络研修社区包括为每位学员开通的“个人空间”、为学科专家建立的“教师工作坊”、“学校社区”和“区域社区”，促进教师同行交流，形成教师学习共同体。2014 年，国家开放大学联合华中师范大学共同实施中小学教师信息技术应用能力提升工程，吉林、湖北等 6 个省近 3 万名教师参与了研修，按照能力提升工程和网络研修与校本研修整合培训的要求，培训平台为学科专家建立了教师工作坊，并设计了研修角色和分工，研修学员在工作坊坊主（辅导教师）的指导下开展工作坊研修活动[①]。研修学员为区县不同学校同学科教师，坊主（辅导教师）由特级教师、教研员或教学能力强的骨干教师担当。

① 张思，刘清堂，朱姣姣，等. 教师工作坊中的知识共享行为研究[J]. 现代远距离教育，2015（5）：49-55.

第一节　教师工作坊及其应用现状

一、教师工作坊及其内涵

工作坊（workshop）最早源于德国以培养工程设计师和建筑设计师为宗旨的包豪斯学院。在包豪斯学院，学生的身份是“学徒工”，“形式导师”教授理论性知识，“工作室师傅”教授技术类知识，由于实践环节需要在特定的场地进行，因此学生的日常实践操作空间——工作坊，逐渐成为实践环节的核心，以此形成的实践模式被称为“工作坊教学”[①]。工作坊模式产生后，在国外得到广泛应用，在我国高等教育的建筑学、工业设计等专业领域也得到了推广。

工作坊是一种聚焦主题、共同探讨、在共同体中自我提升的学习方式[②]。工作坊模式产生后，国内外广泛把它应用于教师培训，产生了“教师工作坊”，还有其他领域的工作坊，如读书工作坊[③]、作曲工作坊[④]。教师工作坊的几个主要角色按分工不同，分为坊主、辅导教师、观察教师和被观察教师[⑤]，这些角色组成了教师工作坊中的学习共同体。国外对教师工作坊的研究主要涉及研讨会、专题讨论会、研习班等，把教师工作坊看成一个短期培训或研讨会[⑥]。

教师工作坊，也称特级教师工作室、名师工作坊，是专家带动周围教师共同发展的研修活动，具有团队学习、个体学习、师徒制学习等特征[⑦]。教师工作坊由若干个成员组成（包括坊主、研修学员等），他们有共同目标，聚焦于特定教学主题，开展观摩、体验、讨论、反思等活动，旨在通过相互交流、经验分享、

---

① 林书兵. 基于工作坊的实践教学模式的应用与探析[J]. 现代教育论丛，2014（3）：67-71.

② 黄庆玲，李宝敏，任友群. 教师工作坊在线讨论深度实证研究——以信息技术应用能力提升工程教师工作坊为例[J]. 电化教育研究，2016（12）：121-128.

③ Alex J L. Older adults and a writing workshop: A phenomenological study[D]. The University of Southern Mississippi, Ann Arbor, 2010.

④ Doyle J A. Songwriter's workshop: The planning and implementation of "The little Compton songwriter's workshop" at the little Compton community center[D]. Tennessee State University, 2011.

⑤ 张思，刘清堂，熊久明. 认知学徒制视域下教师工作坊研修模式研究[J]. 中国电化教育，2015（2）：84-89.

⑥ 刘清堂，张妮，朱姣姣. 教师工作坊中协作知识建构的社会网络分析[J]. 中国远程教育，2018（11）：61-69，80.

⑦ 杨海茹，刘清堂，佘静雯，等. 教师工作坊中社会存在感结构的重构与测量[J]. 中国远程教育，2020（5）：54-63，75.

协同研讨来解决教学实际问题，促进教师实践性知识的发展。教师工作坊中的每一个成员都是活动的主体；教师工作坊研修的主题来源于教学实践；教师工作坊中的成员在坊主（或辅导教师）的指导下有序开展研修，教师工作坊中的研修模式是基于认知学徒制的模式；教师工作坊的目标是提升教师的实践知识与经验①。参加研修的教师以工作坊为基本单位建立学习共同体，以研训制度为保障，以网络活动作为基本手段，并在各种研修工具的辅助下开展常态化协作研修。参加培训的教师在由教研员、一线骨干教师担任的工作坊坊主的引导下，自主开展多种研修活动，坊中的成员间通过分享、协作、互助等多种途径相互促进、共同提高，使得教师培训由"教的活动"转向"学的活动"②。

二、教师工作坊理论及应用相关研究

对教师工作坊的研究主要包括教师工作坊理论、模式等探讨，教师工作坊活动序列设计、教师工作坊有效性等分析。工作坊模式引入教师培训领域，最初的研究主要探索于新的研修模式③，如林志淼等对教师工作坊培训模式进行了初步探索④；李德燕以自身经历从目标、原则、实施方式等方面对特级教师工作坊的建设进行了探讨⑤；王芳构建了教师工作坊"三位一体"培训模型⑥；张思等以认知学徒制理论为指导，构建了教师工作坊研修模式⑦；蒋立兵等针对研修动机不高、内容脱离情境、研修行为被动、研修效果欠佳等问题，构建了反思性实践视域下的教师工作坊研修过程模型⑧。季春晓构建教师工作坊研修中反思性实践的过程模型，使教师的结构化反思性实践可视化，并进一步分析模型涉及的参与者之间的互动关系⑨。武丽志等提出教师工作坊主持能力模型，包括需求分析与研修规划能力、资源建设与整合加工能力、研修工具与技术运用能力、研修组织与过程管理能力、氛围营造与团队建设能力，应用德尔菲法建立教师工作坊主持

① 黄庆玲，李宝敏，任友群. 教师工作坊在线讨论深度实证研究——以信息技术应用能力提升工程教师工作坊为例[J]. 电化教育研究，2016（12）：121-128.

② 张思，刘清堂，朱姣姣，等. 教师工作坊中的知识共享行为研究[J]. 现代远距离教育，2015（5）：49-55.

③ 黄庆玲，李宝敏，任友群. 教师工作坊在线讨论深度实证研究——以信息技术应用能力提升工程教师工作坊为例[J]. 电化教育研究，2016（12）：121-128.

④ 林志淼，蒋凤春. 工作坊式教师培训模式初探[J]. 中小学教师培训，2014（8）：14-16.

⑤ 李德燕. 特级教师工作坊的建设实践与启示[J]. 广西教育，2013（18）：5-6.

⑥ 王芳. 基于教师工作坊的河北省教师信息技术应用能力提升"三位一体"培训模式研究[D]. 河北师范大学硕士学位论文, 2015: 4-55.

⑦ 张思，刘清堂，熊久明. 认知学徒制视域下教师工作坊研修模式研究[J]. 中国电化教育，2015（2）：84-89.

⑧ 蒋立兵，季春晓. 反思性实践视域下教师工作坊研修过程模型研究[J]. 中国电化教育，2018（11）：39-45.

⑨ 季春晓. 教师工作坊中反思性实践的过程模型研究[D]. 华中师范大学硕士学位论文，2019.

能力评价指标体系[①]。

随着工作坊研修在教师培训领域的广泛应用，研究者开始关注提高教师工作坊的研修质量[②]，如知识交互、教师讨论深度、用户行为投入、角色影响等。刘清堂等以研修教师的发帖记录为研究对象，采用词频分析法和时间序列分析法，研究工作坊中用户的参与行为发现，研修教师的消极情感密度值高于积极情感密度值[③]。张思等采用网络分析法、内容分析法和统计分析方法研究教师工作坊中的知识共享行为，重点分析了核心成员和边缘成员的知识共享行为数量和质量；在对教师工作坊知识共享网络的内涵、结构及知识共享活动进行分析的基础上，提出教师工作坊知识共享网络的构成要素包括行为主体、网络资源、网络活动和支持性要素等四部分，构建出教师工作坊知识共享网络活动模式，结果表明互动关系网络和知识关系网络对知识共享的效率有显著影响，而且互动关系网络和知识关系网络之间具有显著正相关性[④]。刘清堂等对教师工作坊的知识共享效果进行了实证研究，研究发现教师参与研修活动整体积极性较高，教师发帖与讨论主题密切相关，教师工作坊知识共享质量较高[⑤]；在社会交互中个体主要是与主题进行交互，交互质量较好。马晓能等通过社会网分析法和内容分析法对某教师工作坊中知识交互现状分析，发现教师工作坊的知识共享的社会网络结构比较稀疏，网络密度小；交互内容反映教师主要关注如何将信息技术应用于课堂，但交互缺乏学术性支持[⑥]。黄庆玲等对教师的在线研讨深度进行分析，结果发现教师缺少问题的发现及关联性分析的探讨，与教学实践相关的主题帖更易激发教师的深度学习，坊主的引导与反馈是否及时直接影响讨论深度，工作坊人数对讨论深度有显著影响[⑦]，为了支持教师在线研修，引入了助学者这一角色[⑧]，提高了教师工作坊的研修质量。然而，教师工作坊中教师行为投入如何，与同伴交互、学习参与等的关系尚需要进一步考量[⑨]。

在实践层面，2010 年，上海师范大学教育学院将工作坊应用到“国家级计

---

① 武丽志，白月飞. 教师工作坊主持能力评价指标体系构建[J]. 中国电化教育，2019（12）：123-128.

② 黄庆玲，李宝敏，任友群. 教师工作坊在线讨论深度实证研究——以信息技术应用能力提升工程教师工作坊为例[J]. 电化教育研究，2016（12）：121-128.

③ 刘清堂，武鹏，张思，等. 教师工作坊中的用户参与行为研究[J]. 中国电化教育，2016（1）：103-108.

④ 张思，刘清堂，朱姣姣，等. 基于社会网络的教师工作坊知识共享研究[J]. 现代远距离教育，2017（3）：77-84.

⑤ 刘清堂，王虹，熊久明，等. 教师工作坊中知识共享效果实证研究——以语文“齐心协力工作坊”为例[J]. 现代远距离教育，2017（2）：40-48.

⑥ 马晓能，俞树煜，辛一君，等. 教师工作坊中知识交互的现状分析[J]. 电化教育研究，2017，38（3）：55-61.

⑦ 黄庆玲，李宝敏，任友群. 教师工作坊在线讨论深度实证研究——以信息技术应用能力提升工程教师工作坊为例[J]. 电化教育研究，2016（12）：121-128.

⑧ 李宝敏，黄庆玲. 助学者支持与教师工作坊在线讨论深度关系研究——以信息技术应用能力提升工程教师工作坊为例[J]. 电化教育研究，2018，39（7）：97-102，113.

⑨ 刘清堂，雷诗捷，张思，等. 教师工作坊中的用户行为投入研究[J]. 现代远距离教育，2017（4）：19-28.

划（2010）——中小学骨干教师培训项目”中，得到参与教师的好评及教育相关部门的认可[①]。截止到 2010 年，广西壮族自治区先后在网络上建立了 50 个特级教师工作坊，组成某一区域内由一名特级教师主持、多位不同层级的教师参加的具有共学、导教、引研性质的学习型组织，组织成员在特级教师的主持下通过实体和虚拟相结合的学习平台，分工合作开展学习与研究[②]。相关实践及应用表明，技术知识、教学法知识和学科内容知识是研修教师较关注的内容，应该根据教师的情感差异和需求对其进行资源推送和心理干预。

第二节 认知学徒制视域下教师工作坊研修模式[③]

教育部教师工作司于 2014 年 3 月发布《网络研修与校本研修整合培训实施指南》。实施指南中指出要实施网络研修与校本研修整合培训，创新教师网络研修模式，设计跨校的线上与线下研修活动，发挥教师工作坊作用，组建跨校学习共同体，引领本学科教师开展研修。教师工作坊研修模式研究还处于起步阶段，有待深入研究和规范。在认知学徒制理论指导下形成的教师工作坊研修模式，依据认知学徒制的一般步骤设计区域学科研修活动，并以活动序列为支架开展研修活动。教师工作坊研修模式设计旨在有效提高区域学科教师的信息技术应用能力，推动区域学科教师均衡发展。

一、认知学徒制及其特点

认知学徒制是基于传统学徒制发展起来的，是由美国认知科学家布朗和柯林斯等于 1989 年正式提出的[④]。认知学徒制主要强调关注认知的技能和认知的过程，而不是现实技能和过程；强调知识是用来解决现实生活中的问题的。与传统学

---

① 教师“国培”走进“工作坊”[EB/OL].（2011-01-19）[2020-12-02]. https://epaper.gmw.cn/gmrb/html/2011-01/19/nw.D110000gmrb_20110119_7-04.htm .

② 打造精英教学，来宾组建“特级教师工作坊”[EB/OL].（2010-12-01）[2020-12-02]. http://www.lbgztz.com/laibinzhengwu/20130806/1106.html.

③ 本节内容选自：张思，刘清堂，熊久明. 认知学徒制视域下教师工作坊研修模式研究[J]. 中国电化教育，2015(2)：84-89.

④ Brown J S, Collins A, Duguid P. Situated cognition and the culture of learning[J]. Educational Researcher, 1989，18(1): 32-42.

徒制相比，认知学徒制主要是基于某种教育目的而实施的教学，学成之后还可以将习得知识应用于多种同样教学目的的情境，而不是仅仅局限于某一种具体的情境。

认知学徒制为我们分析教师工作坊的研修模式提供了非常重要的理论依据。首先，认知学徒制强调知识必须应用于解决现实生活中的具体问题，因此教师工作坊研修模式中强调教学活动的实施过程必须要在真实的教学环境中实现；其次，认知学徒制理论的任务目标强调不能仅仅局限于所学知识产生的情境，而是要将所学知识应用于不同的真实情境之中，因此教学工作坊的应用也促进了教师专业技能从一种课堂情境向另一种课堂情境的迁移与应用；最后，认知学徒制中活动开展的一般步骤为教师工作坊研修模式设计提供了较为清晰的活动步骤和流程，是认知学徒制视域下教师工作坊研修模式产生的基础。

二、教师工作坊研修模式设计

（一）教师工作坊中的共同体结构模型

教师工作坊是一个整体，由具有相同目标，希望提升自身的教学知识、学科知识或者技术知识的教师们组成，从另一层面来说，教师工作坊就是一个共同体。从共同体的本质特征来看，①行为主体性——教师工作坊的每一个成员都是参与活动的主体；②系统开放性——教师工作坊这个整体中所有的研修主题都是由教学实践而来，与社会需要密切相关；③成员组织性——教师工作坊的成员们在坊主的指导下和辅导教师的辅导下有序地开展活动，具有高效的组织性，每个成员都致力于完成活动任务，具有较高的集体荣誉感；④目标整体性——教师工作坊的主要宗旨是全面提高教师的学科知识、教学知识以及技术知识水平，提高教师的整体教学水平，有一个整体的研修目标；⑤活动整合一致性——教师工作坊中的研修活动中，所有成员都有共同的活动目标，就是完成研修主题的系列活动，在这个过程中，坊主、辅导教师、观察教师以及被观察教师等每一个成员都明确分工，并且积极讨论，形成更多的再生资源，丰富坊内的共有资源。共同体主要包括两个方面的共同体，分别是实践共同体和学习共同体。

实践共同体指的是构建一个学习环境，在这个环境中参与者可以积极地交流，操作与专门知识相关的技能，这样的共同体给成员一种归属感，以个体投资和相互依赖为特征，不是强迫性的，但是可以通过共同项目和共享经验来营造；学习共同体的目标是提高集体知识水平带动个体知识的增长，其关键特征是存在一种让每个人都参与到为增加集体知识而努力的学习文化中的机制[①]。构建学习

---

① R. 基思·索耶. 剑桥学习科学手册[M]. 徐晓东，等，译. 北京：教育科学出版社，2010：523-541.

共同体需要注意的是：①学习共同体中的每一个成员都拥有各种方面的知识，并且乐于奉献；②学习共同体旨在持续提高集体知识水平和技能目标，不断产生再生资源；③要重视学习方法的学习，而不只是对知识的获取，要懂得如何获取知识；④在学习共同体中存在一种共享所学知识的机制。综合实践共同体和学习共同体的本质、特征、注意事项可以看出，教师工作坊中的共同体既包括实践共同体，也包括学习共同体。教师工作坊中的共同体模型如图 5-1 所示。

由图 5-1 可以看出，共同体中的组成要素包括教师工作坊中的所有成员：坊主、辅导教师、观察教师和被观察教师。坊主对于其他成员主要起指导作用，在讨论的过程中，与其他成员之间是交流协作的关系，生成共同体的共有资源。辅导教师与坊主是协作的关系，与其他成员是辅导与被辅导的关系，辅导教师的主要工作是辅助被观察教师完成活动任务[①]。观察教师与坊内成员是交流协作的关系，最主要的是帮助被观察教师完善教学设计和改进教学流程，其自身也能通过活动收获很多相关的教学知识与技术知识。坊主与被观察教师之间是指导与被指导的关系，辅导教师与被观察教师之间是辅导与被辅导的关系，观察教师与被观察教师之间是交流协作的关系，被观察教师在其他成员的指导、辅导和协助下完成教学任务。

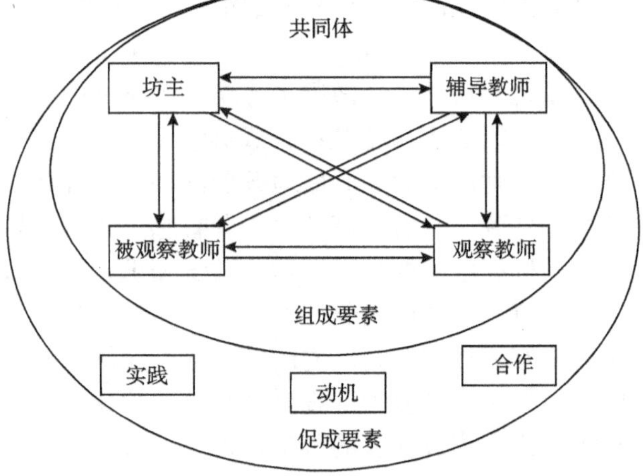

图 5-1　教师工作坊中的共同体模型

教师工作坊中的促进要素主要包括实践、动机和合作。

（1）实践。首先，实践是教师工作坊中研修主题的来源，主题都是教师在教学过程中由遇到的问题、困惑总结而来的；其次，在开展工作坊研修的过程中，需要被观察教师回到真实的教学环境中，进行教学实践，这个是开展活动的基础

① 张妮，刘清堂，吴林静，等. 国际视野下在职教师培训的比较及对教师专业化发展的启示——基于四国个案及文献观察[J]. 现代远距离教育，2018（6）：34-41.

和核心，没有教学实践也就没有成员们讨论的主题；最后，所有的成员完成主题活动任务之后需要回到现实生活中进行实践，将所学知识运用到教学过程中，学以致用，才能达到真正的研修目的。所以实践是促成教师工作坊这个共同体形成的要素之一。

（2）动机。教师参与工作坊研修的现实需求是，希望提升自身的教学水平；教师工作坊融合了网络研修和校本研修的优势，在专家引领和同伴互助下能真正提升整体教学水平，达到理想的研修效果[①]。参与教师工作坊的动机是促成教师工作坊产生的要素之一。

（3）合作。教师工作坊是一个共同体，所有的成员都密切联系，成员之间也都存在着合作交流的关系。被观察教师参与执教研修，其他成员则是指导或者辅导或者协助被观察教师完成活动任务，在这个过程中，成员之间都是合作共赢的关系。教师工作坊是一个整体，没有成员们的合作，整个活动也就无法开展，所以合作也是促成教师工作坊形成的要素。

（二）基于认知学徒制的教师工作坊研修模式

基于认知学徒制的学习框架包含四个要素，分别是主题内容、教学方法、活动序列和社会环境[②]。主题内容是与特定学科相关的概念、事实和程序；教学方法强调给予学生观察、参与以及发明或发现情境中运用专家策略的机会，包括示范、辅导、脚手架、表达、反思与探索，如表 5-1 所示；认知学徒制提供一些原则来引导学习活动的先后顺序，如逐渐增加复杂性、逐步增加多样性、全局技能优先于局部技能等；认识学徒制的社会环境强调情境化学习，提供学生的内部动机，促进成员之间的合作。认知学徒制的四个要素形成一个有机整体。

表 5-1　认知学徒制的教学方法

教学方法	过程
示范	根据学习任务的需要，选择范例，教师操作以便学生观察
辅导	当学生完成活动任务时，教师提供指导，在必要时给予辅导，帮助学生完成任务，提高学生的能力水平
脚手架	学生完成任务的过程中可能会遇到困难，教师提供支持，搭建脚手架，帮助学生执行任务
表达	学生完成任务的过程中或者完成任务之后，教师鼓励学生表述任何问题或者活动流程，争取形成学生自己解决问题的方式

① 邓伟，熊久明，张思，等. 教师工作坊中促进知识建构的磨课活动研究[J]. 中国教育信息化，2016（20）：73-77.

② 戴维·H. 乔纳森. 学习环境的理论基础[M]. 任友群，译. 上海：华东师范大学出版社，2002：1-24.

续表

教学方法	过程
反思	学生完成任务之后，教师鼓励学生进行反思总结，反思与同学之间处理问题的方法有何异同，或者反思自己与教师在处理问题时的不同行为，总结出更好的解决问题的方法
探索	教师鼓励学生在实践活动中发现新的问题，并且争取从各个角度解决问题

认知学徒制的四要素框架为教师工作坊研修模式设计提供了理论支持，依据认知学徒制的四要素框架设计的教师工作坊研修模式如图 5-2 所示。

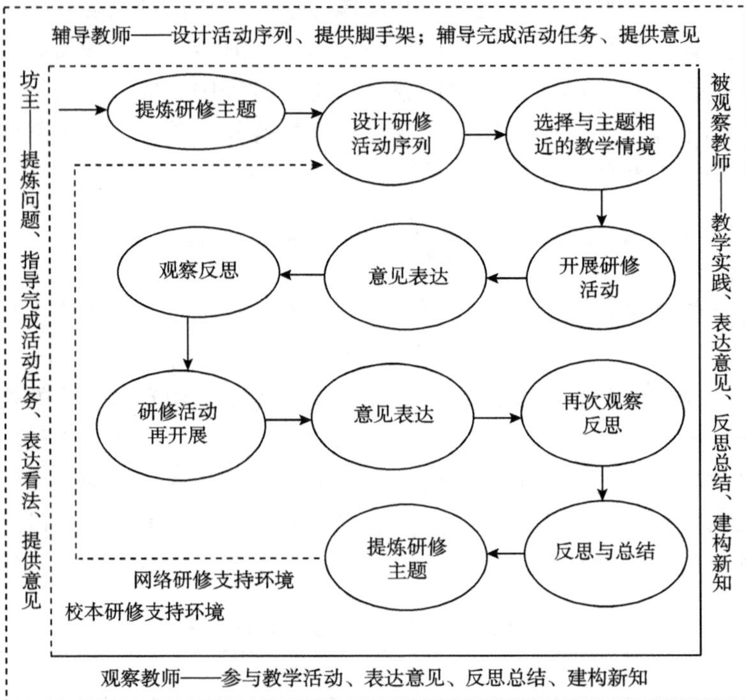

图 5-2 认知学徒制视域下的教师工作坊研修模式

从主题内容来看，教师工作坊的坊主依据区县教研规划、课程教学大纲和标准、学员反映的在实际教学过程中遇到的教学问题，提炼工作坊的研修主题①。教师工作坊全体成员围绕研修主题进行讨论、教学观摩、反思，解决实践问题，形成实践性知识。

从活动序列来看，教师工作坊的活动开展主要是依据认知学徒制的指导原则进行的。问题提出，指导与辅导，设计活动序列、搭建脚手架，成员们通过讨论

① 张思，刘清堂，熊久明. 认知学徒制视域下教师工作坊研修模式研究[J]. 中国电化教育，2015（2）：84-89.

表达自己的意见，总结反思，最后要在反思实践中探索新的问题，进而开展新的主题研修活动。

从教学方法来看，教师工作坊中的研修活动主要采用的是支架式学习策略和协作学习策略。在支架式学习策略中，成员们按照辅导教师给出的活动序列展开活动，按照活动支架逐步完成任务，在这个过程中，成员互相协作，不仅增加团体凝聚力，还能整合各个成员的意见，对某个问题形成较为全面的了解。

从社会环境来看，教师工作坊中所有成员参与研修不仅需要在网络环境中交流协作，还需要在校本环境中实施实践教学，融合两种环境的优势，促进实践共同体成员之间的合作，共同解决实践问题①。

三、教师工作坊研修模式实施案例

（一）教师工作坊研修模式实施流程

在“国培计划 2014”网络研修与校本研修混合式培训中，采用了基于认知学徒制的教师工作坊研修模式，教师工作坊研修模式实施流程如图 5-3 所示。

图 5-3 教师工作坊研修模式实施流程

① 教师“国培”走进“工作坊”[EB/OL].（2011-01-19）[2020-12-02]. https://epaper.gmw.cn/gmrb/html/2011-01/19/nw.D110000gmrb_20110119_7-04.htm.

教师工作坊坊主依据区县教研规划、课程教学大纲和标准、学员反映的在实际教学过程中遇到的教学问题，提炼工作坊的研修主题，并在教师工作坊网络平台上发布研修主题；组织坊内成员包括辅导教师、观察教师和被观察教师，对被观察教师上传的教学设计进行讨论，帮助被观察教师确定教学设计初稿；督促被观察教师根据教学设计初稿在真实的教学环境中实施教学、录制教学视频，并将录制好的教学视频上传到教师工作坊中，组织坊内成员观看教学视频并对教学视频中被观察教师的教学行为进行评论、上传教学观察表；组织坊内成员对被观察教师根据成员们意见修改后的教学设计进行讨论，帮助被观察教师确定教学设计终稿；督促被观察教师依据教学设计终稿在真实的教学环境中实施第二次教学、录制教学视频，并将录制好的教学视频上传到教师工作坊；组织坊内成员观看教学视频、评论被观察教师的教学行为，并上传教学观察表；组织辅导教师和被观察教师对整个教学流程进行反思总结，并上传研修总结。

辅导教师依据坊主发布的研修主题，设计并在教师工作坊网络平台上发布研修活动的活动序列；协助坊主针对被观察教师提交的教学设计组织坊内成员讨论，帮助被观察教师完善课堂活动设计并形成教学设计初稿；协助被观察教师在真实的教学环境中开展教学活动、录制教学视频，并帮助上传教学视频，协助坊主组织坊内成员对被观察教师上传的教学视频开展讨论，并组织坊内成员填写教学观察表，收集统计成员们填写的教学观察表；协助坊主组织坊内成员对被观察教师修改后的教学设计进行评论，帮助被观察教师确定教学设计终稿；帮助被观察教师依据教学设计终稿在真实的教学环境中实施第二次教学、录制教学视频，并帮忙将录制好的教学视频上传到教师工作坊；协助坊主组织坊内成员观看教学视频，评论被观察教师的教学行为，并上传教学评价表，收集统计教学评价表；对整个教学流程进行反思总结，并收集其他成员的反思总结，上传研修总结。

观察教师依据坊主发布的研修主题，查找与研修主题相关的学习资源；与坊内成员对被观察教师提交的教学设计进行讨论，发表自己的见解，帮助被观察教师完善课堂活动设计，形成教学设计初稿；观看被观察教师上传的教学视频，与坊内成员针对教学视频中被观察教师的教学行为开展讨论，并认真填写好教学观察表，上传教学观察表；与坊内成员对被观察教师修改后的教学设计进行评论，帮助被观察教师确定教学设计终稿；观看被观察教师第二次上传的教学视频，并与坊内成员针对被观察教师的教学行为进行讨论，并认真填写教学观察表；对被观察教师的整个教学流程进行反思总结，并上传研修总结。

被观察教师依据坊主发布的研修主题，结合自己平时的教学实际，承担针对研修主题的执教研修课；选择某一具体的章节或者某一知识点准备教学设计，并将根据自己的教学经验设计的教学设计上传到教师工作坊；参与坊内成员对提交的教学设计进行的讨论，针对成员们提出的疑问提供及时解答或者认真记录成员们对自己的教学设计提出的中肯意见，并根据坊内成员提出的建议修改教学设计，形成较为合理的教学设计初稿；根据教学设计初稿，在真实的教学环境中开展教学，并在辅导教师的帮助下上传教学视频；参与到坊内成员对于教学视频的讨论过程中，及时与坊内成员交流，认真记录成员们对教学视频中的某些不太适合的教学行为提出的建议，完善教学设计初稿，形成教学设计终稿；根据教学设计终稿在真实的教学环境实施第二次教学，并在辅导教师的帮助下上传教学视频；参与到坊内成员针对教学视频进行讨论的过程中，并认真记录大家给出的意见；对整个教学流程进行反思总结，并上传研修总结。

（二）教师工作坊研修模式实施实例

在“国培计划”（2014）网络研修与校本研修整合培训中，四川省大英、眉山、彭山的 5000 多位教师参与了教师工作坊活动，组成了 100 多个教师工作坊，每个教师工作坊由 1 位坊主、1 位辅导教师、50 位学员组成。下面摘取了语文教师工作坊的一轮研修活动片段（表 5-2）。

表 5-2　教师工作坊研修活动片段

活动序列	活动实施
研修主题	1.语文教师工作坊的坊主提出一个研修主题“怎样确定文言文的教学内容和教学策略”，然后将这个主题放到教师工作坊网络学习平台上。2.辅导教师依据研修主题设计研修活动序列，通过设置活动序列开展主题研修。3.观察教师查阅与文言文教学内容与策略相关的学习资料。4.被观察教师根据自己的实际教学经验承担执教研修课。若是有几位教师都对这一主题感兴趣的话，可以同时参与这个主题，并同步进行教学活动。工作坊中一名语文教师 A 从教五年，感觉自己的文言文教学策略比较单一，希望通过这个主题提高自己的文言文教学技能，于是主动承担了执教研修课的任务，以《爱莲说》这篇文言文为具体案例，展示文言文的教学内容和策略
教学设计（初）	根据自己以往教学经验，教师 A 准备《爱莲说》的教学设计，并将教学设计提交到工作坊中，坊主和辅导教师组织大家对提交的教学设计展开讨论。坊内成员对这份教学设计有着不同的意见。教师 B 认为“这份教学设计对于文言文的理解停留在‘读得抑扬顿挫，读出作者情感’上，这和朗读现代文并无区别，没有体现出文言文教学的特色”。教师 C 建议可以从句式、语气切入，体会之一就是给“白文”，让学生断句，甚至加标点符号。教师 A 认真考虑大家的意见，并查询相关资料，发现《爱莲说》的标点符号果然有不同的版本。根据大家的意见，教师 A 形成了较为完善的教学设计初稿
课堂观摩（初）	教师 A 根据教学设计初稿回到真实的教学环境中实施教学，发现学生对于《爱莲说》中需要加标点符号的地方都有自己的理解，虽然并不是每个学生都可以说出他们加标点的凭据。现场教学之后，教师 A 将《爱莲说》的教学视频上传到语文教师工作坊中，由于坊内成员都有自己的教学经验、教学方法，所以每个成员的观察点不同。例如教师 D 的观察点是“课堂提问”环节。教师 D 认为提问是推动教学进程的重要因素，但是在观看教师视频中发现教师 A 随意提问很多，缺少精心的提问设计。然后教师 D 给出自己的意见，比如提问的时候要直指课文主旨，有层层递进的难度和深度，要注意提问有关联性等

续表

活动序列	活动实施
教学设计（终）	教师 A 认真记录大家提出的意见，并根据辅导教师收集的坊内成员观看教学视频提交的教学观察表，总结出讲授《爱莲说》时应该注意的地方。重新整理自己的教学设计，并将整理后的教学设计再次上传到教师工作坊中。坊主和辅导教师再次组织大家对教学设计进行讨论，评论教学设计的优点和仍然存在的问题。教师 A 认真记录大家提出的中肯意见，再次修改自己的教学设计，形成教学设计最终稿
课堂观摩（终）	教师 A 回到真实的教学环境中实施第二次教学，在这次教学中发现之前认为加标点的地方，有的学生还有不同的看法，而且通过他们自己的讨论，学生对于课文都有了更深的理解，课堂教学取得了较好的效果。教师 A 将教学视频上传到教师工作坊中，成员们对于这一次的教学过程也进行了讨论，并上交了教学观察表。从观察表可以看出成员们给予教师 A 很大的肯定，还有一些需要改进的细节他们也都提出来了，教师 A 表示收获颇丰
研修总结	坊主组织坊内成员针对整个研修过程进行反思，并提交研修总结。教师 A 对自己修改教学设计和实施教学的过程进行反思总结，归纳讲授文言文时需要注意的地方，比如，如何讲解才能吸引学生注意力，促进学生对于教学目标的理解和掌握。其他教师也根据自己的观察，整理反思，并将研修总结提交给辅导教师。辅导教师综合自己和其他成员的反思，对研修主题做总的概括，详细阐明作为语文教师应如何更好地讲授文言文，并将整理概括的研修总结发布到教师工作坊中。坊内其他成员可以查看发布的总结，若有补充可以及时与辅导教师或者坊主联系，完善研修总结。另外，坊主和辅导教师针对本次研修总结寻找下一个研修主题，下一个研修主题要么是对本次研修主题的补充，要么是与本次研修主题密切相关，这样可以帮助成员系统全面地掌握某一主题的相关内容

这是一次由语文教师工作坊组织的研修活动。在教师工作坊坊主的组织下，以“怎样确定文言文的教学内容和教学策略”为研修主题。被观察教师 A 承担了执教研修课，选择了《爱莲说》作为研修主题的实例。《爱莲说》是八年级的一节语文课，教师 A 设定的教学目标是掌握文章词句，并且通过文章中的字句了解作者的思想感情。如何突出文言文的教学特点，区别于现代文教学，则是一个难点，教师 A 采用了成员们提出的意见，改变自己以往让学生声情并茂朗读课文的这种做法，而是让学生对没有加标点的课文进行朗读，并且根据自己的理解给文章加标点符号。在这个过程中还组织了分小组讨论。在加标点符号的过程中，学生积极参与到教学过程之中，对于文章形成自己的理解，加深了对于文章字词句的掌握，同时教师加标点的时候讲解相关依据，学生进一步理解了作者的思想感情，达到较好的教学效果。在整个教学过程中教师工作坊的所有成员都参与其中，并提出了宝贵的意见。

由于网络研修与校本研修整合培训这一新型的培训模式刚刚兴起，对于教师工作坊研修模式的研究不多，主要是中小学自发的研究。因此我们基于认知学徒制寻找理论依据，从认知学徒制框架的四要素中总结出教师研修模式，以活动序列为支架设计研修活动，概括了教师工作坊研修模式实施的具体流程。教师工作坊研修模式设计为教师混合式培训提供了一种新的培训模式，旨在有效提高教师的综合素质和教学实践能力。目前这种教师工作坊研修模式正在中小学教师网络研修与校本研修混合式培训中试用，若想要达到良好的实施效果，需要注意两点：①教师工作坊坊主选择的研修主题一定是来源于教师教学实践中遇到的真实问题，只有保证这一点，教师工作坊开展的活动才有意义，才能更好地促进教师将习得的教学技能和教学理论应用于教学实践；②教师工作坊中所有成员都需要积极参与活动，积极发言，只有这样才能达到良好的互动效果，坊内成员所组成的学习、实践共同体才能更加团结，共同进步。

第三节 教师工作坊的用户参与行为分析[①]

教师工作坊中，研修教师在坊主的带领与指导下，针对主题开展研修，通过分享、协作、交流等方式相互促进、共同提高。然而，教师工作坊中教师行为投入如何，与教学交互、学习参与等的关系尚需要进一步考量[②]。

针对教师工作坊存在用户参与不足、投入不够等问题[③]，本节从行为投入的角度对教师工作坊的教师学习行为进行分析，建立在线学习行为投入模型，了解研修教师的行为投入情况，探究教师行为之间的关系，对于提升工作坊研修质量、促进教师专业发展具有重要意义。

一、在线行为投入及其相关研究

（一）行为投入

行为投入是学习投入研究的分支，源自 20 世纪 30 年代泰勒提出的“任务时间理论”，主要关注学生在学习活动中的行为表现，包括投入时间、活动强度和努力

---

① 本节内容选自：刘清堂，雷诗捷，张思，等. 教师工作坊中的用户行为投入研究[J]. 现代远距离教育，2017（4）：19-28.

② 黄庆玲，李宝敏，任友群. 教师工作坊在线讨论深度实证研究——以信息技术应用能力提升工程教师工作坊为例[J]. 电化教育研究，2016（12）：121-128.

③ 刘清堂，武鹏，张思，等. 教师工作坊中的用户参与行为研究[J]. 中国电化教育，2016（1）：103-108.

程度等[①]。斯金纳等认为行为投入指学生参与学习活动的强度[②]，米瑟雷迪诺认为行为投入指可以观察到的学生课堂行为表现[③]，马科斯等认为行为投入不仅应包括学生在课堂上的努力程度，还应包括课外时间的投入等[④]。可以认为，行为投入指学生在学习活动中投入的时间、精力和努力，是可以被观测到的外显行为表现[⑤]。

国内外学者针对行为投入展开了大量研究，主要集中在三个方面：①学习行为投入量表的编制，如学习投入量表 UWES-S（Utrecht work engagement scale-student）是 Schaufeli 等在开发的“Utrecht 工作投入量表”（UWES）的基础上，以大学生为样本所编制的[⑥]。舒子吁以现有的工作投入和学习投入的研究成果为理论基础，编制大学本科生学习投入问卷，并应用于大学生学习投入现状的调查研究[⑦]。②学习者行为投入的现状研究，例如汪雅霜基于 2012 年“国家大学生学习情况调查”数据分析对大学生学习投入度进行实证研究，发现元认知策略和师生互动两因子得分相对较低[⑧]。③学习行为投入影响因素的研究，朱红灿对大学生的学习投入现状进行分析，发现学生课堂参与度、与同学讨论合作及课后投入学习时间均与学习者行为投入有显著联系[⑨]。李爽等提出在线交互平台行为投入框架，确定 21 个测量指标，并通过实证研究验证了指标的有效性[⑩]。

当前对于行为投入的研究主要针对传统课堂中的学习者，针对在线平台的研究比较少，并且暂未有学者对教师身份的学习者的行为投入进行研究。综上所述，本书针对以教师培训为目的的教师工作坊中的在线交互过程，探究了研修教师的行为投入现状，并在此基础上探究了研修教师的投入行为在性别上的差异及其登录时间规律、行为维度间的相互影响等。

---

① Jacobi M, Astin A W, Ayala F. College Student Outcomes Assessment: A Talent Development Perspective[M]. Association for the Study of Higher Education, 2010: 1-124.

② Skinner E A, Belmont M J. Motivation in the classroom: reciprocal effects of teacher behavior and student engagement across the school year[J]. Journal of Educational Psychology, 1993, 85(4): 571-581.

③ Miserandino M. Children who do well in school: Individual differences in perceived competence and autonomy in above-average children[J]. Journal of Educational Psychology, 1996, 88(2): 203.

④ Marks S U, Gersten R. Engagement and disengagement between special and general educators: An application of Miles and Huberman's cross-case analysis[J]. Learning Disability Quarterly, 1998, 21(1): 34-56.

⑤ 黄庆玲，李宝敏，任友群. 教师工作坊在线讨论深度实证研究——以信息技术应用能力提升工程教师工作坊为例[J]. 电化教育研究，2016（12）：121-128.

⑥ Schaufeli W B, Bakker A B. UWES—Utrecht work engagement scale: Test manual[Z]. Unpublished Manuscript, Department of Psychology, Utrecht University, 2003.

⑦ 舒子吁. 大学生学习投入问卷的编制及其应用[D]. 江西师范大学硕士学位论文，2009.

⑧ 汪雅霜. 大学生学习投入度的实证研究——基于 2012 年“国家大学生学习情况调查”数据分析[J]. 中国高教研究，2013（1）：32-36.

⑨ 朱红灿. 大学生学习投入影响因素的研究——基于学习行为投入、情感投入、认知投入维度[J]. 高教论坛，2014（4）：36-40.

⑩ 李爽，王增贤，喻忱，等. 在线学习行为投入分析框架与测量指标研究——基于 LMS 数据的学习分析[J]. 开放教育研究，2016，22（2）：77-88.

（二）行为投入分类

在当前研究中，学者们普遍将参与、专注（集中）、坚持作为学术任务中行为投入的重要维度。米瑟雷迪诺认为，行为投入包括六种行为：参与、坚持、逃避、无助、参加讨论、集中①；帕特里克等认为高度集中、选择挑战性问题、努力程度高、持续性强是高投入的表现②；马科斯等指出较高的行为投入体现在努力、钻研和更多的时间投入三个方面③。随着信息技术的发展，在线学习的普及，交互这一维度也逐渐被纳入行为投入之中。弗雷德里克斯等提出学习或学术任务中的表现应包含努力、坚持、专注、提问、参与讨论④；安赫利诺等提出积极参与、交互学习、合作学习维度⑤；哈曼内提出师生交互、主动学习、合作学习、尝试反馈、多样化经验、任务时间等⑥；李爽等提出在线学习行为投入框架包括参与、坚持、专注、交互、学术挑战、自我监控六类⑦。

综上所述，相关文献研究认为在教师工作坊中研修教师的行为投入应分为参与、专注、坚持、交互四类。“参与”指学生投入的时间与精力。Fredricks 等将其定义为学生遵循和响应课程规定和教师要求的行为⑧。李爽等认为在线交互平台中的参与包括平均登录时长、登录总次数、页面浏览总次数⑨。Dongho Kim 等认为参与包括平台登录时长、平台登录次数、平均登录时长⑩。

“专注”指一种全身心投入的愉悦状态，将精力集中于学习并体验到愉悦感受。专注的学生能够不受外界干扰，将注意力保持在学习内容和任务上。专注类行为体现了学生对学习内容本身的兴趣，也体现了学生克服外界干扰的能力。李

① Miserandino M. Children who do well in school：Individual differences in perceived competence and autonomy in above-average children[J]. Journal of Educational Psychology, 1996, 88(2): 203.

② Patrick B C, Skinner E A, Connell J P. What motivates children's behavior and emotion? Joint effects of perceived control and autonomy in the academic domain[J]. Journal of Personality and Social Psychology, 1993, 65(4): 781.

③ Marks S U, Gersten R. Engagement and disengagement between special and general educators: An application of Miles and Huberman's cross-case analysis[J]. Learning Disability Quarterly, 1998, 21(1): 34-56.

④ Fredricks J A, Blumenfeld P C, Paris A H. School engagement: potential of the concept, state of the evidence[J]. Review of Educational Research, 2004, 74(1): 59-109.

⑤ Angelino L M, Natvig D. A conceptual model for engagement of the online learner[J]. Journal of Educators Online, 2009, 6(1): n1.

⑥ Hamane A C. Student Engagement in an Online Course and Its Impact on Student Success[M]. Los Angeles: Pepperdine University, 2014: 80-153.

⑦ 李爽，王增贤，喻忱，等. 在线学习行为投入分析框架与测量指标研究——基于 LMS 数据的学习分析[J]. 开放教育研究，2016，22（2）：77-88.

⑧ Fredricks J A, Blumenfeld P C, Paris A H. School engagement: Potential of the concept, state of the evidence[J]. Review of Educational Research, 2004, 74(1): 59-109.

⑨ 李爽，王增贤，喻忱，等. 在线学习行为投入分析框架与测量指标研究——基于 LMS 数据的学习分析[J]. 开放教育研究，2016，22（2）：77-88.

⑩ Kim D, Park Y, Yoon M, et al. Toward evidence-based learning analytics: Using proxy variables to improve asynchronous online discussion environments[J]. The Internet and Higher Education, 2016, 30: 30-43.

爽等认为专注应反映学习者单项任务的完成度以及是否进行长时间学习[①]。Kim 等认为专注应包含发帖长度以及登录平均时间[②]。

“坚持”被认为是学生保持学习主动性和积极性的行为投入。通常指学习者面对困难时坚持不懈或者学生对学习行为的保持。在对在线交互平台的讨论中，仅考虑学习者对学习的保持。李爽等认为坚持表现在学生在学习中克服困难、坚持完成学习任务、保持高参与度三方面[③]。Jo 等认为学习时间的间隔可以代表学习者是否坚持学习[④]。Kim 等提出代理变量模型，将时间间隔作为衡量学习者坚坚持的唯一维度，经过实证研究证明了模型的可靠性[⑤]。

“交互”指学生与教师和同学互动、协作，既包括学生为掌握知识、解决问题主动与教师和同学进行交流、讨论和协作，又包括学生与教师和同学建立、维护良好关系的投入。有些文献从交互对象来考虑交互维度，如李爽等认为交互应包含师生交互、同伴交互、同伴协作[⑥]。有些则从交互方向出发，如 Kim 等认为交互应包含给他人的回复，他人给自己的回复[⑦]。

二、用户在线行为投入分析框架

本书将文献研究获得的参与、专注、坚持、交互四类作为教师工作坊中分析行为投入的主要维度，综合考虑上述已有行为投入分类指标，结合教师工作坊在线交互平台的实际功能，构建行为投入分析框架。

参与指学习者访问交互平台进行讨论投入的时间与精力，包含登录总时长、登录次数、资源提交数 3 个指标。登录总时长指学习者登录平台讨论区的总时间，登录次数指学习者登录平台讨论区的次数，资源提交数指学习者在交互期间上传的相关资源数量。

---

① 李爽，王增贤，喻忱，等. 在线学习行为投入分析框架与测量指标研究——基于 LMS 数据的学习分析[J]. 开放教育研究，2016，22（2）：77-88.

② Kim D, Park Y, Yoon M, et al. Toward evidence-based learning analytics: Using proxy variables to improve asynchronous online discussion environments[J]. The Internet and Higher Education, 2016, 30: 30-43.

③ 李爽，王增贤，喻忱，等. 在线学习行为投入分析框架与测量指标研究——基于 LMS 数据的学习分析[J]. 开放教育研究，2016，22（2）：77-88.

④ Jo I H, Kim D, Yoon M. Constructing proxy variables to measure adult learners' time management strategies in LMS[J]. Educational Technology & Society, 2015, 18(3): 214-225.

⑤ Kim D, Park Y, Yoon M, et al. Toward evidence-based learning analytics: Using proxy variables to improve asynchronous online discussion environments[J]. The Internet and Higher Education, 2016, 30: 30-43.

⑥ 李爽，王增贤，喻忱，等. 在线学习行为投入分析框架与测量指标研究——基于 LMS 数据的学习分析[J]. 开放教育研究，2016，22（2）：77-88.

⑦ Kim D, Park Y, Yoon M, et al. Toward evidence-based learning analytics: Using proxy variables to improve asynchronous online discussion environments[J]. The Internet and Higher Education, 2016, 30: 30-43.

专注指学习者将注意力集中于交互的程度，反映其交互状态，包含发帖次数及发帖总长度 2 个指标。发帖次数指学习者在平台讨论区的发帖总次数，发帖总长度指学习者在平台讨论区的发帖总字数。

坚持指学习者在交互过程中做出的持续性努力，体现学习者的内在动机，表现在学习者能坚持登录平台进行交互，包含登录时间间隔规律这一指标。登录时间间隔规律通过计算学习者登录时间间隔的标准差来进行测量。如图 5-4 所示，A 与 B 之间的距离代表讨论区主题存在的有效期，$t_1, t_2, \cdots, t_n$ 代表登录时间点。t_2-t_1 得到 Δt_1，就是 t_1、t_2 两次登录时间点的间隔。以此类推，得到所有的间隔，再计算标准差。

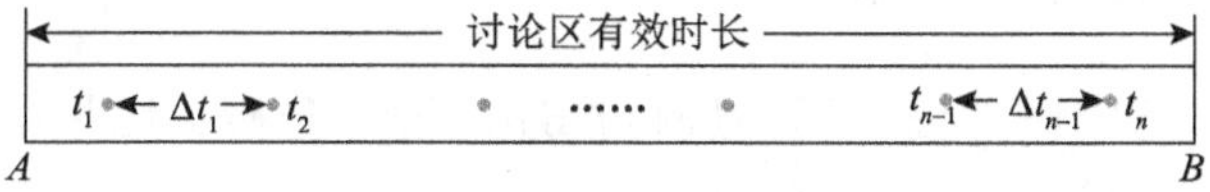

图 5-4　登录时间间隔的概念解释

交互指学习者基于在线平台与教师或同伴进行互动交流，该维度包含给他人的回复总数、给他人的回复总长度、所发帖获得他人的回复总数、所发帖获得他人的回复总长度、所发帖获得他人的点赞总数。给他人的回复总数即学习者回复他人帖子的总数，给他人的回复总长度指学习者回复他人帖子的总字数，所发帖获得他人的回复总数指学习者在平台上的发帖获得同伴的回复总数，所发帖获得他人的回复总长度指学习者在平台上的发帖获得同伴回复的总字数，所发帖获得他人的点赞总数指学习者所发帖获得的同伴点赞总数（表 5-3）。

表 5-3　在线交互行为投入分析框架

维度	指标	指标说明
参与	登录总时长	学习者登录平台讨论区的总时长
	登录次数	学习者登录平台讨论区的次数
	资源提交数	学习者提交讨论相关学习资源的数目
专注	发帖次数	学习者在平台讨论区的发帖总次数
	发帖总长度	学习者在平台讨论区的发帖总字数
坚持	登录时间间隔规律	学习者登录平台讨论区的时间间隔标准差
交互	给他人的回复总数	学习者回复他人帖子的总数
	给他人的回复总长度	学习者回复他人帖子的总字数
	所发帖获得他人的回复总数	学习者在平台上的发帖获得同伴的回复总数
	所发帖获得他人的回复总长度	学习者在平台上的发帖获得同伴回复的总字数
	所发帖获得他人的点赞总数	学习者所发帖获得的同伴点赞总数

三、研究过程设计

（一）研究对象及工作坊选取

本书选取“国培计划”（2014）中，以“如何上好枯燥无味的拼音教学”为主题的典型工作坊为研究对象，共有 73 位学员参与，其中男教师 19 人，女教师 54 人，均为贵州的小学教师。在对交互数据的处理过程中，剔除一个小时之内的重复记录，获得有效记录。

（二）数据处理与分析

对教师工作坊中教师投入行为进行描述性统计分析，结果如表 5-4 所示。

1. 描述性统计分析

（1）参与。对在线交互平台学习者参与积极性的评价维度包括登录次数及登录总时长。从表 5-4 中数据可以看出，坊内学习者即研修教师登录平台讨论区的次数范围为 1—6，平均次数为 2.25 次，其中，仅登录一次的教师有 23 人，占总人数的 31.5%。登录总时长范围为 33.9—177 分钟，均值为 76.5 分钟，即 1.275 小时。讨论资源提交数均值为 4.88 个，最高 21 个，最低 0 个。

表 5-4 用户行为投入描述性统计

一级维度	二级维度	极小值	极大值	均值
参与	登录次数	1	6	2.25
	登录总时长/分钟	33.9	177	76.5
	资源提交数/个	0	21	4.88
专注	发帖次数	1	9	2.16
	发帖总长度/字	19	1213	232
坚持	登录时间间隔标准差	0	9094	1036.23
交互	给他人的回复总数	0	46	5.04
	给他人的回复总长度/字	0	1081	79.26
	所发帖获得他人的回复总数	0	21	5.04
	所发帖获得他人的回复总长度/字	0	371	79.26
	所发帖获得他人的点赞总数	0	11	2.21

（2）专注。对在线交互平台学习者专注度的评价维度包括发帖次数、发帖总长度。表 5-4 中数据显示坊内学习者即研修教师发帖次数范围为 1—9，平均为 2.16 次；发帖总长度范围为 19—1213，平均为 232 个字。

（3）坚持。研究通过测量学习者的登录时间间隔标准差来衡量学习者的坚持性。除去仅登录一次的教师无法测算其登录时间间隔，其他研修教师的平均登录时间间隔为 3.5 天，间隔时间最长为 27.6 天。

（4）交互。调查数据显示，研修教师收到的回复数范围为 0—21，平均值为 5.04；研修教师收到的点赞数范围为 0—11，均值为 2.21。研修教师给他人的回复数范围为 0—46，均值为 5.04。在该工作坊中，教师共发帖 158 条，其中有 14 条为 0 回复，在其他 144 条有回复的帖子当中，共收到回复 356 条，其中仅有 124 条为表达自己观点的回复，占比约 35%，其他 232 条均为表达对发帖者的赞同，例如“赞同！”“说得好！”等，这在一定程度上表明研修教师的交互层级较低。

2. 性别差异分析

为了了解不同性别学习者在投入行为上的差异，本书分别统计了男女教师的不同行为值，如表 5-5 所示。并对不同性别学习者的行为特征使用独立样本 t 检验进行比较，如表 5-6 所示。

表 5-5 男女教师行为统计值

维度	指标	性别	均值	标准差
参与	登录次数	男	1.95	1.079
		女	2.35	1.291
	登录总时长/分钟	男	72.3	41.6
		女	77.9	24.9
	资源提交数/个	男	4.47	2.93
		女	5.02	3.117
专注	发帖次数	男	2.05	1.352
		女	2.20	1.583
	发帖总长度/字	男	179.4	146.318
		女	250.7	204.061
坚持	登录时间间隔标准差	男	1266.8	2662.95
		女	955.1	1921.4

续表

维度	指标	性别	均值	标准差
交互	给他人的回复总数	男	2.68	4.001
		女	5.87	8.362
	给他人的回复总长度/字	男	28.53	47.059
		女	97.11	162.600
	所发帖获得他人的回复总数	男	3.58	3.636
		女	5.56	3.960
	所发帖获得他人的回复总长度/字	男	46.79	45.442
		女	90.69	79.461
	所发帖获得他人的点赞总数	男	1.68	1.493
		女	2.39	2.069

表 5-6　男女教师行为独立样本 *t* 检验

项目		方差方程的 Levene 检验		均值方差的 *t* 检验						
		F	*p*	*t*	*df*	*p*（双侧）	均值差值	标准误差值	差分的 95%置信区间	
									下限	上限
所发帖获得他人的回复总长度	假设方差相等	5.608	0.021	−2.274	71	0.026	−43.896	19.303	−82.385	−5.407
	假设方差不相等			−2.922	55.67	0.005	−43.896	15.020	−73.989	−13.803

结果表明：①研修男教师与研修女教师在收到的回复字数上有显著差异。②女教师的参与行为均值、交互行为均值以及专注行为均值都比男教师高，坚持行为指标登录时间间隔标准差低于男教师。从总体上来看，女教师的行为投入度比男教师高。

3. 登录时间分析

学员登录时间如图 5-5 所示。从图 5-5 来看，周一至周五的工作日里，工作坊内的研修教师登录的次数分布较均匀，且显著多于周末，这证明大多数研修教师更倾向于在工作日时登录系统进行交互。

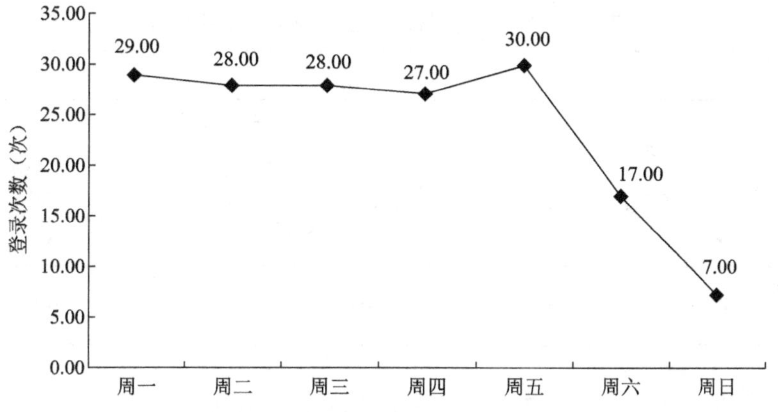

图 5-5　用户登录次数分布图

学员登录次数周分布图如图 5-6 所示。从图 5-6 来看，教师在讨论开始的第一周里登录次数较多，表明其积极性较高，第二周积极性逐渐降低，第三周积极性有些许回升，又随之降低。

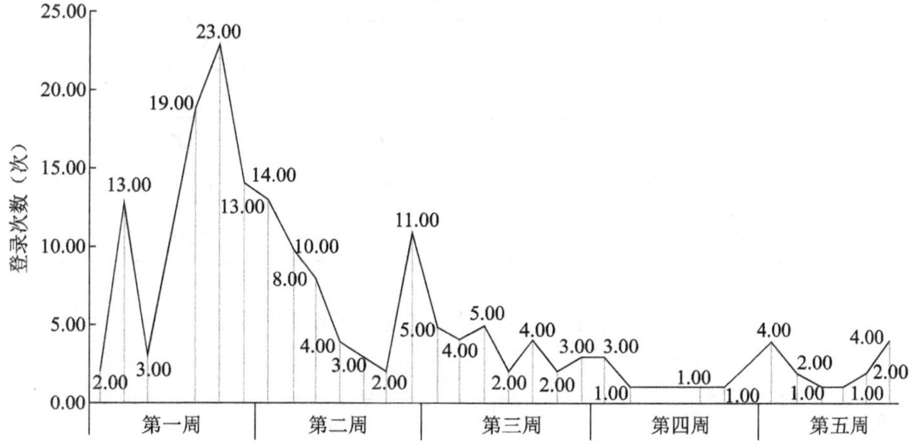

图 5-6　用户登录次数周分布图

4. 投入行为相关分析

（1）登录时间间隔标准差。将参与指标、专注指标、坚持指标、交互指标进行相关分析，结果显示，坚持指标的登录时间间隔标准差与学习者的参与、专注、交互都有关系，如表 5-7 所示。

表 5-7　坚持与参与、专注、交互的相关分析

坚持	参与			专注		交互				
	登录次数	登录总时长	资源提交数	发帖次数	发帖总长度	所发帖获得他人的回复总数	所发帖获得他人的回复总长度	所发帖获得他人的点赞总数	给他人的回复总数	给他人的回复总长度
登录时间间隔标准差	0.592**	0.524**	0.506**	0.480**	0.368**	0.432**	0.278**	0.486**	0.473**	0.310**

相关分析的结果表明，工作坊内教师的专注度（发帖次数、发帖总长度）与交互度（所发帖获得他人的回复总数、所发帖获得他人的回复总长度、给他人的回复总数、所发帖获得他人的点赞总数）相关。

（2）交互对专注度有重要影响。将交互度的各个指标作为自变量，对专注度中的发帖次数、发帖总长度分别进行回归分析，结果如表 5-8、表 5-9 所示。

表 5-8　交互对专注度中发帖次数的回归分析

交互指标	非标准化系数		标准化系数	t
	B	标准误差	B	
所发帖获得他人的回复总数	24.252	6.176	0.498	3.927**
所发帖获得他人的点赞总数	35.013	10.444	0.355	3.353**
给他人的回复总数	7.107	3.444	0.280	2.064*

表 5-9　交互对专注度中发帖总长度的回归分析

交互指标	非标准化系数		标准化系数	t
	B	标准误差	B	
所发帖获得他人的回复总数	0.238	0.045	0.619	5.3**
所发帖获得他人的点赞总数	0.257	0.076	0.330	3.380**
所发帖获得他人的回复总长度	−0.05	0.002	−0.232	−2.251*

回归分析的结果表明，交互会影响教师在论坛中的发帖行为。更具体地，所发帖获得他人的回复总数（p<0.01）、所发帖获得他人的点赞总数（p<0.01）、给他人的回复总数（p<0.05）能够预测教师的发帖次数。所发帖获得他人的回复总数（p<0.01）、所发帖获得他人的点赞总数（p<0.01），所发帖获得他人的回

复总长度（$p<0.05$）可以预测教师的发帖总长度。当学习者获得越多回复时，他就会发更多帖子，帖子长度也越长，专注度越高。

四、结果分析与讨论

（一）研修教师的行为投入度有待加强

研究表明，教师工作坊中，研修教师的登录次数较少，仅登录一次的教师占31.5%，整体参与度不高；教师的发帖次数较少，但发帖长度较长，专注度尚可；登录的间隔时间较长，坚持度一般；教师间的交互较少，并且交互内容单一，表达自己观点，能促进知识交换的回帖较少。笔者分析可能有以下几个原因：①用户因素：教师对研修主题不感兴趣；②工作坊内的成员仅在网络上交流，相互之间较为陌生，缺乏情感交流；③团队成员在工作坊的讨论交流没有强制要求，未将工作坊内的发帖数、回帖数等纳入评价体系，教师缺乏外在动机；④工作坊中有 73 位教师，但仅有一位坊主，因此坊主没有太多时间主动引导成员参与讨论交流。

依据描述统计发现，教师的回复数量高于发帖数量，这表明教师更愿意回复，赞同他人的帖子，而不是主动地发帖。我们分析这可能是由于回帖比发帖需花费的时间、精力少，因此，教师更多地选择回帖；在教师的回帖当中，表达自身观点的帖数占比约 35%，而约 65%的回帖仅限于对发帖者的观点表达赞同，并未主动与其探讨。这在一定程度上导致教师回帖数目多，但是回帖质量不高，知识共享与交流少。此外，结果表明研修教师的行为极大值和极小值相差较大，标准差较大，这表明教师间行为差距较大，部分教师比较积极，而部分教师比较懈怠，需要对其进行干预及引导。

依据研究结果，我们认为应从三方面改进，以提升研修教师的行为投入。①在评价维度上，平台需考虑学习者在交互平台的发帖和回帖数量，以提升学习者的外在动机，促进学习者的讨论交流。但是，不应仅依据回帖数量，也应重视回帖质量，以防部分学习者为了达标而发内容重复、单一、缺乏思考的帖子；②在平台功能上，平台需能自动计算学习者的回帖数和发帖数，计入评价维度。但为了避免部分学习者发大量重复内容的帖子，平台也应能剔除内容单一、无意义的帖子，从而促使学习者真正地从内容出发，提升讨论交流的深度；③对于部分投入不足的研修教师，坊主进行私下交流，在思想上鼓励他们更加积极地参与讨论。

（二）女性教师比男性教师交互积极性高

在教师工作坊中，女教师与男教师在所发帖获得他人的回复总长度这一指标上有显著差异，女教师所发帖获得他人的回复总长度均值较男教师高近一倍，这表明女教师所发帖更具吸引力，更能引发他人的讨论。并且，女教师的整体行为投入度比男教师高，这一研究结果与其他学者的结论一致。况姗芸采用问卷和访谈法调研发现，女性的交互积极性比男性高①。傅钢善等在研究中也发现女生的学习行为参与度比男生高②。分析认为在学习过程中，女生往往比男生更自觉、认真、努力，大多数女生会按照学习要求或教师建议积极参与网络学习，因此女性学习者比男性学习者的行为投入度高，且对外部调控的需求低于男性学习者。鉴于此，需对男教师着重干预，以提升其行为投入。

（三）研修教师登录时间具有规律

结果显示工作坊内的研修教师在工作日的登录次数较多，这表明大部分教师更倾向于在工作日时登录系统进行交流，不太愿意占用周末的时间。但也有研究表明，在线交互平台的学习者在周末的发帖显著多于工作日③。分析认为，这可能是由于角色不同所造成的，本书中的学习者在现实生活中的身份是教师，而其他不少研究中的学习者是学生，学生在周末会延续学习，而教师则希望放松休息。

研修教师在讨论开始的第一周积极性较高，第二周积极性逐渐降低，第三周积极性有些许回升，又随之降低。原因可能是研修教师在第一周参与讨论后就略微懈怠，认为自己已经完成任务，而到第三周又有部分研修教师重新登录参与讨论。

依据研修教师登录时间的规律，工作坊话题的发布应尽可能在工作日，以便研修教师有更多的时间参与讨论；在讨论开始的第一周和第三周，可以进行大量的资源推送，在积极性不高的其他时间段内进行相应的干预，从而改善学习积极性不高的现状。

（四）登录时间间隔的重要性

研究结果表明登录时间间隔与学习者的参与积极性、专注及同伴交互都有相关性，并且登录时间间隔对学习者的成绩有预测作用。因此，登录时间间隔对教师在工作坊内的学习行为是有很大影响的。这一结论与之前不少学者得出的结论

---

① 况姗芸. 课程论坛中交互行为的影响因素研究[C]//第十届全球华人计算机教育应用会议(GCCCE2006)论文集. 北京：第十届全球华人计算机教育应用会议，2006：267-272.

② 傅钢善，王改花. 基于数据挖掘的网络学习行为与学习效果研究[J]. 电化教育研究，2014（9）：53-57.

③ 罗丹，蒋国珍. 师生在线异步交互行为分析[J]. 中国远程教育，2008（7）：39-42.

一致。例如，Jo 等的研究发现登录时间间隔可以预测在线学习环境中的学习成果，登录时间间隔变量与登录时间、登录次数等变量不同，它能证明学习者的学习努力程度，也能证明学习者的学习意识。因此，在教师工作坊中，应该采取措施提高教师对工作坊讨论的坚持性、规律性①。

有不少研究认为教师的存在对学习者坚持有规律地学习有帮助。Garrison 等认为教师需要肯定学习者的个人贡献，形成团队意识，提供反馈②。Durrington 等认为教师对学习者的帖子做出更多的回应可以提高学习者的坚持性，例如，教师就学习者的发帖提出相关问题，同时，教师应选取与学习者兴趣、背景相符的讨论话题，以促进学习者的交互及讨论的坚持性③。

因此，在教师工作坊中，坊主的参与非常重要，需提高坊主的参与度。我们认为坊主应从三方面加强在教师工作坊内的参与度。①坊主对坊内成员的发帖要做出即时反馈，促进成员的学习理解，承认坊内成员对讨论交流做出的贡献；②可以通过对成员分组，使其形成团队，在团队意识的约束下，来促进知识分享；③坊主首先需了解坊内成员在教学上遇到的困难、障碍或是兴趣点，有针对性地选择讨论话题，来提高他们的参与动机。

（五）交互影响研修教师专注度

研究发现，同伴交互会影响教师工作坊中研修教师的发帖行为，在之前的不少研究中也有相同的结论：所发帖获得他人的回复总数、所发帖获得他人的点赞总数表明教师发的帖子在论坛中的受欢迎程度，来自他人的回复与关注使教师感受到被肯定，这能激励研修教师在论坛中发帖。Xie 在研究中也有相同的结论，交互是提升学习者专注度的有效策略④。

依据这一研究结论，在教师工作坊中，需鼓励、加强同伴间的交互。①坊主需向坊内成员解释同伴反馈的重要性，提高他们进行同伴反馈的意识；②需使坊内成员之间建立现实生活中的联系，更真实可信的关系可以促进他们在工作坊的讨论交流；③需设计恰当的开放性问题来提高成员对讨论的满意度、讨论兴趣等。

---

① Jo I H, Kim D, Yoon M. Constructing proxy variables to measure adult learners' time management strategies in LMS[J]. Educational Technology & Society, 2015, 18(3): 214-225.

② Garrison D R, Anderson T, Archer W. Critical inquiry in a text-based environment: Computer conferencing in higher education[J]. The Internet and Higher Education, 1999, 2(2/3): 87-105.

③ Durrington V A, Berryhill A, Swafford J. Strategies for enhancing student interactivity in an online environment[J]. College Teaching, 2006, 54(1): 190-193.

④ Xie K. What do the numbers say? The influence of motivation and peer feedback on students' behaviour in online discussions[J]. British Journal of Educational Technology, 2013, 44(2): 288-301.

第四节 教师工作坊中的知识共享行为分析[①]

教师工作坊作为网络研修社区的重要组成部分，有必要研究教师工作坊中的知识共享行为的形成机制与影响因素，进而探寻优化教师工作坊知识共享行为的措施。本书以能力提升工程中的一个典型教师工作坊为基础，聚焦教师工作坊中的知识共享行为，研究不同成员角色、社会网络位置的知识共享行为特征。

一、教师工作坊的知识共享相关研究

（一）知识共享相关研究

知识共享是知识管理理论的重要组成部分，是指组织内或组织间通过各种途径进行的知识交换与讨论，目的是扩大知识利用的价值[②]。学者们从不同的角度对知识共享的过程进行了研究，包括认知心理学、组织行为学、社会学、信息技术、经济学等各个视角，通过构建知识共享模型对知识共享过程进行综合研究。具有代表性的知识共享过程模型包括 SECI（socialization，社会化；externalization，外在化；combination，组合化；internalization，内隐化）模型、认知模型、通信模型等。SECI 模型从显性知识和隐性知识的角度从个人、团队、组织三个层面对知识进行分析，提出四种“知识创新”进程和四种“场”[③]。认知模型和通信模型将知识共享过程看作共享主体（发送者）和接收者之间的信息发送和接收过程[④]。

国内外学者运用案例分析、实验、实证研究、动态博弈分析等方法对知识共享过程进行了实证研究，采用理论和实证相结合的研究方法分析知识共享过程和影响因素，建立知识共享机制的演化博弈模型[⑤]。对于知识共享水平的衡量，目

---

① 本节内容选自：张思，刘清堂，朱姣姣，等. 基于社会网络的教师工作坊知识共享研究[J]. 现代远距离教育，2017（3）：77-84.

② 王伟军，官思发，李亚芳. 知识共享研究热点与前沿的可视化分析[J]. 图书情报知识，2012（1）：115-123.

③ 野中郁次郎，竹内弘高. 创造知识的企业：领先企业持续创新的动力[M]. 吴庆海，译. 北京：人民邮电出版社，2019：104-111.

④ 王兆祥. 知识转移过程的层次模型[J]. 中国管理科学，2006，14（3）：122-127.

⑤ 谈正达，王文平，谈英姿. 产业集群的知识共享机制的演化博弈分析[J]. 运筹与管理，2006（2）：56-59，64.

前的研究主要采用两种方法，一种是通过研究组织的绩效及其影响因素，间接研究知识共享的水平。如 Daradoumis 通过小组在线协作学习中的任务完成情况、小组活动效率和个体参与情况来分析知识共享水平①。另一种是研究知识共享的数量与质量。Koh 等利用网络日志对知识共享的水平进行量化衡量，通过对聊天、电子邮件的交互信息进行内容分析判断知识共享的质量②。向海华运用社区成员留下的网络日志、全文分析聊天内容和社区活动特征来研究知识共享活动特征③。知识共享影响因素研究通过网络行为分析、调查分析等探讨知识共享行为的影响因素，关注的是个体或群体的统计特性和规律，目标是为知识的推荐和系统优化提供帮助。

（二）基于社会网络分析的知识共享行为研究

随着网络技术的发展，以 BBS、QQ 等为代表的社交媒体成为新的学习和交流环境，虚拟社区中的知识共享成为研究热点。知识共享更关注和强调协同工作、群体智慧等在知识共享中的作用。从构建模型的角度，依据传统的学习理论设计的学习技术系统难以满足个体发展需要，祝智庭等提出了一种面向知识时代的学习技术系统框架——协同学习系统模型④。黄荣怀等研究了 CSCL 中的协同知识建构、协作学习过程⑤⑥。研究者从组织结构或人际关系出发，通过对交互关系网络的分析来研究知识共享活动的基本规律，形成了基于社会网络分析技术的知识共享研究范式。王陆应用内容分析法和社会网络分析法研究了教师在线实践社区中的知识建构⑦，社会网络位置与知识建构的关系⑧；张敏霞等研究了教师在线实践社区中的知识管理行为⑨。采用内容分析法对网络数据进行定量统计，从学术性支持、认知性支持、人际性支持三个方面对知识共享行为的影响因素进行分析⑩。Wasko 和 Faraj 等运用社会交换理论分析验证了实践社区中知识

① Daradoumis T. A layered framework for evaluation on-line collaborative learning interactions[J]. Human-Computer Studies, 2006, 64: 622-635.

② Koh J, Kim Y G. Knowledge sharing in virtual communities: An E-business perspective[J]. Expert Systems with Applications, 2004, 26(2): 155-166.

③ 向海华. 电子商务环境中虚拟社区的知识共享活动[J]. 情报杂志，2004（7）：75-76.

④ 祝智庭，王佑镁，顾小清. 协同学习：面向知识时代的学习技术系统框架[J]. 中国电化教育，2006（4）：5-9.

⑤ 刘黄玲子，黄荣怀. CSCL 中的交互研究[J]. 电化教育研究，2005（5）：9-13.

⑥ 余亮，黄荣怀. 活动理论视角下协作学习活动的基本要素[J]. 远程教育杂志，2014（1）：48-55.

⑦ 王陆. 虚拟学习社区社会网络位置与知识建构的关系研究[J]. 中国电化教育，2010（8）：18-23.

⑧ 王陆，张敏霞，杨卉. 教师在线实践社区（TOPIC）中教师策略性知识的发展与变化[J]. 远程教育杂志，2011（4）：27-32.

⑨ 张敏霞，刘霜. 教师在线实践社区中的知识管理行为研究[J]. 中国电化教育，2014（9）：120-125.

⑩ 刘学敏，孙崴，王陆. 中小学教师网络同侪互助组织知识共享行为研究[J]. 现代中小学教育，2014（9）：82-86.

所有权、社区利益、互惠、正面的社会行为、自愿参与对知识共享的影响[①]。

（三）教师工作坊中的知识共享行为研究

教师工作坊中的知识共享侧重于隐性知识共享，有两层含义：其一，教师工作坊中成员的发帖与回帖引起的知识分享、经验传递；其二，成员的经验或收获写成反思文档，提交到工作坊，其他成员又从工作坊中下载所需的文档。教师工作坊中的成员主要是中小学一线教师，工作坊组织结构清晰，成员间知识关系鲜明，教师工作坊中的知识共享与一般网络学习社区中的知识共享有显著差别[②]。研究教师工作坊中的知识共享行为特征、规律，对于优化教师网络研修行为、提升专家指导的针对性、学员研修效果具有重要意义。

二、研究设计

（一）研究方法

本书采用的研究方法包括社会网络分析法、内容分析法和统计分析法。社会网络分析的目的是探查和分析行动者之间的社会关系模式，本书采用社会网络分析法分析教师工作坊中的成员位置、网络密度、网络中心度等参数，识别出教师工作坊中的核心成员和边缘成员。内容分析法是对传播内容进行客观、系统和定量的描述的研究方法，本书采用内容分析法对教师工作坊中的评论帖、回复帖、上传资料等文本数据进行分析，研究核心成员、边缘成员知识共享的质量。统计分析法是对研究对象的规模、速度、范围、程度等数量关系进行分析研究，认识和揭示事物间的相互关系、变化规律和趋势，借以达到对事物的正确解释和预测的一种研究方法。本书采用统计分析法研究核心成员和边缘成员知识共享的数量，形成定量的结论。综合运用社会网络分析法、内容分析法和统计分析法能够发现教师工作坊的网络整体结构特征，人员之间的社会交互情况，又能对具体的内容和数量进行分析，从而获得并分析教师工作坊中不同成员角色的知识共享行为。

（二）研究数据

以“国培计划”（2014）某县参与全国中小学教师信息技术应用能力提升工

① Wasko M M, Faraj S. “It is what one does”: Why people participate and help others in electronic communities of practice[J]. The Journal of Strategic Information Systems, 2000, 9(2/3): 155-173.

② 李家黎，刘义兵. 教师信念的现实反思与建构发展[J]. 中国教育学刊，2010（8）：60-63.

程的教师为研究对象，选择其中的一个工作坊进行研究。该工作坊的成员包括 1 名坊主（辅导教师）和 50 名普通学员，工作坊的阶段是小学，工作坊属于数学学科，工作坊的主题是“小学数学平面图形的认识”，工作坊的起止时间是 2014 年 12 月 2 日到 2014 年 12 月 12 日，工作坊的研修模式为主题研讨。工作坊中成员积极参与讨论，并回复他人的评论，提交资料。

（三）数据收集与分析

教师工作坊的研修活动结束后，对工作坊的数据进行收集，将其中发帖和回复帖中的文本复制到 Excel 表格中，而提交的文件资料下载并保存到指定目录。待数据收集结束后，按照 Pajek 社会网络分析工具要求的格式进行数据创建，分析网络结构特征、中心性等，找出知识共享的核心成员和边缘成员；利用 Excel 软件的功能进行统计分析，统计核心成员和边缘成员的知识共享数量；因为教师共享到工作坊中的知识主要是反思性知识，因此采用 Sparks-Langer 等提出的教学反思思维框架对知识共享内容进行质量分析，了解教师工作坊中知识共享的质量特征。

三、数据统计及分析

（一）教师工作坊的社会网络分析

社会网络分析的目的是探索和分析行动者之间的社会关系模式，采用社群图来描述社会网络结构。运用 Pajek 软件对教师工作坊中的研修数据进行分析，得到教师工作坊的社群图和该社群图的若干结构参数（表 5-10）。

表 5-10　教师工作坊社群图的若干结构参数

结构参数	结构参数的含义	数值	本书中的含义
网络密度	是指简单网络中实际存在的连线数量与最大可能连线数量的比例。网络密度越高，说明社区成员之间的联系越紧密	0.063	教师工作坊中成员之间的联系较为稀疏，成员之间交互较少
点度中心度	是指简单网络中的顶点的度或连线的集中程度，是顶点在网络中的位置情况。一个成员的点度越高，与之关联的资源越多，此成员越居于网络中心位置	平均值 0.345	教师工作坊中各成员的顶点的度较低，集中性较低
接近中心度	以该顶点与其他所有顶点的距离的总和为基础，总距离越大，接近度越小。接近中心度表示行动者之间的紧密程度	平均值 0.338	教师工作坊中各成员之间的距离适中

续表

结构参数	结构参数的含义	数值	本书中的含义
中介中心度	是指网络中所有其他顶点之间的连线中，经过该顶点的连线所占的比例，表示一个顶点在多大程度上是其他节点的中介	平均值 0.0022	教师工作坊中基本不存在中介中心，说明成员之间的交互限于 2 人之间，而多人之间的反复交互较少，说明交互层次低

在该教师工作坊社会网络中，顶点的度大于等于 7 的成员共有 10 人，占工作坊成员总数的 19.6%。其中代表坊主的顶点位于社群图中心且半径最大，该顶点的出入度为该社会网络的最大值 19，坊主与其他成员之间的联系最多，主要是由于坊主是教师工作坊的实施者、引领者，学员学习的帮助者。依据社区成员之间的联系数，将社区成员分成核心成员、半核心成员和边缘成员三个类别，并从核心成员中选择互动较多的 10 名成员（为便于比较，选择除坊主之外的 10 名成员），从边缘成员中选择互动较少的 10 名成员作为研究对象，研究核心成员和边缘成员在知识共享行为上的特征和规律。

（二）核心成员与边缘成员的知识共享行为数量

在教师工作坊网络研修平台上，记录着研修成员的发帖、回帖、提交资源、反思总结等信息。为了对教师工作坊中不同位置的成员（核心成员和边缘成员）的知识共享行为进行比较，对 20 位社区成员参与教师工作坊的情况进行统计，收集成员在研修平台留下的记录和资料，记录和资料在数量上的差异能在一定程度上反映出社区成员知识共享行为的差异。

10 位核心成员登录研修平台的总次数达到了 293 人次，而 10 位边缘成员登录平台的次数仅为 25 人次。核心成员和边缘成员在教师工作坊中的知识共享行为以发帖和回帖为主，而且主要是发帖，对于其他行为，如提交资源和发表反思总结的数量较少。核心成员和边缘成员在知识共享行为的数量方面具有较大的差异，表现在每位核心成员均参与了发帖和回帖，而且发帖的数量均超过 5 个、回帖的数量均超过 2 个，每位核心成员都提交了资源，发表了反思总结，具有显著的知识共享行为特征。相比较而言，10 位边缘成员的知识共享行为特征不是很明显，有 2 位成员发帖的数量超过 5 个，1 位成员回帖的数量超过 2 个，3 位成员提交了研修资源，2 位成员发表了反思总结。

（三）核心成员与边缘成员的知识共享行为质量

在对核心成员和边缘成员知识共享的数量进行分析的基础上，为了进一步分析核心成员和边缘成员在知识共享行为方面的差异，对知识共享行为质量进行研究。教师工作坊中的知识主要是教师反思性知识，教师知识主要和教学法、教学情景相关，因而采用 Sparks-Langer 等提出的反思性知识分析框架（表 5-11），对教师工作坊中分享的知识进行编码分析①②。

在 Sparks-Langer 等提出的反思性知识分析框架中，由低到高的七级分别对应反思性知识的一个水平。其中，第 1 级为反思性知识表达的最低水平，行动者没有或不能用语言对教学实践内容及过程进行描述；第 2 级中行动者能用简单的话语对教学实践进行描述，如“教师工作坊对教师的成长很重要，有促进作用”；第 3 级行动者能用合适的词汇对教学实践进行表述，如“课堂活而不乱，突出重点、突破难点”；第 4 级行动者能给出自己认为合理的、传统的并带有个人偏好的解释，如“教学设计注重学生的主体地位，小组合作评价机制完善”；第 5 级行动者能依据原则或理论对教学实践进行合理表述，如“作文教学既要注意激发学生对生活的热爱，调动学生观察和练笔的积极性，打开思路，不拘形式自由表达，又要引导学生写熟悉的人、事、景、物时做到说真话，表达真情实感”；第 6 级行动者能在考虑教学背景因素的情况下，对教学事件采用合理的原则或理论进行解释，如“在整个教学过程，既有学生独立自主的探索活动，又有小组合作的探究活动；既有基础知识的学习，又有课本知识的发展和延伸，逐步培养学生应用数学方法推理归纳出数学知识的内在规律”；反思性知识分析的第 7 级是最高水平，达到批判性反思水平，行动者能在考虑伦理、道德、政治等因素的情况下对教学实践进行描述或评价，如“学生以自己的眼光和儿童的尺度欣赏别人的作品，淡化了成人的评价标准，有利于保护低年级学生的创造力和绘画兴趣”。

表 5-11　教师反思性知识分析框架

水平	描述
1	没有描述性语言
2	简单的、外行描述
3	标记有合适的词汇的事件
4	给出认为合理的、传统的、带有个人偏好的解释
5	给出认为合理的原则或理论的解释
6	用合理的原则或理论解释，并考虑背景因素
7	考虑了伦理、道德、政治等因素的解释

① Sparks-Langer G M, Simmons J M, Pasch M, et al. Reflective pedagogical thinking: How can we promote it and measure it?[J]. Journal of Teacher Education, 1990, 41(5): 23-32.

② 王陆. 教师在线实践社区中不同教师群体的反思水平研究[J]. 电化教育研究，2012（5）：98-102.

采用以上反思性知识分析编码框架对 10 位核心成员和 10 位边缘成员发表的评论帖进行内容分析。由两位研究生对评论帖和反思文档进行编码，两位编码人员之间的一致性系数使用 Cohen's kappa 统计系数①。经过简单的培训和预试后，两位编码者之间的一致性系数为 0.55，达到比较好的水平。两位编码者的编码结果如图 5-7 所示。核心成员和边缘成员发表的评论帖既呈现共同的特征，又呈现一定的差异。共同特征表现在，教师工作坊中成员发帖的质量普遍处于反思性思维的第 2 级和第 3 级，很少有评论帖的质量能达到第 6 级、第 7 级。差异特征表现在，在低级反思水平阶段（第 2 级、第 3 级），核心成员和边缘成员的知识共享质量呈现较大差异，核心成员发表的评论帖达到第 2 级、第 3 级反思水平的数量有 5 个以上，而边缘成员的数量不超过 3 个；在中间级别（第 4 级、第 5 级）水平，核心成员的评论帖数量高于边缘成员；在反思性知识分析的最高水平（第 6 级、第 7 级），核心成员的评论帖偶尔能达到这个水平，10 个核心成员的平均数量在 1 个以下，而边缘成员的评论帖中几乎没能达到。

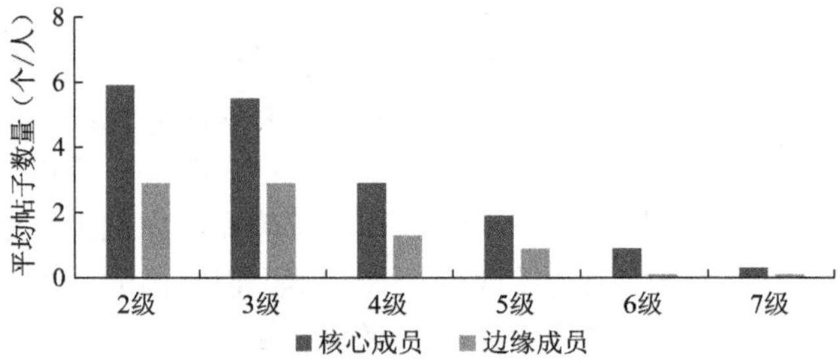

图 5-7 核心成员和边缘成员知识共享质量比较

（四）核心成员的典型知识共享行为

在教师工作坊社会网络中，处于中心位置的核心成员具有一定的声望，并对其他成员研修产生一定的影响，核心成员的知识共享行为具有一定的典型性。10 位核心成员的知识共享数量和质量如图 5-8 所示。从图 5-8 可以看出，10 位核心成员的发帖数量均超过 5 个，3 位核心成员（编号为 T1、T3、T6）的发帖数量超过了 15 个。从知识共享的数量来看，10 位核心成员又可以分为两大类别：知识共享数量较多的一类，编号为 T1、T3、T6 的教师；知识共享数量较少的一类，编号为 T2、T4、T5、T7、T8、T9、T10 的教师。

① Cohen J. A coefficient of agreement for nominal scales[J]. Educational and Psychological Measurement, 1960, 20: 37-46.

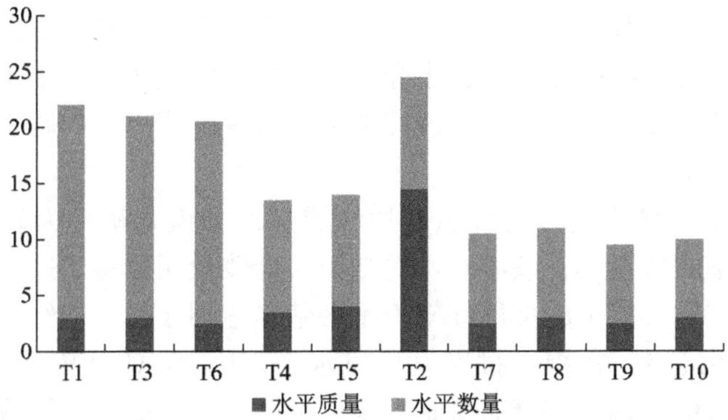

图 5-8 核心成员的典型知识分享行为

在对核心成员的知识共享行为进行数量和质量分析后，又挑选了教师工作坊中的三位成员（第一位是坊主；第二位成员编号为 T3，是具有 17 年教龄的小学数学教师；第三位成员编号为 T7，是与 T3 同在一个学校的数学教师，具有 21 年教龄）进行访谈，进一步了解教师在研修过程中的线上、线下知识共享行为特征。经过对教师访谈资料的整理并与教师培训人员进行沟通，发现教师工作坊中的知识管理行为具有如下典型特征：教师知识共享的内容包括研修主题、教师工作坊研修的技术与方法、课堂教学观察的方法、信息技术应用知识等；教师知识共享的行为包括校内教研组教师之间的经验分享，校内教研组教师基于教师工作坊的交互、校内教师基于课堂观摩的交互、校际同学科教师基于教师工作坊平台的交互、工作坊内成员与坊主之间的交互等。教师工作坊为校内、校间同学科教师之间的交互提供了一个良好的平台，促进校内、校间经验、资料的共享。

四、研究结论

由于网络研修与校本研修整合式培训刚刚实施，教师工作坊的研究还处于起步阶段，在设计教师工作坊研修模式的基础上，深入研究教师工作坊中的知识共享行为特征和规律，进而探寻提高教师工作坊研修质量的措施。本书以全国中小学教师信息技术应用能力提升工程中的教师工作坊为研究对象，采用社会网络分析法、内容分析法、统计分析法研究教师工作坊中的知识共享行为，重点研究了核心成员和边缘成员的知识共享行为数量和质量。研究结论如下。

（1）本书选取的教师工作坊通过社区成员之间的互动形成了一种稀疏的社会网络结构，而且是一种典型的核心-边缘结构，核心成员主要由坊主、部分骨干教师组成，在教师工作坊网络中占据了核心位置，而且核心成员的顶点的度明显高于其他成员，在教师工作坊中具有一定的声望和影响。教师工作坊的网络密度较低，社区成员之间的交互较少，中介中心度的数值表明社区成员之间的交互是简单的两两交互，而且一次交互完成即结束，没有围绕一个问题进行多轮的反复交互，交互的层次较低。

（2）教师工作坊中的核心成员和边缘成员的知识共享行为表现出较大的差异。在知识共享的数量上，核心成员的知识共享数量明显多于边缘成员；在知识共享的质量上，核心成员的反思性知识水平基本达到 4 级（能给出合理的解释的水平），极少数达到 7 级（批判性反思水平，能考虑伦理、道德、政治等因素），而边缘成员的知识共享质量基本是在第 2、第 3 级，边缘成员能对教师工作坊中的研修主题发表一些简单的评论，或者能使用一些术语对研修主题发表一些经验判断。

（3）核心成员的知识共享行为具有典型特征，具体表现在：发表的评论帖较多，平均在 5 个以上，能及时对他人发表的评论帖进行回复，积极提交研修资源和撰写研修反思总结。在教师工作坊中出现的高质量反思性知识，主要由核心成员分享。核心成员能以多种方式与校内、校外不同群体教师进行多种类型的知识共享，如发表评论、回复评论帖、提交资源、参与课堂观摩与点评、自我反思等方式。

第五节　教师工作坊中协作知识建构的社会网络分析①

教师工作坊的目标是为教师提供教学策略、教学技能和实践等服务支持②，其主题研修活动有着协作知识建构的本质，强调思想、观点、认知的持续共享、协商和改进过程，通过这样一种过程完成知识的传递和技能的传授③。随着各种交互活动的开展，成员的社会交互关系呈动态变化，从而呈现出不同的社会交互特征。社会网络理论将社会结构比作一张人际关系网络，知识和信息通过网络在学

① 本节内容选自：刘清堂，张妮，朱姣姣. 教师工作坊中协作知识建构的社会网络分析[J]. 中国远程教育，2018（11）：61-69，80.

② Shankar R, Orion N, King C, et al. Teacher training workshops in India—A report[J]. Journal of the Geological Society of India, 2017, 89(2): 217-219.

③ Hill A G, Srinivasa S, Hawken S J, et al. Impact of a resident-as-teacher workshop on teaching behavior of interns and learning outcomes of medical students[J]. Journal of Graduate Medical Education, 2012, 4(1): 34-41.

习群体中流通，达到知识和信息共享的目的，为学习群体协作知识建构的发生提供条件。本书基于协作知识建构的本质，通过社会网络分析法对教师工作坊中协作知识建构成员的交互特征进行可视化，探讨网络中成员的协作知识建构行为，指导共同体中各角色成员有效开展研修活动。

一、协作知识建构及其相关研究

（一）协作知识建构

国外学者对协作知识建构的研究主要分为两个方面，一方面是内涵界定，另一方面是过程模型。Bereiter 和 Scardamalia 认为，知识建构是学习团体中一个持续的观点改进的过程，学习者对集体知识的进步有责任感，知识建构关注知识创新的过程[①]。赵建华强调了认知水平的提升，认为知识建构是学习者在任务驱动下，通过学习社区进行交流，生产公共智慧并达到认知的升华[②]。

随着对协作知识建构研究的深入，国外学者提出了协作知识建构的基本过程模型。Gunawardena 从社会建构主义角度出发，按照“信息共享—信息比较—协商建构—检验修改—应用”的顺序提出了知识建构的五个阶段[③]。美国学者 Stahl 基于社会建构主义对学习的解释，进一步提出了协作知识建构过程模型，描述了协作知识建构的重要阶段以及个体认知与社会性知识建构的关系[④]。国内大多数协作知识建构研究是在国外学者观点的基础上进行的修改完善。除了对协作知识建构的过程模型理论的阐述外，主要集中在以下内容：协作知识建构模式的探讨、影响因素研究、策略研究、基于内容分析和交互分析的评价研究。霍秀爽构建了 QQ 群教学研讨活动中协作知识建构分析体系，从话题空间、社会关系和过程模式三个维度进行了实证分析和策略探讨[⑤]；刘黄玲子等从交互的角度探讨了 CSCL 中的协作知识建构，通过分析成员个体和小组的关系网络形成、互动网络结构特征、知识结构变化等，进行了协作知识建构水平

① Scardamalia M, Bereiter C. 2003. Knowledge Building[M]. *In* Encyclopedia of Education(2nd ed.). New York: Macmillan Reference, USA, 2003: 1370-1373.

② 赵建华. 知识建构的原理和方法[J]. 电化教育研究，2007（5）：9-15.

③ Gunawardena C N. Social presence theory and implications for interaction and collaborative learning in computer conferences[J]. International Journal of Educational Telecommunications, 1995, 1: 147-166.

④ Stahl G. A model of collaborative knowledge-building[C]. *In* Fourth International Conference of the Learning Sciences, 2000: 70-77.

⑤ 霍秀爽. QQ 群环境下促进教学研讨中协同知识建构的策略研究：从交互分析的视角出发[D]. 西北师范大学硕士学位论文，2013.

的评估[①]。

本书中的协作知识建构是指教师工作坊中研修教师为解决某一个实践中的真实问题而形成学习共同体，以同侪互助策略为基础，针对这一问题形成主题，进行交流讨论，不断分享和改进观点，形成新的观点再应用到实践教学中的过程。

（二）社会网络分析

社会网络分析是一种建立在人类学、心理学、社会学、图论、概率论和统计学等学科基础上的社会科学定量研究方法[②]，它关注行动者及其关系形成的网络结构，不同的网络结构对行动者和整个群体产生不同的影响，分别从宏观、中观、微观分析整体网络、网络内部子结构以及某个行动者在网络中的个体特性，以社群图（sociogram）和社群矩阵（social matrix）对互动关系网络进行可视化和量化分析。社会网络分析法的分析对象是动态关系型数据，即两个或两个以上社会成员（行动者）之间的互动及其关系，关注个体间的关系而非个体本身，根据网络边缘的界定不同划分为整体网络（whole networks）分析和自我中心网络（ego-centered networks）分析两种类型。

Xie 等学者使用社会网络分析技术来分析同伴主持对异步网络课堂中社交网络角色分配的影响[③]；胡勇等从凝聚子群、角色和中心性角度对异步学习网络群体的互动特点进行研究[④]；陈玲等从网络结构图、中心性、凝聚子群、派系分析了教师区域网络协同备课互动网络中的教师群体和个人层次的参与特点及协同知识构建情况[⑤]；李文昊和祝智庭构建了班级网络结构分析框架，从整体网络和小团体两个层面探究了传统课堂教学过程中的师生互动关系[⑥]；陈雪芬测量和分析了实际班级协作学习过程中的互动网络基本指标，探究协作学习过程中学习者交互的影响因素[⑦]。

通过对已有文献的梳理发现，教师工作坊以同侪互助策略为基础开展活动，强调协作关系在知识建构中的作用，工作坊中的协作知识建构过程是一个

---

① 刘黄玲子，朱伶俐，陈义勤，等. 基于交互分析的协同知识建构的研究[J]. 开放教育研究，2005（2）：31-37.

② 罗家德. 社会网络分析讲义[M]. 北京：社会科学文献出版社，2009：1-45.

③ Xie K, Yu C, Bradshaw A C. Impacts of role assignment and participation in asynchronous discussions in college-level online classes[J]. Internet & Higher Education, 2014, 20(1): 10-19.

④ 胡勇，王陆. 异步网络协作学习中知识建构的内容分析和社会网络分析[J]. 电化教育研究，2006（11）：30-35.

⑤ 陈玲，王冰洁，刘禹. 教师区域网络协同备课中的社会网络分析[J]. 远程教育杂志，2013（3）：17-23.

⑥ 李文昊，祝智庭. 班级社会网络分析：一种观察课堂学习的新技术[J]. 中国电化教育，2009（6）：10-13.

⑦ 陈雪芬. 基于项目的协作学习互动网络分析[J]. 远程教育杂志，2015（1）：80-86.

动态过程，成员的加入、退出和发言等各种交互行为都会对工作坊的社会网络产生一定的影响。然而，教师工作坊中的协作知识建构过程还缺乏深入、全面的社会网络分析，协作知识建构的社会网络特征尚未明晰。因此，本书以某省教师工作坊主题研修活动为例，提取教师工作坊中协作知识建构的交互数据，根据社会网络分析指标进行测量和可视化，从整体和子群两个角度分析教师工作坊活动中协作知识建构的社会交互特征，指导共同体中各角色成员有效开展研修活动。

二、研究设计

（一）研究对象

本书选取某省某小学语文教研组的“齐心协力”工作坊中参与“怎样上好枯燥无味的拼音教学”主题研修活动的 91 名教师作为研究对象，其中有 1 名坊主、2 名组长、88 名成员教师。教师的年龄范围是 21—43 岁，平均年龄为 26 岁；男教师 31 名（34%），女教师 60 名（66%）。

（二）研究过程与方法

教师工作坊活动由研修教师组成的学习共同体教师通过网络平台进行异步互动完成，依据 Stahl 的知识建构模型①，教师协作知识建构的具体过程如下：首先，由坊主发起“怎样上好枯燥无味的拼音教学”的主题研修活动；其次，成员教师针对该主题在线下查找资源，在线上积极发表个人见解，对他人观点予以反馈，组织已有概念或想法以形成新的见解；接着，辅导教师分析、比较已有观点并发表自己的见解，帮助成员教师概括总结以对已有知识达成共同理解；最后，坊主组织所有共同体成员参与讨论，进行个人反思，最终完成协作知识建构。教师工作坊各成员在主题活动开展过程中形成了复杂的互动网络，通过交流、共享和协作，完成知识建构。因此，对教师工作坊中协作知识建构进行社会网络分析，能够发现整个活动中成员的互动活跃度，以及各角色在网络中是否完成了预定的分工任务，进而促进成员之间的协作知识建构。

本书从整体网络和小团体两个层面对教师工作坊活动中的互动网络结构进行剖析，主要通过网络基本属性、中心性、凝聚子群、核心–边缘结构几个指标进行可视化与量化分析，分析思路如图 5-9 所示。

① Stahl G. A model of collaborative knowledge-building[C]. *In* Fourth International Conference of the Learning Sciences, 2000: 70-77.

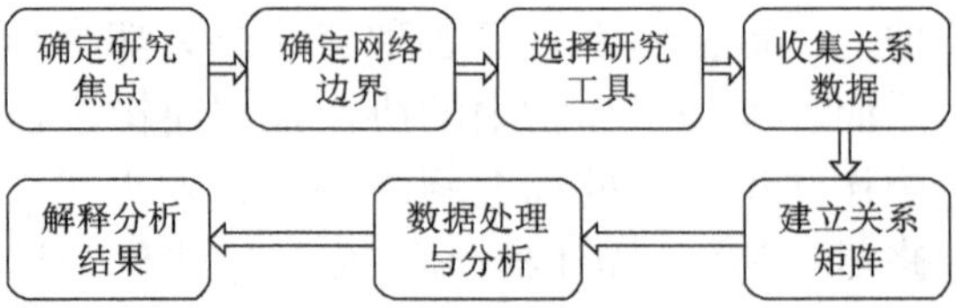

图 5-9 教师工作坊活动协作知识建构社会性特征分析思路

本书分析思路包括七个部分：确定研究焦点、确定网络边界、选择研究工具、收集关系数据、建立关系矩阵、数据处理与分析、解释分析结果。确定研究焦点也就是确定社会网络分析指标，本书的分析指标是网络基本属性、中心性、凝聚子群、核心-边缘结构等四个指标；确定网络边界就是选择分析的样本范围，根据成员互动关系从教师工作坊活动中收集关系数据，把互动行为的发出者定位为“行”元素，把互动行为的接收者定位为“列”元素，建立关系矩阵，选择 Ucinet 6.2 进行数据处理和分析，最后结合社会网络分析理论对结果进行解释分析。

（三）数据收集

社会性特征分析的对象是互动关系数据，包括属性数据、关系数据和方向数据三类数据的收集。从教师工作坊平台的讨论区里根据教师发帖及回复情况提取数据，并进行分类。属性数据包括姓名、身份等，采用隶属关系矩阵进行记录；关系数据、方向数据在平台中是通过回帖互动形成的，采用二值矩阵进行记录，矩阵的“行”是关系的发出者，“列”是关系的接收者，0 表示没有互动，1 表示有互动；为了方便记录和数据分析叙述，给成员进行编码：坊主为 WT，组长为 AT*i*（*i*=1, 2），组员为 T*i*（*i*=1, 2, 3, …），二值矩阵中的成员以编码形式记录，以形成方向数据。由于教师工作坊活动中发出的首帖都是针对主题发出的，不应该考虑在互动网络内，所以在收集数据过程中去除首帖。

三、数据统计及结果分析

（一）网络基本属性

确定网络基本属性是社会网络分析的前期工作，对成员交互的可视化效果起到关键作用。用 Ucinet 6.2 软件绘制出教师工作坊“怎样上好枯燥无味的拼音教学”主题研修活动的社群图（图 5-10），测量得到的网络基本属性特征（表 5-12），包括节点数、连接数、网络密度、聚类系数、平均距离、传递性、互惠性 7 个变量，由此得出以下结论。

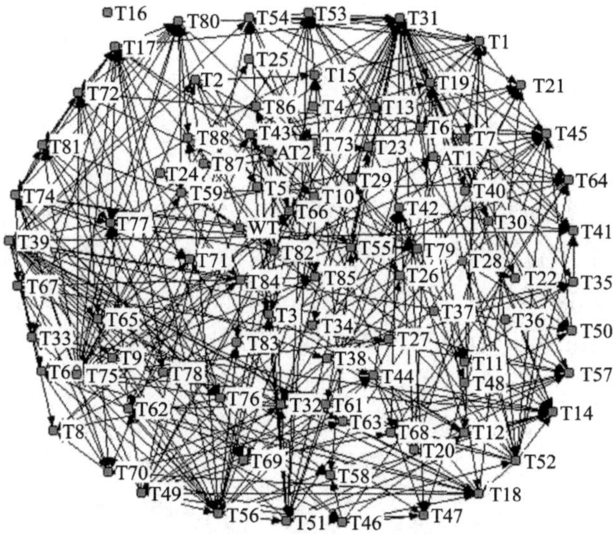

图 5-10 教师工作坊活动社群图

表 5-12 主题研修活动网络基本属性特征

序号	属性	属性值
1	节点数	91
2	连接数	374
3	网络密度	0.046
4	聚类系数	0.152
5	平均距离	3.268
6	传递性	0.205
7	互惠性	0.094

（1）该网络为稀疏网络。由 91 位成员形成 374 个连接，平均每个成员只有 4.1 个连接；网络密度为 0.046，即网络中只有 4.6%的连接。

（2）网络的凝聚力低。测量得到网络的聚类系数为 0.152，即网络中稳定的三元组数目只有 15.2%；平均距离为 3.268，平均两个成员需要通过 3 个人才可以联通。

（3）网络互惠性低。测量得到网络的互惠性为 0.094，也就是说网络中只存在 9.4%的双向连接关系，即单方面发起的关系得到的回应少，形成的对话少。

（4）网络中存在孤立点。从社群图中可以看到成员 T16 没有与其他成员形成连接，孤立存在于网络中，也就是说该成员在教师工作坊活动中仅仅参与了坊主发起的活动，却并没有参与真正的讨论，对协作知识建构没有做出贡献，同时也不具有资源控制权。

（二）中心性

1. 点度中心度

点度中心度指行动者在某一网络中所拥有连接的数目，刻画行动者的局部中心指数，测量网络中行动者自身的交往能力。图 5-11 是教师工作坊社会网络点度中心度可视化社群图，表 5-13 展示了部分成员的点度中心度值，包括点入度中心度和点出度中心度，节点越大表明成员的中心性越高。

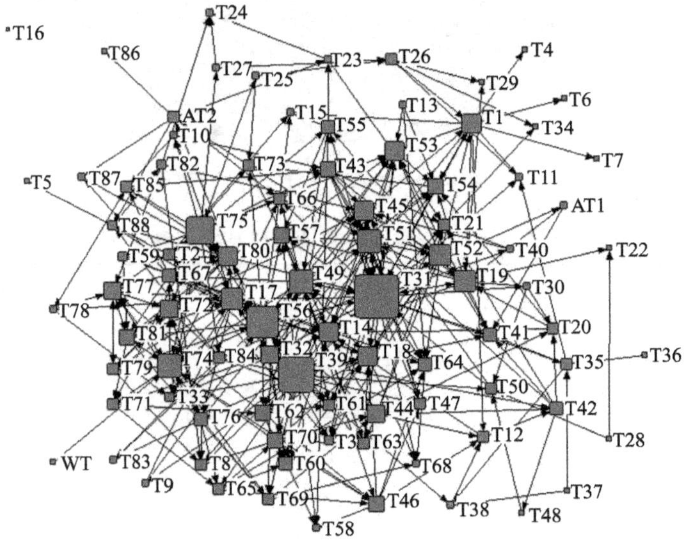

图 5-11 教师工作坊社会网络点度中心度可视化社群图

表 5-13 教师工作坊社会网络部分成员点度中心度值

成员编号	点入度中心度	点出度中心度
T31	0.133	0.300
T39	0.033	0.277
T56	0.067	0.211
T75	0.044	0.200
T49	0.089	0.156
T52	0.033	0.133
T17	0.089	0.111
WT	0.000	0.011
AT1	0.011	0.022
AT2	0.022	0.056

结合图 5-11 和表 5-13 及其他测量结果，具体分析如下。

（1）坊主 WT 的点入度中心度为 0，点出度中心度为 0.011，坊主在整个教师工作坊活动过程中没有收到其他成员发起的消息，仅仅发出很少量的关系，处于最不活跃人群中。

（2）组长 AT1 和 AT2 的点入度中心度、点出度中心度分别为 0.011，0.022 和 0.022，0.056，发出和接收少量关系，交互能力低，同样处于不活跃人群中。

（3）成员 T31 处在社群图最核心的位置，网络中点入度中心度（0.133）和点出度中心度（0.300）均为所有成员中的最高值，是网络中的权力核心；T39、T56、T75、T49 等成员均在高点度中心度人群中，处于网络中心位置，是最活跃人群。

（4）网络群体中心度分别为 0.100（入度）和 0.257（出度），中心势低，也就是说权力没有过分集中，网络中的核心人员较多，他们在不同程度上控制较多的资源，主动性明显。

2. 中介中心度

中介中心度指的是一个节点担任其他两个节点之间最短路径桥梁的次数，充当“中介”的次数越多，它的中介中心度就越高。通过测量得到，教师工作坊社会网络的群体中介中心势为 0.213，中介中心度最高为 0.228，最低为 0，平均值为 0.178。图 5-12 是教师工作坊社会网络中介中心度可视化社群图，基本轮廓和点度中心度社群图（图 5-11）基本一样，节点越大其中介中心度越高，表 5-14 展示了部分成员的中介中心度值。具体分析如下。

表 5-14　教师工作坊社会网络部分成员中介中心度

成员编号	中介中心度
T31	0.228
T39	0.081
T56	0.071
T1	0.068
T75	0.068
T19	0.066
T45	0.065
WT	0.000
AT1	0.007
AT2	0.017

（1）坊主 WT 的中介中心度为 0，不控制任何行动者，对网络形成不具有控制力。

（2）AT1 和 AT2 的中介中心度分别为 0.007 和 0.017，与平均值（0.178）相差大，对网络的控制力低下。

（3）成员 T31 处在社群图最核心的位置，以 0.228 的中介中心度位居第一，是网络中控制能力最强的成员，具有引导和控制其他行动者交互的能力。

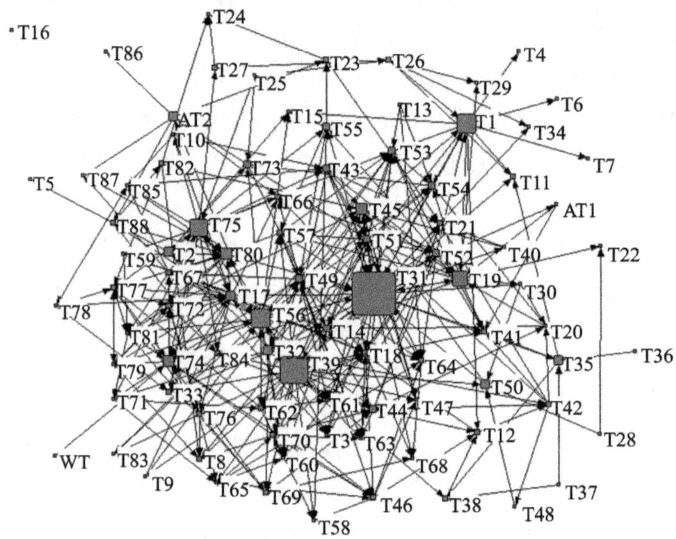

图 5-12　教师工作坊社会网络中介中心度可视化社群图

（4）除了成员 T31 外，T39、T56、T1、T75 等成员的中介中心度也较高，具有较强的交互能力。他们很可能是网络中的桥节点，连接网络中的子群。

通过分析教师工作坊社会网络的点度中心度和中介中心度可知，坊主和组长的网络中心度很低，他们作为专家、辅导教师，自身交互水平和对其他成员的控制能力低下，未能对活动起到很好的引领和辅导作用。成员 T31 的点度中心度和中介中心度都高出其他成员很多，位居第一，说明他具备较高的交互水平和较强的控制其他成员的能力，在活动中充当了引导者的角色，对社交网络的形成起着重要作用。成员 T39、T56、T75 是除了 T31 之外的中心度很高的成员，他们和 T31 同样充当了引导者角色。当然，点度中心度和中介中心度较高的成员这两个变量的名次不太一样，说明点度中心度高的成员中介中心度不一定高，同时，中介中心度高的成员点度中心度也不一定高，两者不是严格的正比例对应关系。可见，自身交互水平高的成员不一定能够控制其他成员的交互，而控制能力强的成员也不一定有很强的交互能力。

（三）凝聚子群

当网络中某些行动者之间的关系特别紧密，以至于结合成一个小团体时，这样的团体在社会网络分析中被称为凝聚子群。社会网络分析的重要内容是探索网络中可能存在的凝聚子群①，较为正式的名称是“派系”（cliques）。从图 5-11 和图 5-12 的社群图可以看出，该网络中存在孤立点 T16。孤立点不存在于任何小团体，在凝聚子群分析时孤立点的存在会导致子群间交互密度测量结果的偏差。因此，在做凝聚子群分析时要去掉孤立点数据。图 5-13 得到了教师工作坊社会网络的子群分布图，整个社交网络共分为 8 个子群，各个子群所包含的成员个数和分布见表 5-15。

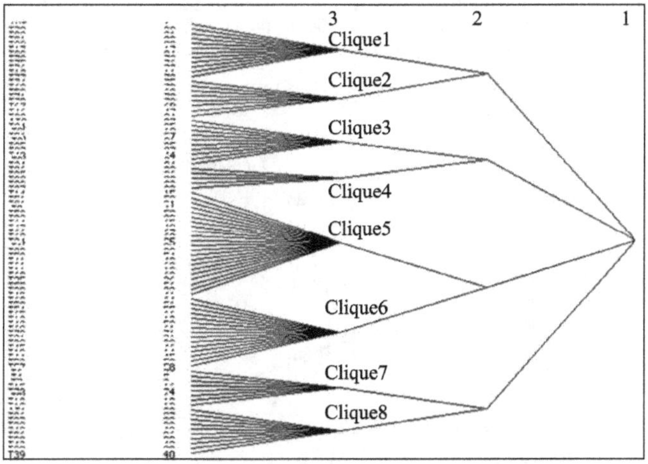

图 5-13　教师工作坊社会网络的子群分布图

表 5-15　各子群包含成员个数和分布

子群	成员个数	成员分布
Clique1	12	WT，T79，T80，T81，T82，T17，T33，T78，T75，T76，T10，T77
Clique2	8	T74，T69，T59，T71，T72，T67，T46，T83
Clique3	10	AT2，T84，T9，T56，T2，T25，T27，T43，T8，T24
Clique4	5	T86，T85，T88，T23，T87
Clique5	22	T14，T51，T21，T3，T52，T29，T64，T47，T66，T62，T34，T1，T30，T53，T41，T61，T11，T68，T35，T55，T32，T40
Clique6	15	T63，T50，T54，T65，T18，T49，T60，T70，T31，T38，T45，T13，T44，T58，T57
Clique7	8	T6，T4，T7，T15，T73，T5，T19，T12
Clique8	10	AT1，T36，T37，T28，T48，T26，T20，T42，T22，T39

① 唐金根，邓辉剑，李豪，等. 体育教师工作坊成员学习交互行为的社会网络分析[J]. 体育研究与教育，2020，35（4）：45-49.

图 5-14 是测量得到的子群密度矩阵，利用 α-密度指标法，以网络平均密度 0.046（在测量网络基本属性时获取）为临界值建立二值矩阵，大于平均密度值的置为 1，否则置为 0，绘制子群间交互网络图，如图 5-15 所示。

	1	2	3	4	5	6	7	8
1	0.212	0.219	0.100	0.067	0.011	0.017	0.000	0.000
2	0.094	0.089	0.013	0.050	0.034	0.058	0.016	0.000
3	0.033	0.050	0.022	0.120	0.059	0.053	0.087	0.030
4	0.067	0.000	0.040	0.000	0.009	0.000	0.000	0.000
5	0.008	0.017	0.018	0.009	0.052	0.061	0.051	0.018
6	0.011	0.058	0.020	0.000	0.133	0.133	0.042	0.020
7	0.000	0.000	0.013	0.000	0.045	0.025	0.000	0.025
8	0.025	0.013	0.050	0.000	0.064	0.113	0.025	0.033

图 5-14　教师工作坊社会网络子群密度矩阵

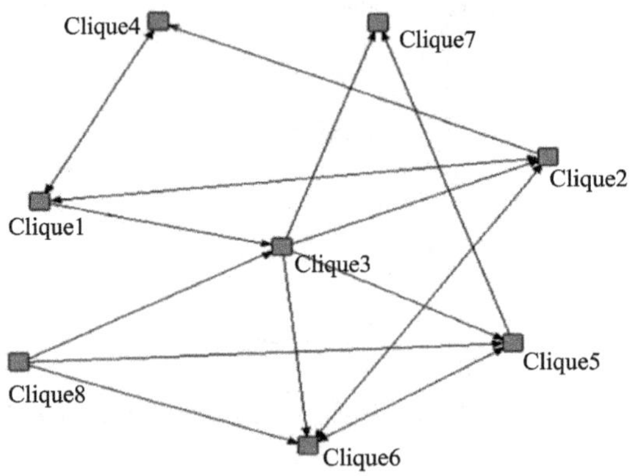

图 5-15　教师工作坊社会网络子群间交互网络图

根据子群密度矩阵和子群间交互网络图，具体分析如下。

（1）子群 3 处于经纪人位置。子群 3 的关系最多，接收到 2 个关系并发出 4 个关系，处于子群交互网络中的核心，在网络中处于经纪人位置，扮演“联络人”的角色，连通了子群 1、子群 8 与子群 2、子群 5、子群 6、子群 7，使得资源能够在整个网络内流通。但其内部成员间的交互密度较低，为 0.022，比网络平均密度（0.046）低。

（2）子群 8 处于发送型位置。子群 8 只向外发出信息，没有收到其他子群发出的信息，处于发送型位置，其内部成员间交互密度为 0.033，比网络平均密度（0.046）低，说明子群内部成员虽然有交互但是不是很活跃。

（3）子群 4 和子群 7 处于接收型位置。从子群密度矩阵可以看到子群 4 和子群 7 的内部成员间交互密度为 0，只接收其他子群发送的信息，说明子群 4 和子群 7 内部成员非常被动。

（4）子群 1、子群 2、子群 5 和子群 6 处于首属位置。这四个子群的密度都高于网络平均密度（0.046），说明子群内部成员交互活跃，子群的凝聚力强。他们既向外发送信息也接收其他子群发送的信息。中心度高的成员 T17、T31、T75 等分别在这 4 个子群中，是网络中的意见领袖。

（5）互惠关系多。从交互网络图可以看到 8 个子群形成了 18 条关系，其中子群 1 和子群 2、子群 1 和子群 4、子群 2 和子群 6、子群 5 和子群 6 之间的是双向互惠关系，互相发送并接收信息；同时子群 1、子群 2 和子群 6 形成层级关系。

（四）核心–边缘结构

核心–边缘结构可以把群体成员分为两大类：一类是相互间具有紧密联系的核心群体，其成员属于核心人物；另一类是相互间缺少或者很少联系的边缘群体，其成员属于边缘人物；有些研究也把一些介于这两类群体之间的成员称为半边缘人物。对教师工作坊社交网络进行核心–边缘结构分析，得出结构模型如表 5-16 所示。

表 5-16 教师工作坊核心–边缘结构模型

分类	成员数	成员名单
核心人物	6	T31，T39，T56，T49，T45，T51
半边缘人物	16	T17，T75，T32，T74，T80，T19，T57，T18，T53，T81，T43，T52，T77，T62，T55，T54
边缘人物	69	T63，T67，T76，T72，T14，T61，T2，T60，T70，T1，T64，T50，T79，T71，T41，T3，T44， T47，T66，T69，T46，T10，T58，T85，T30，T33，T73，T84，T21，T59，T8，T86，T36， T65，T9，T25，T15，T5，T28，T7，T42，T23，T26，AT1，T48，T12，T22，T29，WT，T13， T40，T87，T6，T16，T24，T38，T88，T68，T4，T35，T37，T83，T78，T11，T27，T82，AT2，T20，T34

通过核心–边缘结构分析发现：

（1）核心人物有 6 位成员，其中有 3 位中心度较高的成员 T31、T39、T56，其中 T31 是发帖量最多的成员，并得到了其他成员的积极回帖，因此成为点度中心度和中介中心度最高的成员，T39、T56 这两位成员的点度中心度和中介中心度也较高，说明他们也是活动最积极的成员之一。另外，成员 T49、T45、T51 的中心度并不是很高，但也是核心人物，凝聚子群分析结果表明，他们是网络中合群程度最高的人群，均处在交互密度最高的子群，都高于网络平均密度（0.046），既向外发送消息也接收其他子群发送的消息。为了进一步验证这 6 位成员的核心地位，利用卡兹（Katz）系数计算这 6 名成员的影响力，得到核心成员影响指数，如表 5-17 所示。

表 5-17　核心成员卡兹影响指数

成员	Row S	Col S
T31	0.036	0.016
T39	0.034	0.004
T56	0.026	0.008
T49	0.019	0.011
T45	0.011	0.011
T51	0.014	0.009

例如，T31 对所有其他成员的影响指数总和为 0.036，而他受到的全部影响指数总和为 0.016，总影响力位居所有成员第一名，其他 5 名成员的影响力也名列前茅，这与核心–边缘结构分析结果一致。可见，这些成员虽然没有被赋予坊主或组长的角色，但他们积极参与活动，和其他成员进行频繁的思想交流和互动，成为社交网络的核心人物。

（2）半边缘人物有 16 位成员，他们同时受到核心人物和边缘人物的影响。成员 T17、T75 等是中心度较高的成员，但是他们属于半边缘人群，也就是说他们虽然交互活跃，但是凝聚力不强。

（3）边缘人物成员较多，有 69 位，占参与活动成员总人数的 76%；坊主 WT，2 名组长 AT1 和 AT2 都在边缘人物群体中，和其他成员相比，他们的合群程度低，没有在活动中发挥凝聚力，也没有完成引导讨论的任务。

综上，本书选取的教师工作坊在开展“怎样上好枯燥无味的拼音教学”主题研修活动中形成的社会网络为稀疏网络，91 位教师成员共形成 374 个关系连接，互动网络密度只有 0.046，占应生成总连接的 4.6%，交互稀少；网络互惠性低，互惠性为 0.094，形成双向对话少；在活动期间有成员一直没有参与讨论；中心度分析中坊主 WT、组长 AT1 和 AT2 中心度低，没有在活动中起到相应的主导作用，而成员 T31、T39、T56 的中心度和影响力较高，在网络中表现出了极强的交互能力，掌握网络中的大部分资源和主动权，控制网络中信息的流通；凝聚子群分析显示该教师工作坊中所有成员组成 8 个子群，即形成 8 个小型网络（团体），分别处于整个网络的不同位置，并对网络中的信息流通起着不同作用，各子群内部成员间进行不同程度的互动，各子群之间相互联系密切，子群间的交互氛围较好；核心–边缘结构分析结果表明，6 位成员由于积极参与活动，交互性强，成为社交网络的核心人物，而 69 名成员合群程度低，占所有成员的 76%，其中包括坊主和两位组长。

本 章 小 结

如何开展混合式培训有待深入研究和规范。研究团队在认知学徒制理论指导下形成了教师工作坊研修模式，依据认知学徒制的一般步骤设计区域学科研修活动，并以活动序列为支架开展研修活动。

针对教师工作坊存在用户参与不足、投入不够等问题，研究团队从行为投入的角度对教师工作坊的教师交互行为进行分析，建立在线交互行为投入模型，了解研修教师的行为投入情况，探究教师行为之间的关系。

教师工作坊中的知识共享行为特征和规律是研究者关注的重要问题。研究团队以全国中小学教师信息技术应用能力提升工程中的典型教师工作坊为研究对象，采用社会网络分析法、内容分析法和统计分析法研究教师工作坊中的知识共享行为，重点分析了核心成员和边缘成员的知识共享行为数量和质量。研究发现教师工作坊形成了一个较为稀疏的社会网络结构，成员之间的交互较少，交互的层次较低；教师工作坊中的核心成员和边缘成员知识共享的数量和质量呈现较大的差异；核心成员的知识共享行为具有典型特征。

研究团队利用社会网络分析法对某教师工作坊主题研修活动形成的互动网络结构进行可视化分析，通过网络基本属性、中心性、凝聚子群、核心–边缘结构四个指标分析教师工作坊协作知识建构过程中成员的社会交互特征。研究结果表明，在该工作坊开展活动的过程中，承担组织者角色的坊主以及承担辅导者角色的组长在讨论中缺少积极交互，没有起到应有的主导和辅导作用，使学习共同体缺乏必要的凝聚力。

综上，教师工作坊是一种实施网络研修与校本研修整合培训的有效教师研修模式。教师工作坊的研修环境、研究工具、研修活动、研修效果（如知识共享、交互深度、情感投入、行为投入和角色影响）等研究尚处于初级阶段，迫切需要更多学者进行深入的探索。

第六章

网络学习空间支持的教师研修及应用

随着教育信息化的深入发展，网络学习空间建设受到相关部门的重视，2012 年国务院副总理刘延东在全国教育信息化工作电视电话会议上指出“要推动‘网络学习空间人人通’，教师率先使用，职业教育率先部署，发达地区率先示范，促进教学方式与学习方式变革，实现教与学、教与教、学与学的有效互动”。学习空间是指学习者的学习场所，包括正式、非正式和虚拟学习空间三种，其中虚拟学习空间包括网络学习空间、社交平台和虚拟现实等。网络学习空间是借助云计算和网络技术构建的正式学习与非正式学习、教与教、教与学、学与学全面互动的学习环境①。

继“三通两平台”之后，网络学习空间的理论与实践研究日趋活跃。理论层面重点研究了网络学习空间的设计、构建原则以及网络学习空间的评价指标。实践层面，各区县将教师和学生网络学习空间建设作为教育信息化的重点工作。例如，到 2016 年，湖南省借力“世界大学城”项目为职业教育师生建立个人网络学习空间 50 多万个。目前网络学习空间的研究才刚刚起步，对于网络学习空间的概念、建设标准、设计原则、学习者使用影响因素方面有待深入研究。②

---

① 张思，刘清堂，黄景修，等. 中小学教师使用网络学习空间影响因素研究——基于 UTAUT 模型的调查[J]. 中国电化教育，2016（3）：99-106.

② 张思，刘清堂，黄景修，等. 中小学教师使用网络学习空间影响因素研究——基于 UTAUT 模型的调查[J]. 中国电化教育，2016（3）：99-106.

第一节　网络学习空间分类及功能

从不同角度对网络学习空间进行分类：胡永斌等从网络学习空间发展的现实逻辑出发将网络学习空间划分为教学资源型空间、直播教学型空间、学习社区型空间、角色扮演型空间、课程服务型空间等五种类型[①]。根据角色实体的不同，网络学习空间可分为班级空间、教师空间、机构空间、学生空间等[②]。

通过对权威性、典型性的国外教师网络研修社区平台的分析，按照其提供的主要功能支持将其划分为资源服务型空间、交流互动型空间以及智慧服务型空间[③]。

一、资源服务型网络学习空间

资源服务型网络学习空间主要支持文本、音视频等各类数字化教育资源的获取。此类空间更多支持资源下载及上传功能，包括不同机构、不同单位提供的网站以及各类开放型资源库等，如国家教育资源公共服务平台（https://www.eduyun.cn/）等。因此，可以通过资源检索、资源利用、资源下载及上传等指标来界定，并通过学习者在学习空间中的活动特征来判断此类空间。[④]

二、交流互动型网络学习空间

交流互动型网络学习空间主要支持人与空间之间的信息交流，通过信息输出，使学习者获得源自空间的视听觉以及触觉信息。交流互动型空间支持教师自主编辑、发送及管理资源；同时利用各类资源和交互工具，通过此类空间提供能促进学习者之间合作、交流、探索、反思与创造的教学环境，如多媒体教学环境、网络教学环境、移动教学环境等；交流互动型空间支持教师建立在线研修共

① 胡永斌，黄如民，刘东英. 网络学习空间的分类：框架与启示[J]. 中国电化教育，2016（4）：37-42.

② 祝智庭，郁晓华，管珏琪，等. 面向“人人通”的学生个人学习空间及其信息模型[J]. 中国电化教育，2015（8）：1-9.

③ 孟性菊. 网络学习空间支持下的乡村教师研修模式构建研究[D]. 贵州师范大学硕士学位论文，2017.

④ 孟性菊. 网络学习空间支持下的乡村教师研修模式构建研究[D]. 贵州师范大学硕士学位论文，2017.

同体，同时支持与专家或同行建立并保持联系，如 UMU 互动学习平台（https://www.umu.cn/home）。根据交流互动型网络学习空间的含义，判断一个空间是否为交流互动型网络学习空间，首先，以信息交流互动为主，信息在人与人之间、人与机之间流动，例如，微博、QQ、微信等空间，以互动为主，信息在互动中产生；其次，发布信息，该空间一定具有发布信息的功能并且以此功能为主，支持同步或异步信息发布、交流以及资源共享。[①]

三、智慧服务型网络学习空间

智慧服务型网络学习空间是指具有一体化、数据化、智能化特征，支持人与学习环境之间管理、分析、判断与预测的网络学习空间[②]。此类空间以云计算、大数据、人工智能等新一代信息技术为基础，通过构建虚实结合的个性化学习环境，设计适应性课程，为学习者提供个性化学习服务，同时提供基于学习过程的反思数据[③]。在智慧服务型网络学习空间中，基于学习者个性化学习需求搭建智能化环境，教师据此开展教学与评价，并能突破教学组织边界，在虚拟与实体学校并存的环境中开展各种教学活动，还可以通过智能导师或者智能同伴实现教师自主专业发展。此类空间具有非常高的智能性，是网络学习空间未来发展的主要方向[④]。从智慧服务型网络学习空间的含义中，可以获取评定智慧服务型网络学习空间的指标：首先，该空间的主要功能为智慧管理；其次，该空间具有一定的智能分析、智能判断的功能；最后，提供个性化学习支持，并形成智能化学习报告[⑤]。

第二节 网络学习空间支持的教师研修发展状态

2013 年，我国开始实施“全国中小学教师信息技术应用能力提升工程”，工程明确要求利用网络研修社区，推行网络研修与现场实践相结合的混合式培

① 孟性菊. 网络学习空间支持下的乡村教师研修模式构建研究[D]. 贵州师范大学硕士学位论文，2017.
② 郁晓华. 个人学习环境设计视角下自主学习的建模与实现[D]. 华东师范大学博士学位论文，2013.
③ 孟性菊. 网络学习空间支持下的乡村教师研修模式构建研究[D]. 贵州师范大学硕士学位论文，2017.
④ 索娜. 基于学习风格的个性化学习空间模型构建研究[D]. 贵州师范大学硕士学位论文，2018.
⑤ 孟性菊. 网络学习空间支持下的乡村教师研修模式构建研究[D]. 贵州师范大学硕士学位论文，2017.

训。教师的网络研修活动，如课程学习、参与网络校本研修和教师工作坊活动等，都在网络学习空间中进行。通过搭建多维、立体、高效的网络学习空间，实现跨学校、跨区域、跨城乡的网络研修，实现人机互动、人人互动，实现优质资源共享[①]。当前，网络学习空间支持下的教研应用主要聚焦于网络教研空间建设、网络教研行为分析和网络教研评价等方面。

一、基于网络学习空间的教师研修空间建设

构建网络学习空间，探索网络学习空间支持下的教与学，是教育信息化未来发展的重要方向。在相关政策的推动下，越来越多的学者开始关注网络学习空间，主要探讨网络学习空间的内涵界定、发展阶段、分类特点及设计等。此外，基于网络学习空间的新型教学模式建构（如翻转课堂、智慧课堂）以及自主学习方式的变革，学习过程支持服务，基于 Moodle 平台、Blackboard 等平台的课程资源建设等也成为研修空间研究的热点。[②]

网络教研进程方面，相关学者对学校、城乡、区域[③④⑤⑥⑦]的网络教研状况进行了统计，发现各地区已具备开展移动教研的基本物质条件，学校开展网络教研的途径丰富多样，“联片教研”成为区域教研的一大特色，而强化教研成为“农远工程”的重要内容[⑧]。因此，徐盼盼精心设计了网络学习空间中的教研活动过程，并形成了行之有效的干预和指导策略[⑨]。彭介润以湖南省基础教育为例，认为湖南省推进教师网络学习空间建设经历了雏形探索、普及推广、创新实践等三个阶段[⑩]。

---

① 宋晓青. 中小学教师在线教研平台使用行为影响因素研究[D]. 华中师范大学硕士学位论文，2020.

② 孟性菊. 网络学习空间支持下的乡村教师研修模式构建研究[D]. 贵州师范大学硕士学位论文，2017.

③ 陈玲，汪晓凤，余胜泉. 如何促进混合式教研中多维、深层次网络对话——一项基于学习元的案例研究[J]. 中国电化教育，2016（6）：113-120.

④ 代玲玲. 农村教师微型移动教研可行性调查与研究[D]. 渤海大学硕士学位论文，2014.

⑤ 杨薇薇. 利用网络教研平台实现城乡教师教研互动研究——以观摩课教研活动为例[D]. 浙江师范大学硕士学位论文，2010.

⑥ 李秀利. 利用远程教育资源促进校本教研[D]. 西南大学硕士学位论文，2010.

⑦ 袁磊，侯丽娜. 基于 LCS 的教师区域协同教研模型设计与应用研究[J]. 现代远距离教育，2014（6）：70-75.

⑧ 吴磊，吴砥，徐晶晶，等. 网络学习空间支持下中小学教师协同教研的影响因素研究[J]. 现代远距离教育，2018（2）：53-61.

⑨ 徐盼盼. 教师网络学习空间中教研活动设计研究[J]. 广西广播电视大学学报，2016，27（3）：12-15.

⑩ 彭介润. 教师网络学习空间建设与应用路径探索——以湖南省基础教育为例[J]. 中国信息技术教育，2015（Z1）：176-178.

二、基于网络学习空间的教师研修行为分析

网络学习空间建设的目的是形成学习网络，让学习者在学习网络中学习。但由于网络学习的时空特性，学习者在网络学习中容易出现投入不足、辍学率较高的问题，网络学习中的学习投入与学习质量联系紧密。随着学习分析与大数据技术的发展，对学习投入的研究正朝着深度测量与分析的方向发展，深入分析学习投入与学习质量的因果关系，建立学习者投入模型，依据学习投入状况进行学习质量监控与评价。通过建立学习者学习投入指标，收集学习数据，对学习投入状态进行判断。①

部分学者运用数据挖掘技术挖掘教师在网络学习过程中产生的数据②；使用S-T量表分析法研究教师的教学行为、互动行为等，以帮助改善教师研修行为③；使用内容分析法区分网络教研中管理行为与情感表达、人际交流的社会行为以及知识建构的认知行为，全面提升网络教研的效果④。

三、基于网络学习空间的教师研修评价

教师研修绩效的分析一直是教师专业发展评价的难点问题，缺乏教师研修的数据收集、整理和分析方法，支持教研活动的顺利开展。相关学者开展了相关研究，为难点问题解决提供了思路。

李玉斌等通过整理国家相关政策和文件，确定教师网络学习空间的定位，确定教师网络学习空间评价指标体系中的核心指标维度，构建教师网络学习空间评价结构模型，并通过问卷调查的方法和采用AHP确定各评价指标的权重⑤。王月瑶结合建构主义理论、最近发展区理论和层次分析法理论，确立了评价指标体系与课程和教学深度融合、多元协助、支持服务、专业发展、社会义务、个人展示六个维度，最终划分出教师网络学习空间评价指标，并计算出各个下属指标的权重，并将评价指标应用于实践⑥。有学者研究网络学习空间中的知识共享，分别从社会交换理论或社会认知理论视角出发，分析了影响网络学习空间知识共享行

---

① 张思，刘清堂，雷诗捷，等. 网络学习空间中学习者学习投入的研究——网络学习行为的大数据分析[J]. 中国电化教育，2017（4）：24-30，40.

② 吴淑苹. 基于数据挖掘的教师网络学习行为分析与研究[J]. 教师教育研究，2013，25（3）：47-55.

③ 冯立国. 网上教研的教师教研行为研究[J]. 开放教育研究，2008，14（6）：110-115.

④ 张思，刘清堂，雷诗捷，等. 网络学习空间中学习者学习投入的研究——网络学习行为的大数据分析[J]. 中国电化教育，2017（4）：24-30，40.

⑤ 李玉斌，王月瑶，马金钟，等. 教师网络学习空间评价指标体系研究[J]. 电化教育研究，2015，36（6）：100-106.

⑥ 王月瑶. 教师网络学习空间评价指标体系研究[D]. 辽宁师范大学硕士学位论文，2016.

为产生的因素，不同学者采用的调查样本不尽相同，包括中小学教师、大学生和所有使用者等[①②③]。

第三节 网络学习空间中教师研修模式及影响因素[④]

“十二五”期间，我国加快“三通两平台”建设，推动教学方式和学习方式变革[⑤]。“三通”是指“宽带网络校校通、优质资源班班通、网络学习空间人人通”，其中网络学习空间建设有利于新的教师研修方式、教学方式、学习方式和互动方式的形成，教育部等九部门要求率先利用网络学习空间组织中小学教师开展网上研修活动[⑥]。2013 年，我国开始实施“全国中小学教师信息技术应用能力提升工程”，工程明确要求利用网络研修社区，推行网络研修与现场实践相结合的混合式培训。网络研修与校本研修整合培训是通过整合设计和管理上的协同，采用技术手段连接线上、线下活动，将教师网络培训连通学校校本研修，使培训所学为教学所用，其目的是促进教师实践性知识发展，助推网络校本研修常态化[⑦⑧]。为指导各地开展网络研修与校本研修整合培训，教育部教师工作司颁布了《网络研修与校本研修整合培训实施指南》，指出网络研修社区要为教师开通“个人空间”，为培训者建立“教师工作坊”，建立“学校社区”和“区域社区”。教师的网络研修活动，如课程学习、参与网络校本研修和教师工作坊活动等，都在网络学习空间中进行。教师对网络学习空间的行为倾向直接影响教师学

① 赵呈领，梁云真，刘丽丽，等. 基于社会认知理论的网络学习空间知识共享行为研究[J]. 电化教育研究，2016，37（10）：14-21，41.

② 张思. 社会交换理论视角下网络学习空间知识共享行为研究[J]. 中国远程教育，2017（7）：26-33，47，80.

③ 赵呈领，刘丽丽，梁云真，等. 网络学习空间学生知识共享影响因素探析[J]. 开放教育研究，2016，22（3）：82-88.

④ 本节内容选自：张思，刘清堂，黄景修，等. 中小学教师使用网络学习空间影响因素研究——基于UTAUT 模型的调查[J]. 中国电化教育，2016（3）：99-106.

⑤ 刘延东. 把握机遇 加快推进 开创教育信息化工作新局面——在全国教育信息化工作电视电话会议上的讲话[EB/OL].（2015-12-10）[2020-12-02]. http:// www.moe.gov.cn/srcsite/A16/s3342/201211/t20121102_144240.html.

⑥ 教育部. 教育部等九部门关于加快推进教育信息化当前几项重点工作的通知[EB/OL].（2013-04-16）[2020-12-02]. https://www.docin.com/p-1698342016.html.

⑦ 张思，刘清堂，黄景修，等. 中小学教师使用网络学习空间影响因素研究——基于 UTAUT 模型的调查[J]. 中国电化教育，2016（3）：99-106.

⑧ 蒋敦杰. 走向网络的教师研修——中小学教师网络研修模式的研究与实践[J]. 新教育（海南），2011（6/7）：28-29.

习的效果[①]，影响教师网络研修社区中的同侪互助行为[②]。在中小学教师网络学习影响因素现有研究中，王晓丽等采用 Logistic 回归分析了农村中小学教师远程学习适应性的影响因素[③]。白向呵基于对远程学习过程的分析，提出了影响教师远程学习的内部因素、工具知识因素、学习资源应用水平因素和协作技巧因素[④]。网络学习空间作为教师研修的新技术平台，从技术接受和采纳角度对中小学教师使用网络学习空间的影响因素进行研究具有重要意义，有利于了解网络研修的阻碍因素，制定针对性的激励政策，提升网络学习空间的服务水平和质量。技术接受和使用整合理论（unified theory of acceptance and use of technology，UTAUT）模型是对其他技术接受模型的整合，广泛应用于研究个体的信息技术采纳行为，在预测力上优于其他任何一个模型[⑤]。

一、网络学习空间研究的理论基础

（一）网络学习空间

学习空间是指学习者的学习场所[⑥⑦]，包括正式、非正式和虚拟学习空间三种，其中虚拟学习空间包括网络学习空间、社交平台和虚拟现实等。网络学习空间是借助云计算和网络技术构建的正式学习与非正式学习[⑧]、教与教、教与学、学与学全面互动的学习环境[⑨]。随着教育信息化的深入发展，网络学习空间建设受到相关部门的重视，在 2012 年全国教育信息化工作电视电话会议上国务院副总理刘延东指出“要推动‘网络学习空间人人通’，教师率先使用，职业教育率先部署，发达地区率先示范，促进教学方式与学习方式变革，实现教与学、教与教、学与学的有效互动”。继“三通两平台”之后，网络学习空间的理论与实践

---

① 张思，李勇帆. 高校教师使用 Moodle 网络教学平台影响因素研究[J]. 电化教育研究，2014（8）：49-56.

② 张思，刘清堂，熊久明，等. 教师混合式培训中的同侪互助模式与支持策略研究[J]. 电化教育研究，2015（6）：107-113.

③ 王晓丽，路宏，贾巍. 农村中小学教师远程学习适应性影响因素研究：以宁夏“国培计划”远程培训为例[J]. 电化教育研究，2015（4）：108-113.

④ 白向呵. 教师远程学习过程及影响因素研究[D]. 河南大学硕士学位论文，2012.

⑤ 高峰. 教育技术的接受和采纳：几个相关理论的比较[EB/OL].（2015-12-10）[2020-12-02]. http://www.doc88.com/p-905535516576.html.

⑥ 杨俊锋，黄荣怀，刘斌. 国外学习空间研究述评[J]. 中国电化教育，2013（6）：15-20.

⑦ 许亚峰，尹晗，张际平. 学习空间：概念内涵、研究现状与实践进展[EB/OL].（2015-12-10）[2020-12-02]. http://www.doc88.com/p-8465344675063.html.

⑧ 吴永和，管珏琪，余云涛，等. “网络学习空间人人通”技术标准研究[J]. 信息技术与标准化，2014（6）：40-43.

⑨ 祝智庭，管珏琪，刘俊. 个人学习空间：数字学习环境设计新焦点[J]. 中国电化教育，2013（3）：1-6.

研究日趋活跃。在理论研究层面，研究了网络学习空间的设计[①②]、构建原则[③④]以及网络学习空间的评价指标[⑤]。在实践层面，各区县将教师和学生网络学习空间建设作为教育信息化的重点工作。湖南省借力“世界大学城”项目为职业教育师生建立个人网络学习空间 50 多万个。国家教育资源公共服务平台以优质资源为核心，以教师为主体带动学生和家长应用空间。目前网络学习空间的研究才刚刚起步，对于网络学习空间的概念、建设标准、设计原则、学习者使用影响因素方面有待深入研究。

（二）UTAUT 模型概述

1975 年，Ajzen 和 Fishbein 提出了著名的理性行为理论（theory of reasoned action，TRA）[⑥]，技术接受模型（technology acceptance model，TAM）是对理性行为理论的最有影响力的扩展[⑦]。

在 TAM 中，两个技术接受指标（感知有用性和感知易用性）取代了 TRA 中的态度指标[⑧]，用于预测用户在工作中采纳和使用信息技术。其中感知有用性是指“个体认为使用一项特殊的技术系统能提升自身工作绩效的程度”，而感知易用性是指“个体认为使用一项特殊的技术系统不需要付出很多努力的程度”[⑨]。在随后的研究中，研究者加入外部因素扩展技术接受模型，如个人特征、社会因素、环境特征和任务相关特征等，以提高该模型的预测力。尽管如此，TAM 的预测力仍然只能达到 30%—40%[⑩]。

2003 年，Venkatesh 等提出包含个体和社会因素的 UTAUT 模型，该模型包含四个关键因素用于预测用户对信息技术的接受：绩效期望、努力期望、社会影

---

① 王伟，赵桐，钟绍春. 基于翻转课堂模式的网络学习空间设计与案例研究[EB/OL]. （2015-12-10）[2020-12-02]. http://www.doc88.com/p-7088890136768.html.

② 张子石，金义富，吴涛. 网络学习空间平台的规划与设计：以未来教育空间站为例[J]. 中国电化教育，2015（4）：47-53.

③ 黄利华，周益发，陈学军. 班班通背景下班级网络学习空间的构建[J]. 中国电化教育，2014（3）：86-90.

④ 贺斌，薛耀锋. 网络学习空间的建构[J]. 开放教育研究，2013（4）：84-95.

⑤ 李玉斌，王月瑶，马金钟，等. 教师网络学习空间评价指标体系研究[J]. 电化教育研究，2015（6）：100-106.

⑥ Fishbein M, Ajzen I. Belief, attitude, intention, and behavior: An introduction to theory and research[J]. Philosophy and Rhetoric, 1977, 10(2): 130-132.

⑦ Davis F D. Perceived usefulness, perceived ease of use, and user acceptance of information technology[J]. MIS Quarterly, 1989, 13(3): 319-340.

⑧ Oye N D, Iahad N A, Rahim N A. The history of UTAUT model and its impact on ICT acceptance and usage by academicians[J]. Educational & Information Technologies, 2014(19): 251-270.

⑨ Davis F D. Perceived usefulness, perceived ease of use, and user acceptance of information technology[J]. MIS Quarterly, 1989, 13(3): 319-340.

⑩ Venkatesh V, Davis F D. A theoretical extension of the technology acceptance model: Four longitudinal field studies[J]. Management Science, 2000(2): 186-204.

响和便利条件。由于 UTAUT 模型整合了现有 8 个模型的优势，该模型的预测力达到 70%[①]，超过以往的任何一个技术接受模型（TAM、TAM1 和 TAM2）。

UTAUT 模型如图 6-1 所示。其中绩效期望是指个体认为系统能帮助自身提高工作绩效的程度；努力期望是指个体认为使用系统的容易程度；社会影响是指个体感知重要他人认为自己应该使用新系统的程度；便利条件是指个体感知支持自身使用系统的组织条件、技术条件的存在程度。

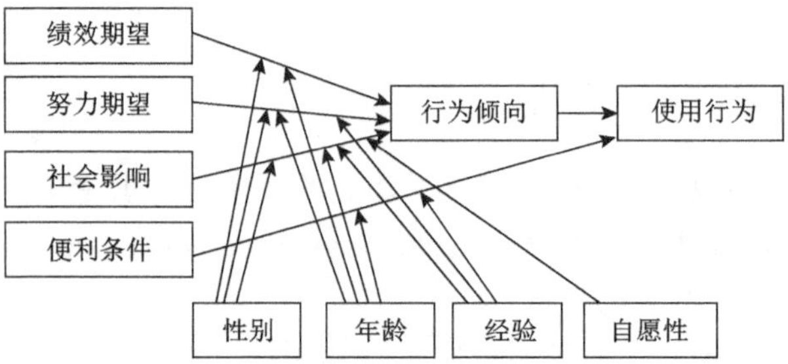

图 6-1 技术接受和使用整合理论（UTAUT）模型

UTAUT 模型被广泛用于预测个体对信息系统的接受。国外学者 Wong 等运用 UTAUT 模型预测了职前教师对交互式电子白板的接受[②]，结果表明该模型解释了 59.6%的使用倾向，Wang 等研究了高等院校教师对远距离学习的采纳和使用[③]，国外学者运用 UTAUT 模型调查职前教师信息技术采纳的研究较多。国内学者刘禹等运用技术接受模型研究了西部农村中小学教师信息技术使用意向的影响因素[④]，张汉玉采用 UTAUT 模型分析了教师采纳电子书包的影响因素[⑤]。国内对 UTAUT 模型的研究不系统，缺少实证研究。

（三）网络研修与校本研修整合培训模式

在全国中小学教师信息技术应用能力提升工程中，要求推行符合信息技术特点的网络研修与校本研修整合培训模式。整合培训以网络研修与现场实践相结合

① Venkatesh V, Morris M G, Davis G B, et al. User acceptance of information technology: Toward a unified view[J]. MIS Quarterly, 2003, 27(3): 425-478.

② Wong K T, Teo T, Russo S. Interactive whiteboard acceptance: Applicability of the UTAUT model to student teachers[J]. The Asia-Pacific Education Researcher, 2013(22): 1-10.

③ Wang C H, Liu W L, Tseng M C, et al. A study of taiwanese college teachers' acceptance of distance learning[J]. International Journal of Organizational Innovation, 2010(3): 243-260.

④ 刘禹，陈玲，余胜泉. 西部农村中小学教师信息技术使用意向影响因素分析[J]. 中国电化教育，2012（8）：57-61.

⑤ 张汉玉. 教师电子书包接受度影响因素研究[D]. 华东师范大学硕士学位论文，2014.

的混合式培训为主要形式，以教师实践反思取向为指导[①]，学员开展基于网络的校本研修。培训机构建立网络研修社区，为教师建立“网络学习空间”，为专家和县级培训者建立“教师工作坊”，并提供线上和线下的支持服务。网络学习空间具备教师学习、互动交流、资源分享和行为记录等功能，促进教师自学和协同学习。教师工作坊实现教师之间的互联互通，有效支持跨区域的工作坊研修，实现区域间教师协同、专家引领、资源共享。网络研修社区提供资源建设、研讨交流、协同研修工具功能，支持跨区域的研修活动组织与实施。通过网络研修社区与教师工作坊的实施，实现网络技术与教师研修的融合，实现网络研修社区促进教师专业发展的新方式。

二、研究模型与研究假设

（一）研究模型

UTAUT 是在信息技术接受领域八大著名理论模型的基础上提出的一种综合理论模型[②]，这些理论和模型包括理性行为理论（TRA）、动机模型（motivational model，MM）、计算机使用模型（model of PC utilisation，MPCU）、计划行为理论（theory of planned behaviour，TPB）、技术接受模型（technology acceptance model，TAM）、技术接受和计划行为整合模型（combined TAM and TPB，C-TAMTPB）、创新扩散理论（innovation diffusion theory，IDT）和社会认知理论（social cognitive theory，SCT）。在综合八大理论模型的基础上，提出信息技术接受和使用的四个核心决定因素：绩效期望、努力期望、社会影响和便利条件。其中，绩效期望的定义来源于感知有用性（TAM）、外部动机（MM）、工作任务匹配（MPCU）、相对优势（IDT）和结果预期（SCT）。努力期望的定义与感知易用性（TAM）、复杂性（MPCU）和易用性（IDT）相关。社会影响整合了主观规范（TRA、TAM2、TPB）、社会因素（MPCU）等方面。在技术接受和采纳的早期阶段，努力期望和社会因素的影响较大。便利条件的概念来源于感知行为控制（TPB）、促进条件（MPCU）和兼容性（IDT）。在 UTAUT 模型中，使用者性别、年龄、经验和自愿性对四个核心因素具有调节作用。本书调查教师使用网络学习空间的影响因素，仍然使用 UTAUT 模型中的四个核心因素。由于被调查对象大多第一次使用网络学习空间

① 刘峰，杨彦军. 从“英特尔 未来教育”项目的发展审视教师信息化教学能力培养模式的历史转型[J]. 电化教育研究，2012（11）：93-97.

② Venkatesh V, Davis F D. A theoretical extension of the technology acceptance model: Four longitudinal field studies[J]. Management Science, 2000(2): 186-204.

进行研修，他们不具备较多的使用经验，同时被调查对象在培训中也不能自愿选择参与培训的方式，因此经验和自愿性两个调节变量被删除。把年龄因素改为教龄。本书的研究模型如图 6-2 所示。

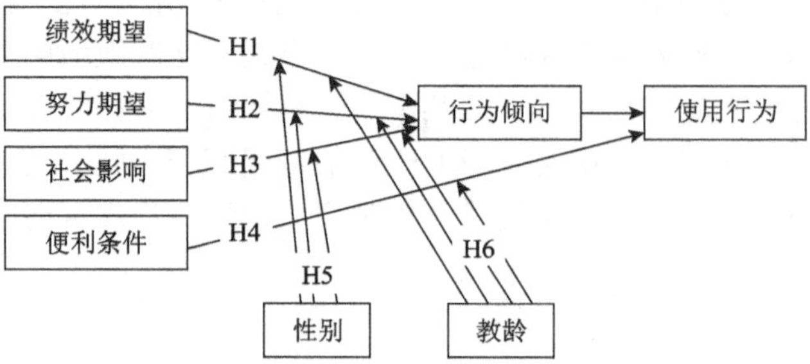

图 6-2 研究模型

注：H1 代表假设 1，以此类推

（二）研究假设

UTAUT 模型中，绩效期望是指个体认为使用信息系统能帮助自身提高工作绩效的程度，绩效期望越高，越倾向于使用该信息系统。在本书中，绩效期望是指教师认为使用网络学习空间能学习很多新知识、新方法，能和其他教师一起讨论教案，能在专家的指导下提高自己的教学和学习能力。教师认为网络学习空间对自己的帮助越大，越倾向于使用该平台。

假设 1：绩效期望对教师使用网络学习空间的行为倾向具有积极的影响。UTAUT 模型中，努力期望是指个体认为使用系统的容易程度，系统越容易使用，个体越倾向于使用该系统。

在本书中，努力期望是指教师认为使用网络学习空间进行学习和研修的容易程度，如使用网络学习空间进行视频学习，完成作业，参与校本研修活动和工作坊活动，与他人进行网上沟通与交流等。

假设 2：努力期望对教师使用网络学习空间的行为倾向具有积极的影响。

UTAUT 模型中，社会影响是指个体感知重要他人认为自己应该使用新系统的程度，个体感知的社会影响越强，越倾向于使用该系统。在本书中，社会影响是指影响教师使用网络学习空间的社会因素，如学校领导、教研组同行、高校教师、学科专家、区县教研员对自己的支持和鼓励等。

假设 3：社会影响对教师使用网络学习空间的行为倾向具有积极的影响。

UTAUT 模型中，便利条件是指个体感知支持自身使用系统的组织条件、技术条件的存在程度，便利条件越多，越倾向于使用该系统。在本书中，便利条件是指支持教师使用网络学习空间的学校网络、硬件条件、学校制定的研修政策、区县的支持政策、教师培训机构制定的考核机制等。

假设 4：便利条件对教师使用网络学习空间的行为倾向具有积极的影响。

UTAUT 模型中，“性别”变量在绩效期望、努力期望、社会影响对该行为倾向的影响中具有调节作用。

假设 5a：绩效期望对教师使用网络学习空间行为倾向的影响受到“性别”的调节作用，男性教师的影响更大。

假设 5b：努力期望对教师使用网络学习空间行为倾向的影响受到“性别”的调节作用，男性教师的影响更大。

假设 5c：社会影响对教师使用网络学习空间行为倾向的影响受到“性别”的调节作用，男性教师的影响更大。

UTAUT 模型中，“教龄”变量在绩效期望、努力期望、社会影响、便利条件对教师使用网络学习空间行为倾向的影响中具有调节作用。

假设 6a：绩效期望对教师使用网络学习空间行为倾向的影响受到“教龄”的调节作用，教龄大的教师的影响更大。

假设 6b：努力期望对教师使用网络学习空间行为倾向的影响受到“教龄”的调节作用，教龄大的教师的影响更大。

假设 6c：社会影响对教师使用网络学习空间行为倾向的影响受到“教龄”的调节作用，教龄大的教师的影响更大。

假设 6d：便利条件对教师使用网络学习空间行为倾向的影响受到“教龄”的调节作用，教龄大的教师的影响更大。

（三）实证研究

1. 研究设计

研究模型和研究假设确定之后，采用验证性因子分析方法对研究模型和研究假设进行检验。采用调查问卷收集数据，问卷包含两部分：第一部分调查教师基本信息；第二部分调查教师使用网络学习空间的绩效期望、努力期望、社会影响、便利条件、行为倾向和使用行为。在数据分析方法上，使用 SPSS17.0 和 AMOS17.0 对测量模型的信度、效度进行分析，采用结构方程模型法对结构模型、研究假设进行检验。为了检验性别和教龄因素对教师使用网络学习空间的调节作用，对教师进行分组。按照性别，分为男教师组和女教师组。按照教龄，分为两组：1—10 年教龄组和 11 年及以上教龄组。

2. 调查问卷的编制

调查问卷分为两个部分：第一部分用于调查教师的基本信息，如性别、教龄、职称等；第二部分 32 个题目用于调查教师使用网络学习空间的影响因素，如绩效期望（6 个题目）、努力期望（6 个题目）、社会影响（5 个题目）、便利条件（5 个题目）、行为倾向（5 个题目）和使用行为（5 个题目）等。在国内外研究中，UTAUT 模型受到广泛检验，其对信息技术采纳的解释达到 70%。因此，在调查问卷的编制过程中，广泛借鉴现有研究中的测量题项编制问题，以提高测量题项的信度和效度。绩效期望、努力期望、社会影响、便利条件、行为倾向和使用行为等变量使用 5 点利克特量表进行测量，其中 1 代表强烈不同意，5 代表强烈同意。

3. 问卷发放与回收

调查对象为参加“国培计划”（2014）示范性网络研修与校本研修整合培训的教师，总人数为 900 人。

该培训分为四个阶段：集中培训、网络学习、返岗实践和考核评价。在第二、第三阶段，学员经过网络课程学习、网络校本研修和教师工作坊活动，对于网络学习空间的结构和功能已经比较熟悉，对于整合式培训也有比较完整的认识，因此问卷的发放安排在考核评价阶段。调查问卷采用网络形式发放，经过项目管理员同意后，通过网络研修平台推送给参与项目的教师，推送的时间是 2015 年 5 月 10 日，接收问卷的完成时间是 2015 年 6 月 28 日，历时约一个半月。共收到答卷 417 份，其中有效答卷 402 份，有效率 96.4%。在回收的答卷中，男教师人数为 195 人（48.5%），女教师人数为 207 人（51.5%）；1—10 年教龄教师 147 人（36.6%），11 年及以上教龄教师 255 人（63.4%）；一级教师居多（219 人，54.5%），高级教师其次（105 人，26.1%）；数学学科教师最多（132 人，32.8%），语文教师次之（123 人，30.6%）。

4. 数据统计与分析

（1）问卷描述性统计分析。本次调查的对象为参加“国培计划”（2014）示范性网络研修与校本研修整合培训的教师，回收问卷共计 402 份，问卷中的题项主要来源于现有研究[①]。研究模型中每个变量的描述性统计如表 6-1 所示。从表 6-1 可以看出，每个变量的得分处于 3.74—3.94，其中便利条件的得分最高（3.94），社会影响的得分最低（3.74）。变量的标准差小于 1.35，说明变量的得分是围绕均值的比较狭窄的分布。

① 杨俊锋，黄荣怀，刘斌. 国外学习空间研究述评[J]. 中国电化教育，2013（6）：15-20.

表 6-1 问卷描述性统计分析

变量	均值	标准差	Cronbach's α
绩效期望	3.90	1.34	0.978
努力期望	3.77	1.22	0.957
社会影响	3.74	1.29	0.948
便利条件	3.94	1.24	0.942
行为倾向	3.78	1.26	0.961
使用行为	3.82	1.20	0.950

（2）测量模型检验。研究模型检验包括测量模型检验、结构模型检验和假设检验。在对结构模型和研究假设进行检验之前，需要对测量模型进行检验，只有测量模型的信度、效度满足一定要求的前提下，结构模型和研究假设的检验才有意义。测量模型检验包括信度检验和效度检验。

测量模型的信度检验一般采用 Cronbach's α 值，如果 α 值大于等于 0.7，说明测量模型具有较好的信度，如果 α 值在 0.5 和 0.7 之间则说明测量模型的信度尚可[①]。经过计算，测量模型的总信度系数为 0.973，每个测量变量的信度系数在 0.9 以上，则说明测量模型具有很好的信度。

测量模型的效度检验又分为收敛效度检验和区分效度检验。评估测量模型收敛效度的三个主要指标是：每个测量题项的因子载荷、每个变量的组合信度和平均提取方差值。当测量题项的因子载荷都大于等于 0.7，每个变量的组合信度都大于 0.7，并且每个变量的平均提取方差值都大于 0.5，就说明收敛效度较好。测量模型的收敛效度如表 6-2 所示。从表 6-2 可以看出，所有测量题项的因子载荷都超过或等于 0.80，每个潜在变量的组合信度都大于 0.90，平均提取方差值都大于 0.8，说明测量模型具有很好的收敛效度。

表 6-2 测量模型的收敛效度

潜在变量	测量题项的因子载荷		组合信度（CR）	平均提取方差值（AVE）
	测量题项	因子载荷		
绩效期望	PE1	0.924	0.983	0.904
	PE2	0.957		
	PE3	0.959		
	PE4	0.957		
	PE5	0.963		
	PE6	0.944		

① 荣泰生. AMOS 与研究方法[M]. 重庆：重庆大学出版社，2009：79-82.

续表

潜在变量	测量题项的因子载荷		组合信度（CR）	平均提取方差值（AVE）
	测量题项	因子载荷		
努力期望	EE1	0.908	0.965	0.823
	EE2	0.921		
	EE3	0.894		
	EE4	0.936		
	EE5	0.871		
	EE6	0.911		
社会影响	SI1	0.898	0.961	0.830
	SI2	0.921		
	SI3	0.942		
	SI4	0.914		
	SI5	0.878		
便利条件	FC1	0.936	0.957	0.815
	FC2	0.962		
	FC3	0.855		
	FC4	0.951		
	FC5	0.800		
行为倾向	BI1	0.918	0.970	0.864
	BI2	0.940		
	BI3	0.911		
	BI4	0.943		
	BI5	0.935		
使用行为	UB1	0.913	0.962	0.835
	UB2	0.937		
	UB3	0.901		
	UB4	0.898		
	UB5	0.918		

注：其中 PE 是绩效期望（performance expectancy）的英文缩写，EE 是努力期望（effort expectancy）的英文缩写，SI 是社会影响（social influence）的英文缩写，FC 是便利条件（facilitating condition）的英文缩写，BI 是行为倾向（behavioural intention）的英文缩写，UB 是使用行为（use behaviour）的英文缩写。下同

评估测量模型的区分效度的指标是：每个潜在变量的平均提取方差值的平方根值大于该变量与其他所有变量的相关系数，则表明各潜在变量的区分效度较好。测量模型的区分效度如表 6-3 所示，其中对角线上的值为该变量的平均提取方差值的平方根值，而对角线以下的值为该变量与其他变量的相关系数。从表 6-3 可以看出，测量模型中各潜在变量的平均提取方差值的平方根值（主对角线上的值）大于同行同列的非对角线上的值，说明测量模型具有较好的区分效度。

表 6-3 测量模型的区分效度

潜在变量	PE	EE	SI	FC	BI	UB
PE	0.951					
EE	0.874**	0.907				
SI	0.840**	0.851**	0.911			
FC	0.873**	0.835**	0.865**	0.903		
BI	0.871**	0.802**	0.834**	0.857**	0.929	
UB	0.880**	0.807**	0.871**	0.871**	0.881**	0.914

（3）结构模型检验。采用验证性因子分析方法对结构模型进行检验，常用的检验指标包括：卡方与自由度比（χ^2/df）、拟合优度指数（GFI）、比较拟合指数（CFI）、非规准适配指数（TLI）和近似误差均方根（RMSEA）。其中，卡方与自由度比用于评估结构模型对观察数据的拟合性，该值小于 3 则认为可以接受。根据 Hair 等的建议，GFI 和 CFI 的值应该不小于 0.95，而且 RMSEA 的值应该小于等于 0.05，则说明具有较好的拟合性①。最后，对于 TLI 的值，大于等于 0.90 则说明具有较好的拟合性。本书中，结构模型的拟合指数（χ^2=160.3，p<0.01；χ^2/df=1.48；GFI=0.98；CFI=0.95；TLI=0.92；RMSEA=0.032）都优于或达到推荐值的门槛水平，说明结构模型的拟合性较好。

（4）假设检验。采用结构方程模型方法对研究假设进行检验，研究假设的路径系数和验证情况如图 6-3 所示。从图 6-3 可以看出，绩效期望（B=0.54，p<0.001）和社会影响（B=0.34，p<0.001）对教师使用网络学习空间的行为倾向具有积极的作用，便利条件（B=0.39，p<0.001）对教师使用网络学习空间的行为倾向具有积极的作用，而努力期望对教师使用网络学习空间的行为倾向的影响不显著。性别在绩效期望对教师使用网络学习空间的行为倾向的影响中具有正向调节作用，男教师（B=0.57，p<0.001）的影响大于女教师（B=0.47，p<0.001）；性别在社会影响对教师使用网络学习空间的行为倾向的影响中具有反向调节作用，女教师（B=0.48，p<0.001）的影响显著大于男教师（B=0.31，p<0.001）；由于努力期望对教师使用网络学习空间的行为倾向的影响不显著，性别因素没有体现调节作用。教龄在绩效期望对教师使用网络学习空间的行为倾向的影响中具有反向调节作用，低教龄组教师（B=0.64，p<0.001）的影响显著高于高教龄组教师（B=0.47，p<0.001）；教龄在社会影响对教师使用网络学习空间的行为倾向的影响中具有正向调节作用，高教龄组教师（B=0.41，p<0.001）的影响显著高于低教龄组教师（B=0.25，p<0.001）；教龄在便利条件

① Hair J F, Black W C, Babin B J, et al. Multivariate Data Analysis: A Global Perspective(7th ed.)[M]. Upper Saddle River, NJ: Person-Hall International, 2010: 213-220.

对教师使用网络学习空间的行为的影响中具有正向调节作用，高教龄组教师（B=0.47，p<0.001）的影响显著高于低教龄组教师（B=0.26，p<0.001）；由于努力期望对教师使用网络学习空间的行为倾向的影响不显著，教龄因素没有体现调节作用。

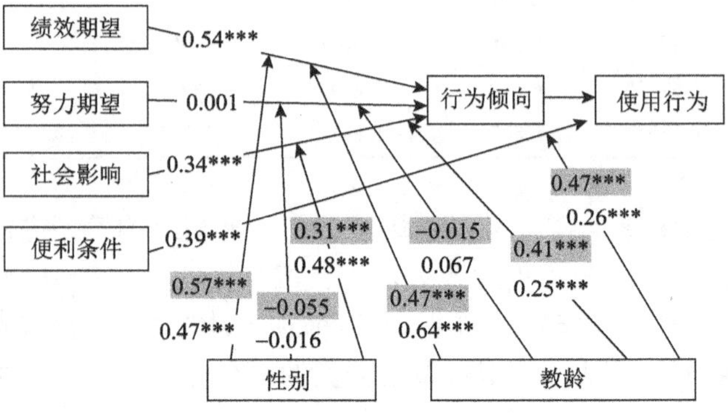

图 6-3 研究模型的假设检验

注：在性别调节变量中，灰色框代表男教师；在教龄调节变量中，灰色框代表高教龄组

三、研究结论与思考

为教师建立网络学习空间，促进教师自主学习和协同发展，进而实现教学方式和学习方式变革，体现了教育信息化的发展方向。本节以参加“国培计划”（2014）示范性网络研修与校本研修整合培训的教师为研究对象，从使用者技术接受的整合视角（UTAUT 模型）研究了影响中小学教师使用网络学习空间的主要因素，提出了研究假设，构建了研究模型，并通过问卷调查收集材料，对影响教师使用网络学习空间的因素进行了实证，并得出如下结论①。

（1）绩效期望和社会影响对教师使用网络学习空间的行为倾向具有积极影响，便利条件对教师使用网络学习空间的行为倾向具有积极的影响。这一结论与早期研究得出的结论相似②③，也是 UTAUT 模型本身所支持的。从影响的大小来看，绩效期望对教师使用网络学习空间行为倾向的影响最大，这意味着中小学教师在使用网络学习空间时，更关注网络学习空间的价值、对自身的意义，个人能从网络学习空间中所获得的知识与技能、工具与方法。

① 张思，刘清堂，黄景修，等. 中小学教师使用网络学习空间影响因素研究——基于 UTAUT 模型的调查[J]. 中国电化教育，2016（3）：99-106.

② Venkatesh V, Morris M G, Davis G B, et al. User acceptance of information technology: Toward a unified view[J]. MIS Quarterly, 2003(3): 425-478.

③ Venkatesh V, Zhang X. Unified theory of acceptance and use of technology: U.S. vs. China[J]. Journal of Global information Technology Management, 2010(1): 5-24.

教师培训管理部门、教师培训实施机构在实施培训之前，如果告诉中小学教师网络学习空间的组成、功能、在网络学习空间开展学习的优势以及方法，会有利于中小学教师更多地使用网络学习空间开展学习。社会影响是决定中小学教师使用网络学习空间开展学习的重要因素，这可能是由于参与培训的人员以 11 年及以上教龄的教师为主，而社会影响随着年龄的增长而增加[①]，意味着在目前中小学教师的培训中，社会影响的作用不能忽视。便利条件对教师使用网络学习空间的行为具有积极的影响，这与 UTAUT 模型提出时的结论是一致的。教师培训管理部门制定科学合理的培训政策，教师培训实施机构按照机构的硬件条件与时间开发课程和组织培训，中小学校按照校本研修规划为教师参与培训提供支持与帮助都将有利于教师积极使用网络学习空间进行学习。

（2）努力期望对教师使用网络学习空间的行为倾向的影响不显著，与先前研究得出了不一致的结论[②]，这意味着努力期望不是影响教师使用网络学习空间的重要因素。可能的原因有二：一是由于第一年实施网络研修与校本研修整合式培训，各培训机构都非常重视，对参与培训的教师进行多次线上和线下的指导，帮助教师学员尽快熟悉网络学习空间的功能，很多教师在培训的过程中慢慢熟悉了网络学习空间的使用方法，所以觉得不需要很大的努力就能参与培训；二是网络学习空间对教师来说具有非常多的功能，包括教师自学、同侪互助、协同备课、观课磨课、教师工作坊主题研讨等，但是由于参训教师基本都是第一次接触网络学习空间，再加上教师自身时间和其他方面条件的限制，中小学教师对于网络学习空间的使用还只处于初步的水平，教师基本达到视频学习、参与讨论、发帖和回帖的水平，没有利用网络学习空间开展连续性的、多层次的、深入的教研活动，所以中小学教师觉得网络学习空间的使用不需要付出很多的努力。

（3）性别在绩效期望、社会影响对中小学教师使用网络学习空间的行为倾向的影响中具有调节作用，在绩效期望对教师使用网络学习空间行为倾向的影响中具有正向调节作用，在社会影响对教师使用网络学习空间行为倾向的影响中具有反向调节作用，意味着男性教师更多地关注网络学习空间对自身工作和学习的意义，而女性教师使用网络学习空间的倾向更多地受到他人的影响，这一结论有利于培训管理部门和培训实施机构制定更具针对性的培训政策。

（4）教龄在绩效期望、社会影响对中小学教师使用网络学习空间的行为倾向的影响中具有调节作用，在绩效期望对教师使用网络学习空间行为倾向的影响中具有反向调节作用，在社会影响对教师使用网络学习空间行为倾向的影响中具有

---

① Rhodes S R. Age-related differences in work attitudes and behavior: A review and conceptual analysis[J]. Psychological Bulletin, 1983(2): 328-367.

② Van Schaik P. Unified theory of acceptance and use for websites used by students in higher education[J]. Journal of Educational Computing Research, 2009(2): 229-257.

正向调节作用；教龄在便利条件对中小学教师使用网络学习空间行为的影响中具有正向调节作用。意味着低教龄组教师更多关注网络学习空间对自身工作和学习的意义，自身能否从网络学习空间学到更多的知识和方法，提高自身教学水平；高教龄组教师更多受到他人对自身的影响，也更多关注培训机构和部门提供的便利条件。这一结论也利于培训管理部门和培训实施机构制定针对性的培训政策和措施，引导低教龄组教师更好地利用网络学习空间开展自学和协作学习活动，为高教龄组教师提供更多的支持服务。

本书利用 UTAUT 模型分析了中小学教师使用网络学习空间的影响因素，并探讨了性别、教龄因素对 UTAUT 模型中路径系数的调节作用，得出四个重要结论，对教师培训实践和教育技术应用具有重要意义。本书也存在如下三个不足：首先，采用自我报告式的调查问卷收集数据，容易产生主观偏见，被调查者可能给出比实际情况更好的结论；其次，在 UTAUT 模型中有四个调节变量，分别是性别、年龄、经验和自愿性，而本书只探讨了性别和教龄因素的影响，没有考虑被调查者的经验和自愿性的影响，这一不足限制了研究结论的可推广性；最后，参加“国培计划”（2014）示范性网络研修与校本研修整合培训的教师主要是中西部教师，研究的样本也主要是中西部地区的教师，因此研究结论没有反映东部发达地区教师对网络学习空间的态度，而东部地区较发达，硬件和软件条件更好，中小学教师更有可能采用网络学习空间进行学习和教研。在今后的研究中，需要进一步扩大样本，关注东部教师使用网络学习空间的影响因素，并采用多种方法对研究结论进行交叉验证，如问卷调查法结合访谈法、观察法和网络日志，同时关注使用者经验和自愿性的影响。

第四节　网络学习空间中学习者投入模型及应用①

随着信息技术与教育教学融合的进一步深入，网络学习空间成为教学模式、学习模式、教研模式和教学资源共建共享模式创新的重要源泉，网络学习空间的建设与应用成为研究者和管理者关注的焦点。在教育部颁布的《教育信息化“十三五”规划》中明确指出，要“创新‘网络学习空间人人通’建设与应用模式，

① 本节内容选自：张思，刘清堂，雷诗捷，等. 网络学习空间中学习者学习投入的研究——网络学习行为的大数据分析[J]. 中国电化教育，2017（4）：24-30, 40.

从服务课堂学习拓展为支撑网络化的泛在学习”。网络学习空间建设的目的是形成学习网络，让学习者在学习网络中学习。但有研究表明，由于网络学习的时空特性，学习者在网络学习中容易出现投入不足、辍学率较高的问题①②。网络学习中的学习投入与学习质量紧密联系③④，研究者对网络学习中学习投入的研究主要涉及对网络学习中学习投入的描述分析、影响因素分析、学习投入与学习质量的关联分析⑤。在学习投入的描述性分析方面，主要建立学习者学习投入指标，收集学习者学习投入数据，对学习者学习投入状态进行判断⑥。随着学习分析与大数据技术的发展，对学习投入的研究正朝着深度测量与分析的方向发展，深入分析学习投入与学习质量的因果关系，建立学习者投入模型，依据学习投入状况进行学习质量监控与评价。网络学习空间能对学生学习过程、实践经历进行记录，为学习投入分析、学习质量监控与评价提供了基本条件，在此基础上，本书尝试提出网络学习空间中学习者学习投入模型，可用于对网络学习空间中学习投入的分析与评价，提出网络学习空间建设的建议，目的是提升网络学习空间应用的质量。

一、网络学习空间及学习投入相关研究

（一）网络学习空间的相关研究

尽管网络学习空间的广泛、深度应用是当前教育信息化的重点，但对于网络学习空间的内涵仍缺乏统一的认识⑦。一般认为，网络学习空间是由社会化软件和网络学习平台支持的在线学习活动开展的空间，典型的如国家教育资源公共服务平台、世界大学城、微信平台等。网络学习空间在创新教学模式、自主学习模式、教研模式方面具有广阔的应用前景，主要应用模式包括：依托网络学习空间的文化传播模式，目的是提升社区人员的文化素养；依托网络学习空间的职后培训模式，目的是提升学习者的职后专业能力；依托网络学习空间的探究社区应用模式，目的是提升学生的实践探究能力。在依托网络学习空间开展教师培训方

① 魏顺平. 在线学习行为特点及其影响因素分析研究[J]. 开放教育研究，2012，18（4）：81-90.

② 郑燕林，马诗婧，刘爽. SMCR 模式视角下 MOOC 建设的路径选择[J]. 中国电化教育，2014（10）：36-41.

③ 李晓东，蓝艳玉，黄娟. 中小学教师远程继续教育学习质量评价问卷的研制及应用[J]. 远程教育杂志，2011（6）：51-58.

④ 高洁. 在线学业情绪对学习投入的影响——社会认知理论的视角[J]. 开放教育研究，2016（2）：89-95.

⑤ 尹睿，徐欢云. 国外在线学习投入的研究进展与前瞻[J]. 开放教育研究，2016（3）：89-97.

⑥ 李爽，王增贤，喻忱，等. 在线学习行为投入分析框架与测量指标研究——基于 LMS 数据的学习分析[J]. 开放教育研究，2016（2）：77-88.

⑦ 杨现民，赵鑫硕，刘雅馨，等. 网络学习空间的发展：内涵、阶段与建议[J]. 中国电化教育，2016（4）：30-36.

面，典型的是我国于 2014 年开始实施的能力提升工程。在能力提升工程中明确要求“有效利用网络研修社区，推行网络研修与现场实践相结合的混合式培训”。网络研修是在网络学习平台上开展的有组织、有专家（辅导教师）引领的自主研修方式[①]，网络研修社区中包括教师的学习社区、专家的辅导社区和管理者的管理社区[②]，教师网络研修社区的组成如图 6-4 所示。

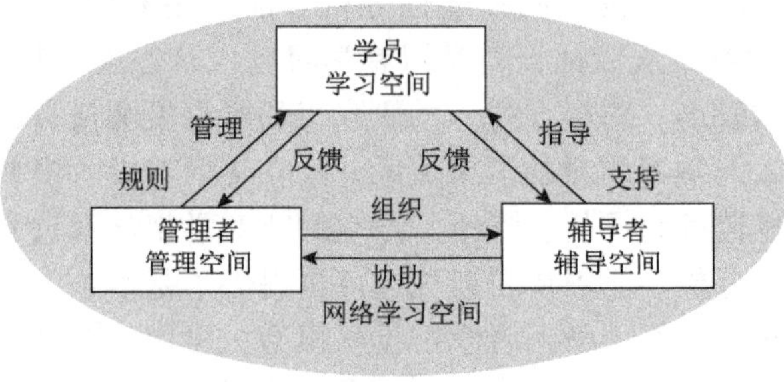

图 6-4　典型的教师网络学习空间

教师网络学习空间的应用模式包括利用视频的网络课程学习、网络校本研修活动[③]与教师工作坊活动[④]。教师网络学习活动普遍存在质量监控薄弱的问题，网络学习的支持保障机制仍然是当前的短板[⑤]。

（二）在线学习投入的结构维度

学习投入是指学习者在学习活动过程中表现出的一种积极的、持续的情感状态，主要特征是活跃、专注和奉献[⑥]。学习者的学习投入状况可以作为预测其学习成就的指标[⑦]。国内外研究者对学习投入的结构维度进行了广泛而深入的探索。李爽等在综合国内外学习投入相关研究的基础上，提出在线学习投入行为的分析框架。在该框架中，在线学习投入行为包括参与、交互、坚持、专注、学术

① 马立，郁晓华，祝智庭. 教师继续教育新模式：网络研修[J]. 教育研究，2011（11）：21-28.

② 张思，刘清堂，熊久明，等. 教师混合式培训中的同侪互助模式与支持策略研究[J]. 电化教育研究，2015（6）：107-113.

③ 刘清堂，张思. 教师混合式培训中主题研修活动设计模型研究[J]. 中国电化教育，2015（1）：111-117.

④ 张思，刘清堂，熊久明. 认知学徒制视域下教师工作坊研修模式研究[J]. 中国电化教育，2015（2）：84-89.

⑤ 贺相春，张兆勤，郭绍青. 网络研修社区中教师能力发展迭代模型研究[J]. 电化教育研究，2016（12）：117-120.

⑥ 高洁，李明军，张文兰. 主动性人格与网络学习投入的关系——自我决定动机理论的视角[J]. 电化教育研究，2015（8）：18-22.

⑦ 李晓东，蓝艳玉，黄娟. 中小学教师远程继续教育学习质量评价问卷的研制及应用[J]. 远程教育杂志，2011（6）：51-58.

挑战和学习的自我监控六个维度，每个维度又包括若干个二级维度①。Kim 等的研究认为，异步在线讨论环境中学习者的学习投入包括积极参与讨论、投入讨论的主题、坚持和交互②。朱文辉等的研究认为，学习者参与度的高低是在线学习有效性的显著标志，在其研究中将参与度分为表层参与和深层参与，并通过问卷调查法和内容分析法分析了教育硕士的在线参与情况，结果表明网络化的协作学习活动显著提升了教育硕士的在线学习参与度③。彭敏军等的研究中，从数量和质量两个角度提出了学习参与的量规度量方式，研究结果表明基于量规的学习参与考量方法能提高在线学习的参与度④。在线学习中，学习者参与并不表示投入，学习投入是一个具有时、空特性的指标。学习者在线学习投入与专注和规律有关。专注和规律是从时间维度更细致地刻画学习者的投入程度，是指学习者保持学习状态的努力程度⑤。在线学习专注、有规律的学生能较长时间保持学习状态，对课程作业、在线讨论投入较多，因而课程作业完成的质量较高，参与讨论的频率和深度较高。在网络学习空间中，学习者除自身学习外，还不断地与他人进行交互，学习者参与交互的状态也是衡量学习投入的重要指标。毛刚等在活动理论的基础上提出了小组协作学习分析模型，用于对小组协作学习过程进行全面、深入的分析。在该分析模型中，对协作学习过程建立了 13 个观察评价指标，包括发/回帖数量、言语互动频次、活动参与频次等。研究结果表明该分析模型在指导基于网络的协作学习分析实践方面具有良好的操作性⑥。学习投入维度的相关研究为本书中学习投入分析模型的提出奠定了基础。

（三）在线学习投入和学习质量的关系

在线学习中，学习者的学习投入对学习质量具有显著的影响。李晓东等基于自我调控学习理论编制了中小学教师远程继续教育学习质量评价问卷，并运用该问卷调查了中小学教师远程继续教育的学习质量，结果表明中小学教师的学习投

① 李爽，王增贤，喻忱，等. 在线学习行为投入分析框架与测量指标研究——基于 LMS 数据的学习分析[J]. 开放教育研究，2016（2）：77-88.

② Kim D, Park Y, Yoon M, et al. Toward evidence-based learning analytics: Using proxy variables to improve asynchronous online discussion environments[J]. The Internet and Higher Education, 2016(30): 30-43.

③ 朱文辉，靳玉乐. 网络化合作活动学习对教育硕士在线学习参与度影响的行动研究[J]. 中国电化教育，2013（8）：48-53.

④ 彭敏军，陆新生，刘引红. 基于数量和质量的在线学习参与度考量方法研究[J]. 现代教育技术，2011（1）：103-106.

⑤ Wise A F, Speer J, Marbouti F, et al. Broadening the notion of participation in online discussions: Examining patterns in learners' online listening behaviors[J]. Instructional Science, 2013, 41(2): 323-343.

⑥ 毛刚，刘清堂，吴林静. 基于活动理论的小组协作学习分析模型与应用[J]. 现代远程教育研究，2016（3）：93-103.

入对学习成绩具有显著的影响[①]。谢浩等的研究认为，形成性评价是保证远程教育学习质量的一个关键环节，而学习参与度评价是加强形成性评价的重要策略[②]。有规律的学习能加强学习者的学习体验，进而提升学习质量[③]。网络学习空间的交互性、协作性功能是促进学习者使用网络学习空间的重要动力[④]。梁云真等以网络学习空间中的交互为研究对象，收集网络学习日志和评论帖内容，采用社会网络分析法和内容分析法研究了网络学习空间中学习者的交互状况和协同知识建构情况。研究结果表明，网络学习空间中学习者的交互是一个相对稠密的网络，学习者之间交互较多，但协同知识建构停留在分享与澄清、认知冲突等较低层次[⑤]。研究者进一步探索了在线学习投入的影响因素。高洁从自我决定理论的视角研究了外部动机与学习投入的关系，研究结果表明外部动机对在线学习投入的影响取决于学习者的自主性程度，对于自主性高的学习者而言，外部动机能有效促进学习者的学习投入[⑥]。在线学习中，学习者的动机、自我效能感、教师、学习活动设计与评价反馈、网络学习平台的技术特征是影响学习者学习投入的重要因素[⑦]。

（四）在线学习投入研究的发展方向

尽管研究者对在线学习投入进行了广泛而深入的研究，但目前研究仍存在两个主要局限：在研究内容方面，当前研究对学习投入的研究主要依靠网络学习平台记录的学习行为数据，如学习者登录的次数、观看视频次数、参加活动的次数等。学习者参与数据在一定程度上反映了学习投入的特征，但在线学习投入是一个具有时间、空间特征的指标，学习者参与不能代表投入，对学习投入需要更加细致的刻画，考虑学习投入的时间特征和空间延展性[⑧]。在研究方法层面，尽管研究者建立了学习投入的描述性指标，并采用调查研究法、内容分析法、社会网络分析法等研究了学习者的学习投入状态，但研究方法是描述性的，其预测和干预的能力不足。当前，在网络学习空间记录学习行为数据的前提下，大数据学习分析技术为学习活动的预测与干预提供了可能。建立大数据分析模型，

① 李晓东，蓝艳玉，黄娟. 中小学教师远程继续教育学习质量评价问卷的研制及应用[J]. 远程教育杂志，2011（6）：51-58.

② 谢浩，陈丽. 现代远程教育中形成性评价的现状及对策研究[J]. 现代远程教育研究，2010（4）：49-53.

③ Andresen M A. Asynchronous discussion forums: Success factors, outcomes, assessments, and limitations[J]. Journal of Educational Technology & Society, 2009, 12(1): 249-257.

④ 王晶. 清华大学网络学堂学生使用情况统计与分析[J]. 现代教育技术，2014（7）：106-112，119.

⑤ 梁云真，赵呈领，阮玉娇，等. 网络学习空间中交互行为的实证研究：基于社会网络分析的视角[J]. 中国电化教育，2016（7）：22-28.

⑥ 高洁. 外部动机与在线学习投入的关系：自我决定理论的视角[J]. 电化教育研究，2016（10）：64-69.

⑦ 尹睿，徐欢云. 国外在线学习投入的研究进展与前瞻[J]. 开放教育研究，2016（3）：89-97.

⑧ 谢浩，陈丽. 现代远程教育中形成性评价的现状及对策研究[J]. 现代远程教育研究，2010（4）：49-53.

对学习活动开展形成性评价，及时预测与干预学习活动成为当前研究的热点与难点。

二、网络学习空间中学习者学习投入模型

（一）网络学习空间中学习者学习投入模型的结构

在网络学习空间中，学习者的学习投入具有时间、空间特性，表现为学习者的参与、专注、规律和交互四个维度，学习者在线学习投入模型如图 6-5 所示。

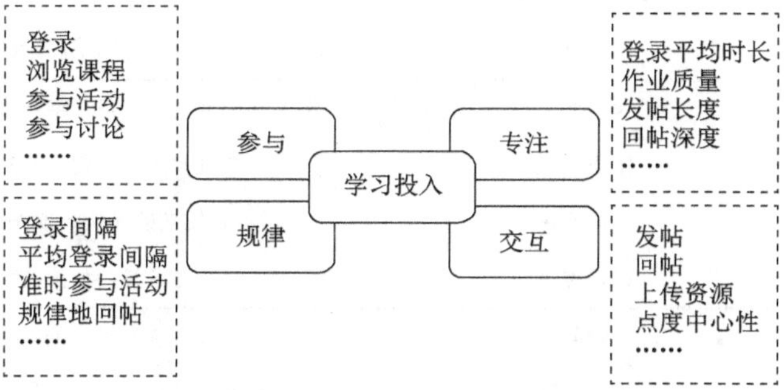

图 6-5　网络学习空间中学习者在线学习投入模型

其中“参与”表示学习者参与学习活动的情况，如登录网络学习平台、浏览课程、参与学习活动、参与讨论活动等。“专注”是一个具有空间特性的维度，用于表示学习者学习投入的程度，如每次登录的平均时长、提交作业的质量、发帖长度、参与讨论的深度等。“规律”是一个具有时间特性的维度，用于表示学习者参与学习活动的规律性，如登录间隔、登录的平均间隔、参与活动准时性、规律地回帖等。在网络学习空间中开展各种学习活动的目的是促进学习者之间的交流，通过交流互动提升学习者的学习动机、学习能力和水平[①]。“交互”表示学习者之间交流互动的情况，也是学习者学习投入的重要组成部分，表现为发帖、回帖、上传资源、点度中心性等。

（二）网络学习空间中学习者学习投入模型的度量

建立网络学习空间中学习者学习投入模型的目的是对学习者的学习投入情况进行刻画，判断个体学习者、协作群体学习投入的质量，并用于学习质量的预测

① Zhang S, Liu Q T, Chen W L, et al. Interactive networks and social knowledge construction behavioral patterns in primary school teachers' online collaborative learning activities[J]. Computers & Education, 2017(104): 1-17.

和干预。在进行学习投入分析之前，需要制定各投入指标的度量方式。本书中，学习投入包括参与、专注、规律、交互四个维度，每个维度下面包含若干个二级维度，每个二级维度的度量方式如表 6-4 所示。由于学习者学习投入的指标有很多，本书选择代表性的维度进行说明。

表 6-4 网络学习空间中学习者学习投入模型的度量

学习投入维度	学习投入指标	学习投入的度量
参与	登录网络学习空间	学习者登录网络学习空间的次数
	浏览网络课程	学习者浏览网络课程的次数
	参与网络活动	学习者参与网络学习活动的次数
	参与网络讨论	学习者参与网络讨论的次数
专注	登录平均时长	学习者登录平台后参与学习活动平均时间
	作业质量	学习者提交课程作业的质量
	发帖质量	学习者发帖的结构、发帖的长度等
	回帖深度	学习者参与讨论的深度
规律	登录间隔	学习者两次登录的间隔时间
	平均登录间隔	学习者登录的时间间隔的平均值
	准时参与活动	学习者按时间进度积极参与网络学习活动
	规律地回帖	学习者有规律地回复他人帖子
交互	发帖	学习者发出评论帖（主题帖）
	回帖	学习者回复他人的帖子
	上传资源	学习者上传资源的数量
	点度中心性	学习者在交互网络的位置

（三）学习投入指标的进一步说明

在表 6-4 中定义了学习投入指标的度量方式，其中部分指标容易度量，如学习者登录网络学习空间的次数，很容易根据网络学习空间记录的日志计算出学习者登录的次数。另外一些指标则依据计算方式的不同，而表现出不同的定义，如回帖深度、登录间隔。因此，有必要对部分指标作进一步的说明。

1. 作业质量

学习者提交作业的质量，一般由教师或网络学习的辅导者依据一定的规则给出，常见的质量等级如优秀、良好、合格、不合格等，每个等级代表一定的数值区间。常见的作业质量的评价依据包括：作业的完整性、作业与学习主题的相关性等。教师或网络学习的辅导者给出作业质量的等级后，网络学习平台自动进行权重计算，并作为学习投入的计算指标之一。

2. 发帖质量

除学习者发帖的数量指标外，学习者发帖的质量是另一个衡量学习投入的重要指标。发帖质量主要衡量发帖的结构、发帖与主题的相关性、发帖的长度等。其中，发帖的结构是指发帖的完整性，如发帖是否包含主题、正例或反例。良好的发帖结构有助于讨论的深入发展，而重复的发帖、不完整的发帖结构会影响，甚至阻碍讨论的有序发展。发帖与主题的相关性，是指学习者发帖的内容与主题的相关程度，是直接相关、间接相关还是不相关，相关程度的大小直接决定发帖的质量，也会影响讨论的发展方向。发帖的长度，是指发帖内容所包含的文字数，一般发帖内容包含的字数越多，发帖者投入的精力越多，发帖的质量越高。

3. 回帖深度

回帖深度是衡量学习者参与讨论时学习投入的一个重要指标，回帖深度的度量如图 6-6 所示。在图 6-6 中，“发帖 1”“发帖 2”“发帖 3”称为首帖，首帖没有父帖，只有子帖，首帖的深度定义为 1 级。“回帖 11”“回帖 12”是对首帖的回帖，达到 2 级深度，其中“回帖 12”既有父帖，又有子帖。“回帖 121”是对“回帖 12”的再次回帖，达到 3 级深度。回帖深度以此类推。

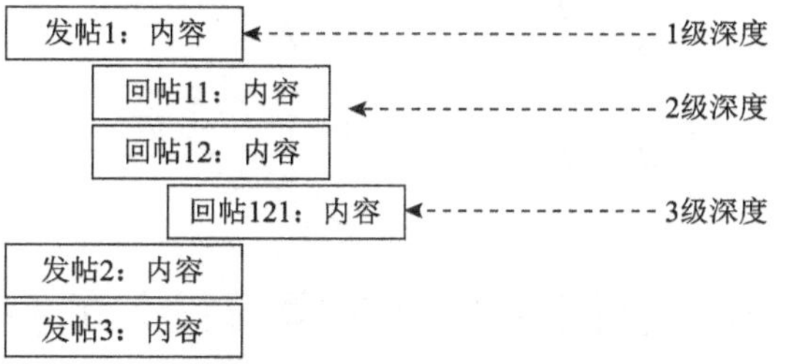

图 6-6 回帖深度示意图

4. 登录间隔

登录间隔是一个具有时间概念的指标，是学习者连续两次登录网络学习空间开展学习活动的时间差值，如图 6-7 所示。在图 6-7 中，T_1 表示学习者第一次在线学习活动的持续时间，T_2 表示学习者第二次在线学习活动的持续时间。T_1' 表示从第一次“退出网络学习空间”到第二次“登录网络学习空间”的时间差值。

依据定义，可以计算网络学习空间中单个学习者、群体学习者的总学习时长、平均学习时长、总登录间隔、平均登录间隔等。以平均学习时长和平均登录间隔为例，计算方式如下：

$$平均学习时长 = \frac{T_1 + T_2 + \cdots + T_i}{i} \tag{6-1}$$

$$平均登录间隔 = \frac{T_1' + T_2' + \cdots + T_i'}{i} \tag{6-2}$$

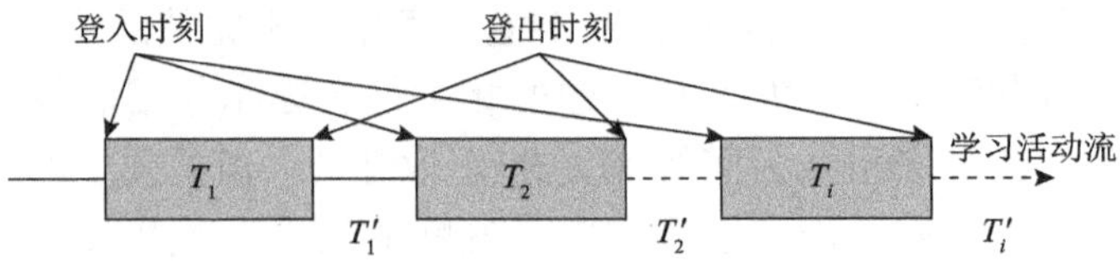

图 6-7　网络学习活动的时间间隔

5. 点度中心性

在网络学习空间中，学习者与他人交互产生社会网络。点度中心性用于描述学习者在社会网络中的位置，判断学习者是交互网络的核心人物，还是边缘角色[①]，从交互的角度判断学习者的学习投入情况。在学习者与他人交互产生的社会网络中，点度中心性包括点入度中心性和点出度中心性，计算公式如下（其中 N 为节点数量）：

$$点入度中心性 = \frac{节点的入度数}{N-1} \tag{6-3}$$

$$点出度中心性 = \frac{节点的出度数}{N-1} \tag{6-4}$$

三、网络学习空间中学习者学习投入的案例研究

（一）案例背景

研究案例来源于全国中小学教师信息技术应用能力提升工程项目，参与培训的学员在网络学习空间中进行学习。学员在网络学习空间中的学习过程包括观看

① Haythornthwaite C. Social network analysis: An approach and technique for the study of information exchange[J]. Library & Information Science Research, 1996, 18(4): 323-342.

视频案例、提交课程作业、参与网络校本研修活动、参与教师工作坊活动等 4 个环节，整个培训活动的持续时间为 4 个月，平均每个月开展 1 项活动。参与培训的学员分小组参加学习，其中每个小组的人数为 70—100 人不等。网络学习空间自动记录学员登录情况、观看视频的情况、学员提交作业的情况、参与讨论的情况等，本书主要收集学员的线上数据进行分析。学员的培训成绩由三部分组成：第一部分是学员的参与情况，如登录空间的次数、观看视频的次数、学习时长等；第二部分是学员提交作业的得分情况，由辅导教师对学员提交的作业按照事先确定的规则进行打分，作为培训成绩的重要组成部分；第三部分是学员参与网络校本研修、教师工作坊讨论的情况，主要包括学员的发帖、回帖、上传与下载资源等。三部分成绩按照一定的权重相加作为学员培训的最终成绩。在学员参与培训前，培训管理者事先告知各部分的权重及计算方法。

（二）研究方法

1. 研究对象与目标

本书的研究对象为某省 2015 年参与全国中小学教师信息技术应用能力提升工程项目的教师，选择其中 1 个语文学科小组开展研究。该小组教师成员 73 人，其中男教师 31 人，女教师 42 人，教师的平均教龄为 18.5 年，学员的培训成绩处于 80—100 分分段。研究者收集该学科小组成员在网络学习空间中的学习行为数据，经过数据收集、预处理和分析，目的是了解小组成员在网络学习空间中的学习投入情况，培训成绩优秀、良好学员的学习投入差异，探索网络学习投入的预测变量，增强网络学习投入干预的及时性和准确性。

2. 研究变量

在本书中，以学员的学习成绩作为因变量。学员的学习成绩分为两类，一类为优秀，即学习成绩高于 90 分，另一类为良好，即学习成绩处于 80—90 分。学员的学习投入情况作为自变量，即以参与、专注、规律和交互情况作为自变量，对学员的学习成绩进行分类与预测。

3. 数据收集与分析

收集的数据包括两部分，一部分为学员的学习行为数据，另一部分为学员的学习成绩。学员的学习行为数据由 2 位研究者分别在网络学习空间进行采集，采集完成后 2 位研究者对数据进行比对，对不一致的地方进行协商，直到 2 位研究者采集的数据达到一致。学员的学习成绩主要由学员登录平台、观看视频、参与讨论、提交作业等几部分按照一定的权重组成，并由系统依据规则进行汇总，并记录到后台，这部分数据直接由后台获得。

主要的分析方法包括描述性统计分析、比较均值和数据挖掘。其中，描述性统计分析主要用于分析学员投入的基本情况，如参与情况、专注情况、规律情况和交互情况。比较均值用于比较培训成绩高、低学员之间学习投入的差异，描述性统计分析和比较均值在 SPSS 中完成。数据挖掘主要用于对学员的学习情况进行分类与预测，并判断预测的准确性。先将学习投入情况和学习成绩编辑为 Weka 可以处理的 arff 文件，然后进行数据分析。

（三）数据结论

1. 网络学习空间中学习者（教师）学习投入的基本情况分析

网络学习空间中教师学习投入的基本情况如表 6-5 所示。从学习投入的统计情况可以看出，教师登录的平均次数达到 22.25 次，平均每次登录的时长接近 3.5 小时，平均每位教师提交 4.88 个资源。尽管教师参与讨论的次数较多（26.86 次），但发首帖的次数较少，即教师发布新主题的次数较少。教师发帖基本都是一段话，平均发帖长度为 114.59 字。

教师登录的时间间隔约为 5.5 天，说明教师基本每周登录 1 次网络学习空间参与课程学习与讨论。教师观看他人的讨论帖后，进行回复的次数较少，平均为 5.04 次，回帖的平均字数为 79.26 字，部分教师在发帖时仅仅写出“同意”“我赞同某某的观点”“支持”等。

表 6-5 网络学习空间中教师学习投入的基本情况

维度		均值	标准差
参与维度	登录次数	22.25	5.245
	登录总时长	4 588.23	1 785.17
	课程学习数量	10.73	1.193
	作业提交量	3.27	0.870
	参与活动次数	4.03	0.234
	参与讨论次数	26.86	22.368
	资源提交数	4.88	3.059
	发帖次数	2.16	1.519
专注维度	发帖长度	232.21	192.35
	平均发帖长度	114.59	51.27
	给他人回复的字数	79.26	144.685

续表

维度		均值	标准差
规律维度	登录总间隔	8 050.41	10 717.209
	平均登录间隔	4 997.44	7 692.78
交互维度	给他人的回复数	5.04	7.58
	收到的回复数	5.04	3.95
	收到的回复的字数	79.26	74.43

2. 培训成绩优秀、良好学员的学习投入差异分析

以培训成绩高于 90 分的学员为 1 类，培训成绩在 80—90 分的学员为 2 类，采用独立样本 t 检验对比培训成绩高、低学员的学习投入差异。首先判断数据是否符合正态分布①，然后以培训成绩为分类变量，学习投入的指标为检验变量，执行独立样本 t 检验，判断培训成绩高、低学员的学习投入差异，统计结果如表 6-6 所示，表中仅显示有显著差异的变量。培训成绩优秀的学员参与活动的平均次数为 4.17，显著高于培训成绩良好的学员（4.0）。培训成绩优秀的学员参与讨论的平均次数为 43.25，显著高于培训成绩良好的学员（23.64）。培训成绩优秀的学员给他人的平均回复次数为 10，显著高于培训成绩良好的学员（4.07）。培训成绩优秀的学员给他人的平均回复字数为 158 字，显著高于培训成绩良好的学员（64）。

表 6-6　培训成绩优秀、良好学员的学习投入差异分析

投入指标		方差方程的 Levene 检验		均值方程的 t 检验		
		F	p	t	df	p（双侧）
参与活动次数	假设方差相等	26.105	0.000	−1.000	11	0.339
	假设方差不相等			2.322	71	0.023
参与讨论次数	假设方差相等	28.940	0.33	2.918	71	0.005
	假设方差不相等			1.483	11.331	0.165
给他人的回复数	假设方差相等	15.175	0.000	1.449	11.607	0.174
	假设方差不相等			2.574	71	0.012

① 舒华，张亚旭. 心理学研究方法：实验设计和数据分析[M]. 北京：人民教育出版社，2008：244-259.

续表

投入指标		方差方程的 Levene 检验		均值方程的 t 检验		
		F	p	t	df	p（双侧）
给他人的回复字数	假设方差相等	10.303	0.002	1.078	11.336	0.304
	假设方差不相等			2.116	71	0.038

3. 投入预测模型

在 Weka 中选择 70%的数据作为训练集，30%的数据作为测试集，进行分类器评估，用于选择针对本数据集最优的分类器。分类器评估最常用的指标包括召回率（R），查准率（P）、F 值（召回率和查准率的调和均值）、准确率和 Kappa 值[①]。常用分类器的效果比较如表 6-7 所示。通过比较发现，针对本数据集最优的分类器为决策树分类器，因此采用决策树分类器对数据进行分类。

表 6-7　不同分类器的效果对比

分类器	P	R	F	准确性百分比（%）	Kappa 值
Logistic 回归	0.734	0.773	0.753	77.27	–0.1224
朴素贝叶斯	0.740	0.818	0.777	81.82	–0.0732
支持向量机	0.746	0.864	0.8	86.36	0
K 近邻	0.734	0.773	0.753	77.27	–0.1224
J48 决策树	0.918	0.909	0.889	90.91	0.4634
随机森林	0.746	0.864	0.8	86.36	0

注：P 表示 precision（查准率），R 表示 recall（召回率），F 为 P 值和 R 值的调和均值

教师参与网络学习空间学习共持续 4 个月，对每个月的数据进行整理，整理成 4 个文档。研究者采用决策树分类器探索每个月学习成绩预测的关键指标，分析结果如表 6-8 所示。在预测指标中，作业提交量、参与讨论次数多次出现，成为预测学生学习情况的重要指标。

表 6-8　学习成绩预测的关键指标

关键指标	1 月	2 月	3 月	4 月
关键指标 1	作业提交量	作业提交量	参与讨论次数	参与讨论次数
关键指标 2	课程学习数量	参与活动次数	作业提交量	作业提交量
关键指标 3	参与讨论次数	参与讨论次数	登录总间隔	平均登录间隔

① 刘挺，秦兵，张宇，等. 信息检索系统导论[M]. 北京：机械工业出版社，2008：186-203.

使用学习者4个月的学习投入数据作为数据源，采用决策树分类器对学员的学习成绩进行分类和预测，预测的准确性如表6-9所示。依据预测的准确性值，建立预测折线，如图6-8所示。

表6-9 学习成绩预测准确性表

项目		1月	2月	3月	4月
预测学习成绩	优秀	41	57	60	59
	良好	32	16	13	14
实际学习成绩	优秀	61	61	61	61
	良好	12	12	12	12
准确性		38（52.05%）	42（57.50%）	53（72.60%）	62（84.90%）

注："预测学习成绩""实际学习成绩"只判断学习成绩优秀、良好的情况，如果预测的学习成绩为优秀，实际学习成绩也为优秀则准确性加1，以此类推。

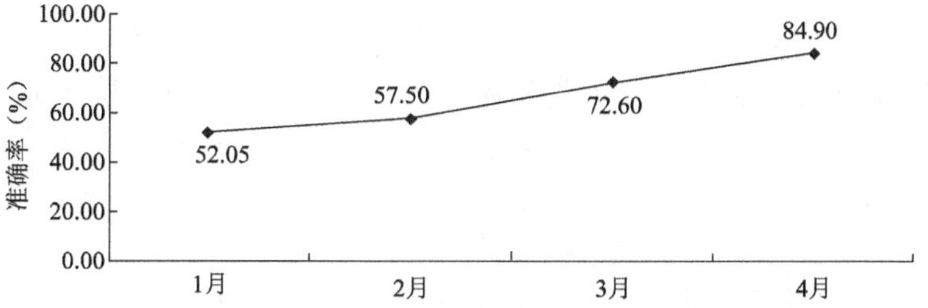

图6-8 学习成绩预测准确性

运用学习投入分析模型对教师网络学习的投入状况进行分析，我们发现教师网络学习投入的程度不高，其中参与和交互的情况最为明显，与王琦的研究得出类似的结论①。其次，高低学习成绩的学员在网络学习空间中表现出不同的学习状态，在参与活动、参与讨论、回复以及回复的专注程度方面表现出显著的差异。最后，以学习投入情况作为分类数据源，对学员的学习成绩进行预测，表现出了较好的准确性。

四、研究结论及讨论

尽管国内外学者对在线学习投入进行了广泛而深入的研究，但当前研究无论是研究内容层面，还是研究方法层面都存在局限。提升学习投入测量的准确性、

① 王琦. 西部农村英语教师网络自我效能及其使用关系研究[J]. 电化教育研究，2012（3）：56-60.

干预与决策的及时性成为网络学习空间建设亟待解决的重要问题[①]。

（1）学习者的在线学习投入具有时间、空间特征，对学习投入的分析需要在现有数据指标的基础上，加入时间、空间维度，用于更细致地、准确地分类不同学习投入的学习者。

（2）对学习者交互的研究主要停留在数量描述，最常用的方法是计算发帖/回帖的数量、发帖/回帖的字数、提交和下载资源数等。学习者的交互具有层次结构，呈现树状特征，交互的深度与质量是影响学习讨论发展的重要推动力。因此，在描述数量的同时，网络学习空间需要从层级方面对交互的质量进行描述。

（3）当前对学习投入的研究，主要采用数据指标或量规的方式判断学习者学习投入的状况，这些方法能对学习者的学习投入进行刻画，但难以及时发现并指出学习者学习投入中出现的问题，更难以辅助管理者及时干预与决策。在大数据学习分析的基础上，建立数据预测模型，对学习者的学习状态进行预测与干预，成为当前研究亟须解决的问题。

（4）当前对学习投入的研究，主要由研究者收集学习者学习投入的数据，并采用一定的研究方法判断学习者的学习投入状态，然后从管理层面进行干预与决策，在一定程度上仍然具有反馈滞后性。学习分析的目标是促进学习者个体的发展，将学习投入的情况及时反馈给学习者，让学习者依据自身的学习情况及时进行调整，是提升在线学习绩效的较好的选择。

网络学习空间中学习者的学习投入是影响学习质量的重要因素。本书在文献研究的基础上，提出了网络学习空间中学习者学习投入的分析模型，并指出学习投入各维度的度量方式。然后将该模型运用到教师网络学习空间，探讨了教师的学习投入状况，并以学习投入为数据源，对教师的学习成绩进行了预测，通过与实际情况对比表明预测具有较好的准确性。但本书仍存在以下三个主要局限：①本书的样本太少，以一个学科小组的数据进行分析，得出的研究结论可能难以推广到更大的总体；②教师的学习投入涉及行为、认知和情感等多方面要素，仅仅从行为方面判断学习者学习投入的状况略显不足；③学习者的学习投入状况不仅体现在结构化数据方面，而且体现在非结构化数据方面，如发帖内容与主题的关联性、发帖内容的新颖性等，而相关内容由于目前研究者能力的局限没有考虑进来。在今后的研究中，将进一步扩大研究的样本，选择教师研修活动的多个小组进行研究，进一步增加认知和情感方面的指标，并融合结构化数据和非结构化数据进行综合评价。

① 张思，刘清堂，雷诗捷，等. 网络学习空间中学习者学习投入的研究——网络学习行为的大数据分析[J]. 中国电化教育，2017（4）：24-30，40.

第五节　网络学习空间中的在线学习行为分析模型及应用[①]

随着教育信息化的不断深入，网络学习已被学习者普遍接受。网络学习空间的建设与应用成为在线学习的一项重点内容，受到教育管理部门和研究人员的广泛关注。《教育信息化“十三五”规划》明确指出，“要大力推进‘网络学习空间人人通’，网络学习空间应用普及化，基本形成与学习型社会建设需求相适应的信息化支撑服务体系”。时任副总理刘延东强调，“十三五”期间“网络学习空间人人通”要更加普及、深入，要统筹推进实名制、组织化、可管可控的网络学习空间[②]。在国家政策的指引下，网络学习空间的建设与应用得到了长足的发展。《教育部关于印发刘延东副总理在第二次全国教育信息化工作电视电话会议上讲话的通知》中显示，至 2015 年 11 月，我国超过 30%的学校均开通了网络学习空间，空间数量已增长到 4200 万。而如何对网络学习空间中积累的大量学习行为数据进行快速有效的分析、挖掘，仍有待研究者思考。

一、在线学习行为分析相关研究

围绕网络学习空间的建设与应用，相关研究者从空间的内涵[③]、设计与规划[④]、建设框架[⑤]、空间的评价指标体系[⑥]到空间中的学习者投入[⑦]、空间支持的

---

① 本节内容选自：吴林静，劳传媛，刘清堂，等. 网络学习空间中的在线学习行为分析模型及应用研究[J]. 现代教育技术，2018，28（6）：46-53.

② 中共中央网络安全和信息化委员会办公室，中华人民共和国国家互联网信息办公室. 教育部关于印发刘延东副总理在第二次全国教育信息化工作电视电话会议上讲话的通知[EB/OL]. （2016-01-25）[2020-12-02]. http://www.cac.gov.cn/2016-01/25/c_1117878426.htm.

③ 杨现民，赵鑫硕，刘雅馨，等. 网络学习空间的发展：内涵、阶段与建议[J]. 中国电化教育，2016（4）：30-36.

④ 张子石，金义富，吴涛. 网络学习空间平台的规划与设计——以未来教育空间站为例[J]. 中国电化教育，2015（4）：47-53.

⑤ 祝智庭，管珏琪. “网络学习空间人人通”建设框架[J]. 中国电化教育，2013（10）：1-7.

⑥ 李玉斌，王月瑶，马金钟，等. 教师网络学习空间评价指标体系研究[J]. 电化教育研究，2015（6）：100-106.

⑦ 张思，刘清堂，雷诗捷，等. 网络学习空间中学习者学习投入的研究——网络学习行为的大数据分析[J]. 中国电化教育，2017（4）：24-30，40.

教学模式创新[①]、空间的实证教育效果[②]等方面展开了系列研究，并取得了一定的研究成果。但面对大规模开通空间后积累的大量学习行为数据，如何进行有效分析和利用的研究相对较少。

网络学习空间行为数据分析的相关研究主要包括以下三类：①从学习投入的角度进行分析，如张思等以教师网络学习空间为例，提出了网络学习空间中的学习者投入模型以及相应的度量指标[③]；胡敏提出了网络学习中的学习者参与度模型，将学习者的参与度分为行为参与度、认知参与度、情感参与度三个方面[④]。②从学习交互的角度进行分析，如沈欣忆等做了慕课中学习者参与度对学习效果的影响的研究[⑤]；朱珂提出了网络学习空间中的学习者交互模型，研究了交互性和沉浸感对学习者持续使用意愿的影响等[⑥⑦]。③从学习者行为模式的角度进行分析，如 Hung 等通过数据挖掘技术挖掘学习者行为和活动模式，并进行成绩预测[⑧]；Huang 等通过分析泛在学习档案中的学习行为模式，来为合作学习中的小组分组提供参考[⑨]；Ferguson 等对慕课中的学习者行为进行聚类分析，并将其分为十种典型的学习行为模式[⑩]。上述研究对网络学习行为分析进行了深入探索，具有很强的参考价值。

但是，当前研究仍需进一步深化，要重点解决以下问题：如何对各类网络学习行为进行有效分类和度量？如何通过标准化分析方法对学习数据进行分析？为此，本书以网络学习空间中的在线学习行为作为研究对象，对在线学习行为进行分类和编码，并通过一些分析方法挖掘学习者的相关在线学习行为模式，据此为网络学习中的各类利益相关者提供教学参考和指导。

---

① 肖君，姜冰倩，许贞，等. 泛在学习理念下无缝融合学习空间创设及应用[J]. 现代远程教育研究，2015（6）：96-103，111.

② 谢幼如，盛创新，杨晓彤，等. 网络学习空间提升自我效能感的效果研究[J]. 中国电化教育，2016（1）：34-40.

③ 张思，刘清堂，雷诗捷，等. 网络学习空间中学习者学习投入的研究——网络学习行为的大数据分析[J]. 中国电化教育，2017（4）：24-30，40.

④ 胡敏. 在线学习中学生参与度模型及应用研究[D]. 华中师范大学博士学位论文，2015.

⑤ 沈欣忆，李爽，丹尼尔·希基，等. 如何提升 MOOCs 的学生参与度与学习效果——来自 BOOC 的经验[J]. 开放教育研究，2014（3）：63-70.

⑥ 朱珂. 网络学习空间中学习者交互分析模型及应用研究[J]. 电化教育研究，2017（5）：43-48.

⑦ 朱珂. 网络学习空间交互性、沉浸感对学生持续使用意愿的影响研究[J]. 中国电化教育，2017（2）：89-95.

⑧ Hung J-L, Zhang K. Revealing online learning behaviors and activity patterns and making predictions with data mining techniques in online teaching[J]. MERLOT Journal of Online Learning and Teaching, 2008(4): 426-436.

⑨ Huang Y M, Wu T T. A systematic approach for learner group composition utilizing U-learning portfolio[J]. Educational Technology & Society, 2011(3): 102-117.

⑩ Ferguson R, Clow D. Examining engagement: analysing learner subpopulations in massive open online courses (MOOCs)[C]. *In* Proceedings of the Fifth International Conference on Learning Analytics and Knowledge. New York: ACM Press, 2015: 51-58.

二、在线学习行为分析模型

（一）在线学习行为的分类

在线学习行为的采集和度量是在线学习行为分析的第一步。网络学习空间主要包含三类基本要素：提供网络学习空间的学习系统、学习资源、人（包括教师和同伴）。本书依据学习者与这三大类基本要素之间的相互关系，将网络学习空间中学习者的学习行为划分为以下四种类型：①独立学习行为，是指学习者在学习过程中主要通过内化思考来进行学习，而未与空间中的其他要素发生直接关系，如独立完成作业、撰写学习反思等；②系统交互行为，是指学习者通过与学习系统进行交互来完成学习行为，如登录、注册等；③资源交互行为，是指学习者通过与学习资源进行交互来完成学习行为，如浏览、上传、下载资源等；④社会交互行为，是指学习者通过与网络学习空间中的社交网络进行交互来完成学习，具体包括与教师、同伴进行各类交流活动，如求助、讨论等。基于此，本书构建了网络学习空间的结构模型，如图 6-9 所示。

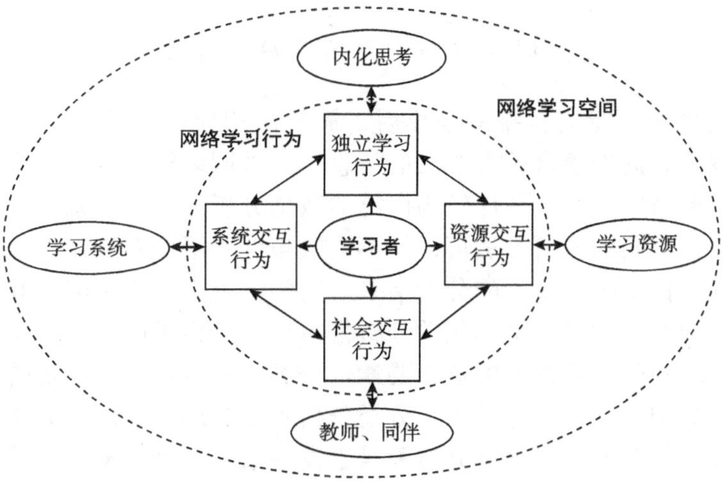

图 6-9　网络学习空间的结构模型

（二）在线学习行为的度量

为了更好地对学习行为进行量化，应为各类行为制定相应的量化指标，以实现学习行为的数量化。表 6-10 展示了各类在线学习行为中包含的典型网络学习行为以及行为的度量指标。

表 6-10 典型的网络学习行为及其度量指标

在线学习行为分类	典型行为	行为度量
独立学习行为	独立完成作业	未按时提交作业的数量、作业成绩
	撰写学习反思	未按时提交反思的数量、反思质量
系统交互行为	注册	注册时间
	登录	登录次数、在线时长、登录时间间隔
	查看系统帮助	帮助查看次数
资源交互行为	资源浏览	资源浏览次数、资源浏览时长
	上传资源	上传资源个数
	下载资源	下载资源个数
社会交互行为	向教师、同伴求助	求助次数
	发表主题帖	发表主题帖个数
	浏览主题帖	浏览主题帖个数、浏览主题帖时长
	对主题帖进行评论	评论个数、评论深度、有意义评论数量

（三）基于数据挖掘的在线学习行为分析模型

完成网络学习行为数据的采集后，需使用相应的分析方法对数据进行分析，以挖掘出数据中蕴含的有意义的信息。在对网络学习行为进行分析时，本书总结了三种通用性强、使用较为广泛的数据分析方法，分别为：相关分析、分类和聚类。不同的分析方法可以从不同的角度和层面对数据进行处理，从而得到不同的分析结果。不同的分析结果对网络学习空间中不同的利益相关者来说，也有不同的作用和意义。相关分析常被用来分析不同要素之间相关性的强弱，从而发现和区分系统中的核心要素。分类分析可以按照一定的标准将数据分为不同的类别。在学习分析中，分类分析常常被用于预测，如学习成绩的预测等。与分类分析不同，聚类分析侧重于发现数据隐藏的模式，其分析结果往往是一些尚未被发现的新模式和规律。网络学习空间中的各类利益相关者均可以受益于这些分析结果。教育管理者可以根据分析结果来调整相关的政策、完善网络学习系统功能；教师可以通过分析结果来发现教学中可能存在的问题，并有针对性地进行教学干预；学习者也可通过分析结果了解自己和同伴的学习状态，并有意识地进行自我调整。图 6-10 展示了基于数据挖掘技术的网络学习行为分析模型。

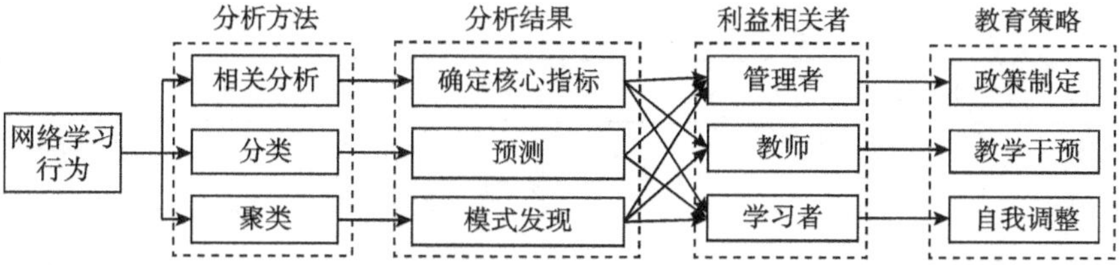

图 6-10　基于数据挖掘技术的网络学习行为分析模型

三、典型案例分析

（一）研究对象与数据采集

为验证本书提出的模型及方法的有效性，本书以某师范类院校云课堂网络学习空间中的学习行为数据为案例进行了相关实证研究。该案例以某师范类院校的公共选修课“现代教育技术”为依托，所有课程资源和参考资料均上传至网络学习空间中，学生的学习方式包含混合式学习和自主学习两种。参与学生为同一教师指导的两个教学班，合计 98 人，其中大四学生 1 人，大二学生 2 人，大三学生 95 人。所有学生中，男生 25 人，女生 73 人。所有学生为师范生，涉及专业包括：生物技术、数学教育、汉语言文学、英语、体育教育、化学教育、美术学。

采集的数据包括两部分：第一部分是网络学习空间中的学习行为数据，来源于网络学习系统的日志文件和系统提供的相关统计信息，包括两次作业的提交时间、作业的完成质量（成绩）、延迟提交作业的数量、课程学习期间登录系统的次数、在线时长、浏览资源的数量、浏览主题的数量、浏览帖子的数量、发表主题帖的数量、回复讨论帖的数量、求助次数。第二部分是期末考试卷面成绩，采用闭卷考试，所有学习者在同一时间使用相同的试卷进行考试。

（二）相关分析

本书使用皮尔逊相关系数对上述因素进行相关分析，得到的相关系数矩阵如表 6-11 所示。

表 6-11　网络学习行为相关分析矩阵

变量	1	2	3	4	5	6	7	8	9	10	11	12
成绩	—	0.623**	0.574**	−0.482**	0.228*	−0.041	−0.040	0.132	0.166	0.163	0.273**	0.080
作业 1 提交时间		—	0.508**	−0.562**	0.367**	0.221*	0.336**	0.255*	0.004	0.026	0.031	0.008
作业 2 提交时间			—	−0.433**	0.350**	0.113	0.312**	0.415**	0.176	0.075	0.088	0.062
延迟提交作业的数量				—	−0.220*	−0.036	−0.137	−0.254*	−0.097	−0.048	−0.119	−0.056

续表

变量	1	2	3	4	5	6	7	8	9	10	11	12
登录次数					—	0.160	0.251*	0.100	0.136	0.118	0.115	−0.074
在线时长						—	0.666**	0.273**	−0.119	0.092	−0.137	−0.028
浏览资源的数量							—	0.645**	0.089	−0.014	−0.045	0.010
浏览主题的数量								—	0.373**	0.140	0.231*	0.123
浏览帖子的数量									—	0.444**	0.521**	0.124
发表主题帖的数量										—	0.713**	−0.030
回复讨论帖的数量											—	−0.008
求助次数												—

根据矩阵分析结果可以看出：①与成绩存在显著相关的因素有作业 1、作业 2、延迟提交作业的数量、登录次数和回复讨论帖的数量。前三个指标与成绩的相关系数均超过 0.4，说明存在强相关性；延迟提交作业的数量与成绩是负相关，说明与其他三类行为相比，独立学习行为与成绩具有更强的相关性，可作为成绩预测和学习干预的核心指标。②在线时长与浏览资源的数量、浏览主题的数量均存在强相关性，说明学习者在线主要是进行学习资源浏览和论坛主题浏览等学习活动，符合在线学习的一般规律。③作业 1、作业 2 与延迟提交作业的数量之间存在强相关性，浏览主题的数量、浏览帖子的数量、发表主题帖的数量和回复讨论帖的数量之间存在较强相关性，这说明独立学习行为和社会交互行为内部具有较高相关性，本书提出的分类方法具有一定的合理性。④求助次数与其他因素均不存在显著相关性，可判定其相对独立于其他变量，且对成绩的预测性较弱，故在后续分析中将其舍弃。

（三）分类预测

以 60 分为阈值将成绩分为两类：大于等于 60 分为及格，低于 60 分为不及格。除“求助次数”外的其他变量作为预测变量，对成绩进行预测。使用 RapidMiner Studio7.6.1 中的六种分类器模型——随机森林、k 近邻、朴素贝叶斯、J48 决策树、支持向量机和 Logistic 回归对数据进行分类预测。随机选择样本数据中 70%的数据作为训练集，30%的数据作为测试集，分类结果如表 6-12 所示。对分类结果的评价采用分类评价中常用的五类指标：总体准确率（分类正确的数据占测试集的百分比）、Kappa 值、平均召回率、平均准确率、F 值。

表 6-12 不同分类器的分类预测结果

分类器	总体准确率	Kappa	平均召回率	平均准确率	*F*
随机森林	0.7436	0.491	0.7474	0.7686	0.7579
k 近邻	0.8462	0.693	0.8474	0.8492	0.8481
朴素贝叶斯	0.5897	0.192	0.5974	0.6492	0.6222
J48 决策树	0.7949	0.591	0.7961	0.7976	0.7968
支持向量机	0.6667	0.339	0.6711	0.6923	0.6815
Logistic 回归	0.8205	0.639	0.8184	0.8288	0.8235

从分类结果中可以看出，在本数据集中，*k* 近邻分类器获得了最好的分类效果，其 Kappa 值为 0.693，*F* 值为 0.8481，能够满足实际应用的需求。

（四）聚类分析

为了更好地对学习者的网络学习行为模式进行挖掘，本书拟通过聚类方法对网络学习行为数据进行分析，聚类可以将具有类似学习行为的学习者进行聚合，帮助发现潜在的学习模式。

较为成熟的聚类算法是 *K*-means 算法。由于 *K*-means 是一种基于距离的算法，而本书采集的各网络学习行为变量所使用的量规不同，不同变量之间数值差异较大。因此，首先要对所有变量进行归一化处理，将其转换为 *z* 分数，然后通过 *K*-means 算法进行聚类。*K*-means 算法需要预先定义 *K* 值，即类簇的个数。为了找出最优 *K* 值，本书使用戴维森堡丁指数（DBI）对不同 *K* 值的聚类结果进行评价。DBI 的值越小意味着类内距离越小，而类间距离越大，聚类结果越趋向于合理。设置 *K* 值的取值范围为 2—9，不同 *K* 值所对应的 DBI 的值如表 6-13 所示。当 K=4 时，对应的 DBI 值最小，为 1.314。因此，本书认为将本数据集聚合为 4 个类簇较为合理。

表 6-13 不同的类簇数量及其对应 DBI

K	2	3	4	5	6	7	8	9
DBI	1.593	1.338	1.314	1.36	1.404	1.492	1.474	1.327

本书使用 *K*-means 算法将数据集聚合为 4 个类簇并对其进行信息统计。为了更清楚地观察不同类簇之间的差异，本书通过折线图来对数据进行展示，如图 6-11 所示。由于不同变量使用的量规不同，因此，图 6-11 是将所有变量进行归一化处理，转换为 *z* 分数后，再对数据求平均值后绘制的图示。

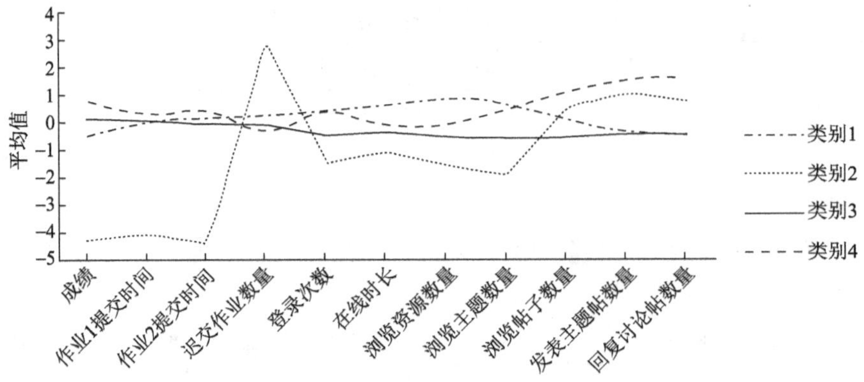

图 6-11 归一化后不同类簇在各变量上的平均值

从图 6-11 可以看出，这四类学习者在不同的学习行为方面存在明显差异。这些差异有助于本书进一步分析学习者的学习习惯和学习特征，也可以帮助教师针对不同类型的学习者提供个性化的学习指导。表 6-14 为不同类别学习者在学习行为上的差异和特点以及可以采取的教学策略。

表 6-14 不同类别学习者的行为差异及教学策略

网络学习行为	勤奋型学习者	消极型学习者	中规中矩型学习者	三好学生型学习者
学习成绩	略低于平均值	最差	接近平均值	高于平均值
独立学习行为	接近平均值	作业成绩最差，迟交作业数量最高	接近平均值	作业成绩高于平均值，迟交作业数量低于平均值
系统交互行为	高于平均值	明显偏低	略低于平均值	登录频繁，在线时长较少
资源交互行为	高于平均值	明显低于其他组	略低于平均值	略低于平均值
社会交互行为	浏览多，发表少	高于平均值	略低于平均值	高于平均值
学习者特点	学习动机较强；愿意学习，但学习效率较低；社会交互中充当“观光客”，较少发表自己的意见，表达欲望较低	整个学习行为表现消极，课程参与度低，但针对自己感兴趣的话题，仍然愿意积极参与社会交互	占据学习者数量的44.9%；能完成各类学习任务，达到合格标准，但无明显特色；不易引起教师关注	学习能力强、自律能力强、接受能力强、有较强的表达欲望，能够通过自己的努力获得较好的学习成绩
教育策略	学习方法是否正确 是否存在学习困难 鼓励学习者在社会网络中更多地表达自己的观点，进行交互和讨论	重点关注 有意识地进行引导，促进学习者学习兴趣转移至其他内容 及时提醒和督促学习者按时完成平时作业	精力足够时，可考虑进一步提升教学内容的趣味性，提高学习者的学习兴趣，引导其投入更多的精力，从而提高学习绩效	提供难度较高的拓展性学习资源，促进学习者获得学业上的精进

类别 1 为“勤奋型学习者”，该群体通常具有很强的学习动机，愿意花费时间参与网络学习行为，但学习效果未能达到预期，且与社交网络的交流与互动并不积极；对于此类学习者，教师应从学习方法上予以辅导，帮助他们找出困难之所在，并鼓励他们积极参与互动和交流。类别 2 为“消极型学习者”，该群体表现为消极参与、学习动机低、自律性差，但面对感兴趣的话题，他们愿意主动发表意见并参与交流；对于此类学习者，教师应重点关注，加强提醒和督促的力度，帮助他们实现学习兴趣的扩展，力争完成课程学习，达到合格标准。类别 3 为“中规中矩型学习者”，该群体占总人数的近一半，其各类学习行为表现均接近平均值，表现并不突出，属于最为“平凡”的一类；针对此类学习者，教师在精力足够的情况下，可通过教学内容趣味性的提升来提高他们的学习兴趣。类别 4 为“三好学生型学习者”，该群体在各方面均表现优异，虽然在学习上所花费时间并不是最长，但学习效率较高，学习能力强、自律能力强、接受能力强，属于典型的“三好学生”；针对此类学习者，教师可以为他们提供更多拓展类学习资源，以帮助他们获得进一步的精进。

网络学习空间的建设与应用日益受到教育管理者、研究者和教师的重视。如何对学习空间中积累的四大类学习行为数据进行分析，从而为教育角色与教学提供指导，是网络学习空间应用的重要问题。本节提出了一种基于数据挖掘的网络学习行为分析模型，其将网络学习行为划分为独立学习行为、系统交互行为、资源交互行为和社会交互行为四类，并提出相关分析、分类和聚类的分析方法，通过分析网络学习行为来挖掘其中的隐藏模式，从而为教育管理者的政策制定、教师的教学干预和学习者的自我调整提供参考和指导。最后，本节以某师范类院校“现代教育技术”公共课的网络学习空间数据为例，开展了相关实证研究。但由于实际数据来源有限，本书采集的学习行为数据规模较小，在一定程度上限制了研究结论的精确性和可推广性。后续研究将进一步扩大研究规模，在更多的课程中开展应用，并针对相应的教学干预策略展开实证研究。

本章小结

继“三通两平台”提出和建设，网络学习空间的理论与实践研究日趋活跃。理论层面主要集中在网络学习空间的设计、构建原则以及网络学习空间的评价指标等；实践层面聚焦师生网络学习空间的知识服务与教学应用等。网络学习空间支持下的教研应用主要聚焦于网络教研的活动设计、研修效果影响、教研行为分析和网络教研效果评价等多个方面。

如何有效利用网络学习空间开展研修，以及网络研修的阻碍因素是什么？围绕上述问题，研究团队以参与全国中小学教师信息技术应用能力提升工程培训的教师为研究对象，从使用者技术接受的整合视角研究了影响中小学教师使用网络学习空间的主要因素，提出了研究假设，构建了研究模型，并通过问卷调查收集材料，对影响因素进行了实证。结果表明，绩效期望和社会影响对教师使用网络学习空间的行为倾向具有积极的作用，便利条件对教师使用网络学习空间的行为具有积极的作用，努力期望对教师使用网络学习空间的行为倾向的影响不显著。性别和教龄对研究模型中的三个核心要素具有调节作用。

如何分析学习者学习投入，并进行科学的度量对网络学习空间建设与应用具有重要意义。研究团队提出了网络学习空间中学习者在线学习投入模型，并指出学习投入各维度的度量方式。以教师网络学习空间为例，分析了教师网络学习投入的现状，并以学习投入指标为分类变量，对教师的学习成绩进行了预测。

网络学习空间学习行为有什么特征，以及如何利用机器学习方法进行充分挖掘和利用是困扰学界的难点问题。研究团队提出了一种基于数据挖掘技术的在线学习行为分析模型，通过精细划分在线学习行为，采用相关分析、分类分析和聚类分析等机器学习方法挖掘在线学习行为规律。以某网络学习空间数据为例，进行案例研究后发现数据驱动的在线学习分析模型具有较好的预测能力，并能为教师干预教学提供支撑。

网络学习空间中的学习过程及其学习行为分析一直是研究者关注的热点问题。已开展的研究为精准地分析网络学习状态、评价网络学习效果等提供了可参考的经验和方案。

第七章

信息技术支持的教师混合式培训模式及应用

2013 年，教育部发布了《教育部关于深化中小学教师培训模式改革全面提升培训质量的指导意见》和《教育部关于实施全国中小学教师信息技术应用能力提升工程的意见》，其中提到要根据信息技术环境下教师学习特点，有效利用网络研修社区，推行网上和网下研修结合、网络研修与现场实践结合的混合式培训模式。

在“互联网+”时代，教与学的方式发生着巨大的变化，混合式培训在培训的前期、中期、后期借助信息化技术，通过网络研修，促进教师主动思考，从而增进其对研修内容的理解掌握，突破了集中面授在研修内容、研修需求、研修进度等方面的限制，加强了知识与实践相结合的力度，同时兼顾了远程学习的“成本低”和集中面授的“效果好”的优点。[①]

① 贾思彤. 教师混合式培训实施现状及对策建议——以新疆师范大学为例[J]. 科教文汇（下旬刊），2016（8）：28-29.

第一节 混合式培训与教师研修

一、教师混合式培训内涵

教师混合式培训主要针对传统教师培训的不足，为解决传统教师研修中存在的针对性不强、内容泛化、方式单一，集中面授与网络研修的内容匹配度不高，学习共同体成员之间交流互动少，教师参与网络研修活动的积极性不高；返岗实践成果少，培训效果难以有效延续等一些突出问题，需要转变教师培训方式，营造网络学习环境，打造教师学习共同体，积极推动实施网络研修与校本研修整合培训。[①]

混合式培训主要是指将传统的集中面授培训与现代信息技术支持的网络自主学习、网络交流互动以及线下研修有机融合的一种培训方式。网络研修与校本研修整合培训是将混合式培训引入教师培训的一种新型的教师培训模式。教师混合式培训同时兼顾了网络研修与校本研修的优点，一方面，不同于传统的集中面授培训，教师混合式培训以校本研修作为基础，参与培训的教师不用花费时间和精力集中到某一个指定的地点，而是在任职学校就能通过开展校本研修达到参与培训的目的；另一方面，教师混合式培训也不单是通过网络自主学习达到培训效果，而是以校本研修为基础，同时开展网络研修，进行线上讨论交流。[②]混合式培训强调培训环节进课堂，教师行动研究与反思实践的有机结合；强调基于研修平台的线上、线下培训的有机结合；采用集体备课、观课磨课、课程研修等对校本研修活动进行支撑[③]。

二、混合式培训相关理论

混合学习环境把在线学习和面对面学习环境的优势结合起来[④]。混合学习是

① 熊久明，刘清堂，张思，等. 教师混合式培训中的同侪互助行为调查研究[J]. 现代远距离教育，2015（6）：51-58.

② 熊久明，刘清堂，张思，等. 教师混合式培训中的同侪互助行为调查研究[J]. 现代远距离教育，2015（6）：51-58.

③ 刘清堂，张思. 教师混合式培训中主题研修活动设计模型研究[J]. 中国电化教育，2015（1）：111-117.

④ Osguthorpe R T, Graham C R. Blended learning environments definitions and directions[J]. The Quarterly Review of Distance Education, 2003, 4(3): 227-233.

一个由传统课堂转变而来的整合了各种灵活的教学方式而且得到普及的学习范式，混合学习的成员之间可以广泛交流、分享知识和实践经验[①]。国外学者混合学习的八角框架指出，由于每个学生对学习的要求和绩效表现不尽相同，培训机构必须在培训策略中使用混合方案，使得在适当的时间（right time），在适当的安排（right format）下，把适当的内容（right content）给适当的人（right people）学习[②]。

国内学者黄荣怀等认为混合学习融合课堂教学和网络教学的优势，综合了以教师讲授为主的集体教学形式、基于合作理念的小组教学形式和以自主学习为主的远程教学形式[③]。徐福荫教授指出："信息时代的教学观强调师生互动，强调学习者对知识的主动建构，强调在活动中学习、基于问题的学习。"[④]混合学习比传统面授学习和完全在线学习具有更深的层次，混合学习不再片面强调在线学习而忽视课堂教学，不再片面强调以学生为中心而忽视教师的主导作用，不再仅仅注意在线环境构建和资源开发而忽视传统媒体。在实际应用中，混合学习以学生的学习绩效作为评价教学效果的依据，在理论和方法上都将对教师混合式培训新模式的研究产生深刻影响。

三、典型的教师混合式培训模式

教师混合式培训模式主要有以下几种：①线上线下混合式培训模式；②专家面授、网络平台远程培训和校本培训结合模式；③主题学习活动导向模式；④"教-研-训"一体化培训实践模式；⑤三段六环培训模式；⑥基于 MOOC 的混合式培训模式。

（一）线上线下混合式培训模式

随着信息技术的发展，校本和网络混合研修已成为常态。转变研修形式，实行线上线下相结合的混合式研修，是信息时代对教师专业发展提出的新要求。线上线下相结合的混合式培训模式是指线上学习与线下集中研修相结合的"双线并行"混合式培训模式[⑤]。在培训过程中，培训者将理论与实践相结合，将专题学

① Volpentesta A P, Frega N. Developing a blended-learning community in a university setting[J]. International Journal of Web Based Communities, 2007, 3(2): 134-150.

② Singh H. Building effective blended learning programs[J]. November-December 2003 Issue of Educational Technology, 2003, 43(6): 51-54.

③ 黄荣怀，周跃良，王迎. 混合式学习的理论与实践[M]. 北京：高等教育出版社，2006：3-14.

④ 徐福荫. 信息时代的学与教[J]. 电化教育研究，2007（12）：5-8.

⑤ 翟慧清. 线上线下相结合的课例研修模式构建及案例分析[D]. 华中师范大学硕士学位论文，2019.

习与交流研讨相结合。目的是更好地实现培训目标，提高教师的教育能力，促进教育事业的发展。

翟慧清以活动理论、混合学习理论以及教学设计理论为基础，采用文献研究、调查研究、内容分析及案例分析的方法，对课例研修需求与现状展开调研，构建线上线下相结合的课例研修模式①。首先分析不同课例研修模式应用形态的组织机制及运行流程，明确研究的出发点；其次构建了“准备—自主设计—同伴打磨—实践反思—总结”的五阶段过程模型；最后从研修主题选择、线上线下研修活动设计及研修保障机制设计三方面提出模式应用支持策略。实践应用效果较好，提高了课例研修操作实践的规范性。

（二）专家面授、网络平台远程培训和校本培训结合模式

这是一种将传统的集中面授培训、网络远程培训和校本培训等方式结合起来，在组织形式上分级，在培训内容和活动上分层的新型混合式培训模式，将专家面授、网络平台远程培训、校本培训相结合，实现了培训资源的实时分享，方便了专家与教师的交流。

张淮江等积极探索并实施“校本+远程+集中”教师培训模式，以校本研修为主体，基于网络环境进行远程学习和资源服务、专业引领和交流研讨，通过远程学习和集中培训提升教师能力，实现教师培训与校本教研有效整合，提升教师能力，解决了集中培训与校本研修“两张皮”的问题，探索了网络环境下校本研修的新途径、新策略和新方法，促进教师发展，实现了教师培训模式的理论发展和实践创新，为有效开展教师培训提供理性思考和经验借鉴②。

（三）主题学习活动导向模式

活动导向的混合式教师培训模式，就是在混合学习理论的指导下结合集中面授、远程培训和校本培训等方式的优点，开展基于探究式学习活动的混合式教师培训模式，这种混合式培训在培训形式、培训内容和活动设计上遵循教师行动学习特征和学习活动设计理念，有效提升教师能力③。

刘清堂等基于活动理论和混合学习理论，构建了教师混合式培训主题研修活动设计模型，纵向结构上以教师研修主题为活动序列，通过活动调用网络和校本基本研修活动，形成多层次的教师混合培训主题研修活动序列；横向结构上按构

---

① 翟慧清. 线上线下相结合的课例研修模式构建及案例分析[D]. 华中师范大学硕士学位论文，2019.

② 张淮江，汪文华. 中小学教师混合式培训模式研究与实践——以安徽省无为县“校本+远程+集中”教师培训为例[J]. 教书育人，2016（2）：48-51.

③ 金彦红，徐斯佳，李华，等. 网络环境支持的中小学教师培训模式研究[J]. 中国电化教育，2012（8）：62-67.

成主题研修活动的成分，分为核心要素和支持性要素，这些方法性要素之间形成层级关系，从而增加了主题研修活动设计的系统性和规范性[①]。以解决教学实际问题为出发点，体验、交流和实践为活动过程，共享教师实践经验为目标的混合式培训中主题研修活动的设计，借鉴了已有的线上学习活动设计模型和线下学习活动设计模型的研究成果，并结合了教师混合式培训的自身特点，因此推动了教师网络研修与校本研修活动规范化，是提高教师混合式培训研修质量的有效方法。

（四）“教–研–训”一体化培训实践模式

该模式可分为两级混合培训模式和三级混合培训模式。两级混合培训模式中的两级是指教师短期集中面授培训和网络远程指导下的校本培训。三级混合培训模式是面授培训、网络远程指导下的学区资源教师培训和校本培训相结合的三级培训模式。[②]

郭绍青等依托中央电教馆-联合国儿童基金会“灾区教师培训”项目的培训实际，在基于网络的分级分层混合式培训模式理念下提出了“教-研-训”一体化培训实践模式，即两级混合培训模式与学区资源中心模式；并在实践中总结出该模式的实施策略与方法，建立校本培训小组，完善组织、管理机制，开展多样化的校本培训活动，调查与分析结果显示，该模式应用效果较好，促进了教师专业技能的提升和发展[③]。

（五）三段六环培训模式

该模式将培训分为双基地集中研修、网络化团队研修、校本化实践研修三个阶段，形成包含模块学习与研讨、名校观摩与跟岗、在线学习与交流、任务驱动与完成、实践应用与反思、成果提炼与展示等六个环节的教师培训模式[④]。其中，双基地集中研修包括模块学习与影子研修，网络化团队研修包括社区学习与任务驱动，校本化实践研修包括实践运用与成果提炼，最终形成“提升专业素养—拓展延伸学习—推进实践应用—收获研修成果”的一体化研修体系。[⑤]

---

① 刘清堂，张思. 教师混合式培训中主题研修活动设计模型研究[J]. 中国电化教育，2015（1）：111-117.

② 郭绍青，张绒，杨彦军. “教—研—训”一体化教师培训实践模式与策略研究——以中国和联合国儿基会“灾区教师培训”项目为例[J]. 中国远程教育，2013（3）：88-92.

③ 郭绍青，张绒，杨彦军. “教—研—训”一体化教师培训实践模式与策略研究——以中国和联合国儿基会“灾区教师培训”项目为例[J]. 中国远程教育，2013（3）：88-92.

④ 任小媛，王志军，王诗佳. 基于 MOOCs 的混合式培训模式研究——高校新教师专业发展的新途径[J]. 现代教育技术，2016，26（8）：76-82.

⑤ 王正青，鲍娟. “三段六环”混合式教师培训模式设计与运用[J]. 现代中小学教育，2016，32（2）：99-102.

王正青等依托管理主体、专家团队、课程资源、实践基地、网络平台等保障体系，通过理念系统、操作系统和监控系统在实践中运行三段六环培训模式，并将其运用在西南大学若干培训项目中[①]。

（六）基于 MOOC 的混合式培训模式

基于 MOOC 的混合式培训模式，是一种以基于 MOOC 的自主学习为主、集中培训为辅的混合式培训模式。该模式由前期培训与网络学习指导、推荐与寻找 MOOC、自主学习 MOOC、集中面授、培训考核与认证等五个主要环节组成，是一种将线上的自主学习与线下的集中面授进行有效结合的混合式培训模式。

任小媛等针对教育信息化背景下新入职教师面临的问题，以及 MOOC 在教学示范、满足个性化学习需求、构建学习共同体、学习评价保障深度参与和免费等方面的优势，提出了基于 MOOC 的混合式培训模式；并提出坚持以线上自主学习为主、集中培训为辅，将培训组织机构转变为学习支持服务的提供者，培训考核更加注重形成性考核和第三方认证，将培训重心转变为通过网络化学习促进教师的专业发展[②]。

中小学教师混合式培训是一种数字化环境下的新型培训方式。要构建混合式培训模式，需要从需求着手，从参与教师的实际需要出发；以课堂教学中存在的问题为切入点，组织共享相关的教育资源；以真实任务为驱动，有效混合多种培训形式；以成员之间的交流互动为基础，实现教师的自主知识建构；以网络研修平台为支撑，从而实现教育资源的有效融合[③④]。教师混合式培训中同侪互助行为在学术性支持、技术性支持、情感性支持和反思性支持等四个维度呈现出不同的差异和特点，同侪互助行为受到性别、教龄、学历、区位等因素的影响[⑤]。张思等从提升教师实践性知识和教学效能感的视角提出同侪互助模型；为同侪互助的有效实施提出阶段性策略、交流策略和支架策略。应用效果表明，同侪互助模式及支持策略促进了教师混合式培训的有效实施，是教师混合式培训取得成功的

---

① 王正青，鲍娟. “三段六环”混合式教师培训模式设计与运用[J]. 现代中小学教育，2016，32（2）：99-102.

② 任小媛，王志军，王诗佳. 基于 MOOCs 的混合式培训模式研究——高校新教师专业发展的新途径[J]. 现代教育技术，2016，26（8）：76-82.

③ 熊久明，刘清堂，张思，等. 教师混合式培训中的同侪互助行为调查研究[J]. 现代远距离教育，2015（6）：51-58.

④ 罗秀. 中小学教师混合式培训的构建与实施[J]. 黑龙江教育学院学报，2015，34（10）：32-34.

⑤ 熊久明，刘清堂，张思，等. 教师混合式培训中的同侪互助行为调查研究[J]. 现代远距离教育，2015（6）：51-58.

关键因素之一，对同类型教师研修活动的开展起到一定的借鉴作用[①]。

随着教师培训在全国范围内的逐渐开展，以地区为单位的区域性教师混合培训逐渐成为教师培训的新阵地。基于某一区域教师共同体整体性的专业成长和部分骨干成长的理念，针对教师共同体共同存在或者本地区存在的问题，有针对性地以相关问题或者理念为培训主题，采用混合式培训模式，提升教师的教学水平，驱动区域教师培训信息化管理。曾海从区域教师混合式培训形式、区域综合公共服务平台、组织与管理机制、学习支持服务体系四个方面构建区域中小学教师混合式培训模式，该培训模式强调在区域层面“从学到研”“从 PC 端到移动端”的转变，有效利用“积分银行”建立区域自组织研修机制，引入生态学理论探索区域教师培训。[②]

第二节　教师混合式培训中主题研修活动设计模型及应用[③]

由于混合培训新模式刚刚实施，培训中的主题研修活动设计研究还处于起步阶段，有待深入研究和规范。本书旨在通过对教师混合式培训中主题研修活动设计的研究，充分调动影响教师主题研修活动的各种因素的积极作用，实现对教师主题研修活动的有效干预，有效提升教师信息技术应用能力[④]。

一、主题研修活动相关研究

国内外研究者、组织、机构随着对于以活动为中心的学习设计的重视，纷纷倾向于在线学习活动设计模型的研究。在国内外比较有影响力的在线学习活动设计模型主要有：①CSALT 项目。该项目对学习活动的本质进行了研究，将学习

---

① 张思，刘清堂，熊久明，等. 教师混合式培训中的同侪互助模式与支持策略研究[J]. 电化教育研究，2015，36（6）：107-113.

② 曾海. 区域中小学教师混合式培训模式研究[J]. 中国电化教育，2017（12）：138-143.

③ 本节内容选自：刘清堂，张思. 教师混合式培训中主题研修活动设计模型研究[J]. 中国电化教育，2015（1）：111-117.

④ 熊久明，刘清堂，张思，等. 教师混合式培训中的同侪互助行为调查研究[J]. 现代远距离教育，2015（6）：51-58.

活动看成在一定环境中发生的学习活动序列，并对设计者计划的“任务”和学习者进行的“活动”进行了区分[①]。②欧洲的 CANDLE 项目。该项目通过研究学习活动，提炼出学习活动的六个要素，即活动目标、活动结构、活动情境、活动工具、活动对象和活动参与者角色。③DIALOG PLUS 项目。该项目定义了学习活动的七个要素，其中，四个核心要素是学习结果、属性集合、活动任务和角色分工，三个支持要素是活动工具、资源和输出数据。④国内学者李青从以活动为中心的视角对学习进行分析，提出了以活动为中心的学习模型。在该学习模型中，活动是模型的中心，学习活动主要包含活动、目标、资源、学习者和环境五个要素[②]。⑤杨卉等从活动理论和远程教育理论结合的视角，研究了教师网络实践共同体研修活动设计模型[③]。对混合学习的研究大多针对各种学习理论的混合、学习媒体的混合、学习环境的混合、教与学的混合等开展。虽然从学者的研究中可以看到，学习活动是混合学习最重要的组成部分，设计混合学习中的学习活动以提高混合学习的绩效应该是混合学习研究的核心问题，而且以学习者活动为中心将有助于提高学习者的能动性、增强混合学习的效果，但目前从线上和线下两方面同时探讨混合式学习活动设计的研究非常少，尚未找到类似研究。

混合式培训中的教师群体是一个学习共同体、实践共同体。教师学习共同体中的学习是以计算机和网络为媒介，以学习者为中心，在协助中相互交流、创造知识，分享价值观和实践经验[④]。教师实践共同体是一个诸多个体的集合，这些个体长时间共享共同确定的实践、信念和理念，从事共同的事业[⑤]。在网络研修与现场实践相结合的混合式培训中，教师的学习与研修活动大部分是非正式的，便于教师利用业余时间学习、分享和交流实践经验。教师网络研修与现场实践相结合的混合式培训中的主题研修活动设计研究还处于起步阶段，有待深入研究和规范。我们认为，以解决教学实际问题为出发点，体验、交流和实践为活动过程，共享教师实践经验为目标的混合式培训中，主题研修活动的设计应借鉴已有的线上学习活动设计模型和线下学习活动设计模型的研究成果，并结合教师混合式培训的自身特点。因此，构建教师混合式培训中主题研修活动设计模型，是推动教师网络研修与校本研修活动规范化，提高教师混合式培训研修质量的有效方法。

① 乔爱玲，王楠. 网络环境中的学习活动设计模型及相关研究[J]. 电化教育研究，2009（5）：41-47.

② 李青. 学习活动建模[D]. 华东师范大学博士学位论文，2005.

③ 杨卉，王陆，张敏霞. 教师网络实践共同体研修活动设计模型研究[J]. 现代远程教育研究，2012（2）：44-49.

④ Stacey L H. Case study: Instructional design strategies that contribute to the development of online learning community[D]. University of Colorado, 2003.

⑤ Lave J, Wenger E. Situated Learning: Legitimate Peripheral Participation[M]. New York: Cambridge University Press. 1991: 1-48.

二、教师主题研修活动设计模型的构建

在教师混合式培训中，教师、学生、课堂教学环境、网络学习环境等四个要素对应变为助学者（辅导教师、校级培训者）、受训教师、校本研修和网络研修环境。教师混合式培训是研修活动主体为了实现研修目标而进行的主题研修活动序列，而研修活动是由实现活动目标的核心要素和支持要素构成的。

（一）教师主题研修活动设计纵向结构

鉴于教师极少能把听培训讲座得来的知识直接运用于自己的课堂教学实践中，因此教师远程培训采用具有专业引领的主题研修活动，以促进教师生成和发展实践性知识，实现教师培训的预期目标①。主题研修是指每次校本教研要先确定一个主题，即教学中需要解决的某一具体问题，然后围绕这一主题，全员准备，各自阐述自己的理解和认识，形成争鸣和思想碰撞，做到每次校本教研活动有理论思考、有实例讨论、有总结反思。教师研修的主题来源于教师实践中的困惑，通过教师集体共享经验破解困惑，最后通过教学实践解决问题。

1. 教师主题研修活动的层次结构

活动理论认为，活动受动机支配，它由一系列行动组成，每个行动都受到目标控制，行动是通过具体操作来完成的。混合学习活动与一般学习活动的区别主要体现在活动系统的“工具”一项，相当于教育系统中的“媒介”或“通道”，这正是解决“如何混合”这个问题的关键②。教师主题研修活动是在校本研修环境和网络在线环境中开展的，校本研修环境和工具、网络研修平台和工具与研修活动有直接关系，将教师主题研修活动建立在不能进一步划分的教师基本校本研修活动和教师基本网络研修活动的设计上，可以降低教师主题研修活动设计的复杂性，提高教师主题研修活动设计的灵活性和质量③。依据主题研修活动的目标和任务，教师主题研修活动由多个基本校本研修活动和基本网络研修活动组成。基本校本研修活动的活动任务不能再进一步划分，并由完成该任务的一系列校本研修行动组成，而行动是特定校本研修支持环境下的一系列操作的集合，这些操作是教师在校本研修环境下进行的简单动作，如书写、记录、聆听。操作本身并没有自己的目标，它只是被用来调整活动以适应环境。组成教师主题研修活动的

---

① 蓝卫红. 教师实践性知识视角下的远程培训主题研修专业引领[J]. 中国电化教育，2012（9）：71-75.

② 詹泽慧. 混合学习活动系统设计：策略与应用效果[M]. 广州：华南理工大学出版社，2011：53-88.

③ 杨卉，王陆，张敏霞. 教师网络实践共同体研修活动设计模型研究[J]. 现代远程教育研究，2012（2）：44-49.

另外一个重要部分是基本网络研修活动，基本网络研修活动的活动任务也不能进一步划分，由完成该任务的一系列网络研修行动组成，网络研修行动由与网络研修平台功能相关的一系列操作组成，这些操作是教师利用网络研修平台提供的某个功能对指定内容进行的简单操作，如上传资料、下载视频案例、下载资料等。教师主题研修活动、基本校本研修活动、基本网络研修活动、行动和操作之间的关系如图 7-1 所示。

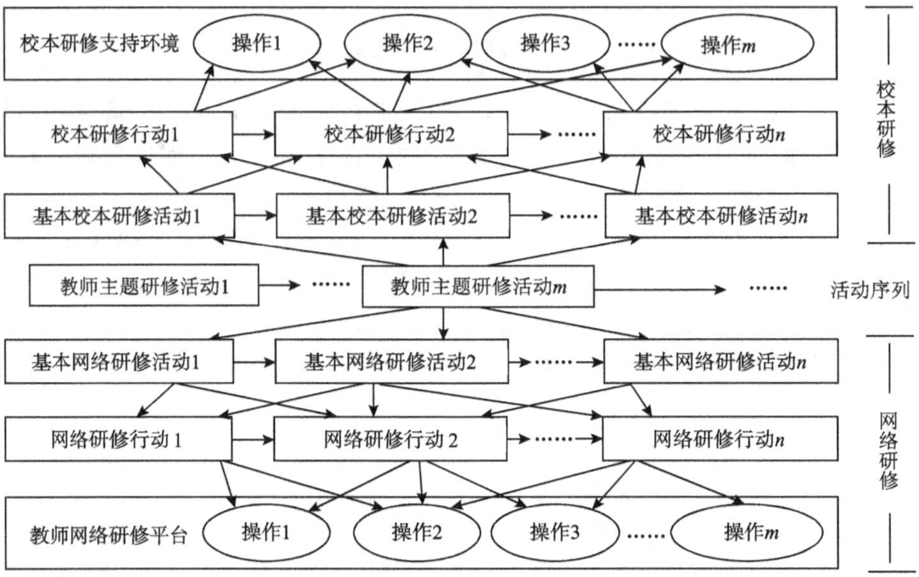

图 7-1　教师主题研修活动设计纵向结构

2. 教师主题研修活动序列

从活动的角度看，教师混合式培训是一个研修活动的序列，是一个研修教师之间有组织的共同活动的序列。主题活动序列的展开构成了多层次教师混合式培训活动流，也构成了教师混合式培训主题研修活动的纵向结构。依据活动的目标和次序，活动流中的活动可以是串行的，也可以是并行的，甚至可以是分支的和循环的。教师主题研修活动是由校本研修行动构成的基本校本研修活动和由网络研修行动构成的基本网络研修活动混合而成的。

3. 教师主题研修活动内部及活动之间的调用关系

教师混合式培训中的主题研修活动是由基本校本研修活动和基本网络研修活动组成的多层次结构，主题研修活动依据活动的目标和任务，实现对校本研修活动和网络研修活动的调用；主题研修活动之间依据活动目的和次序关系，形成调用和被调用的关系，从而增加了主题研修活动设计的灵活性和复杂性。

（二）教师主题研修活动设计横向结构

依据活动理论，活动系统包含核心成分和次要成分。因此，当分析人类活动时，不仅要探讨人们介入的活动种类，而且要探讨谁介入了这个活动，他们的目的和意图是什么，活动的客体和产品是什么，活动所遵循的法则和规范是什么，活动所处的最大的共同体是什么。任何活动都离不开环境的支持，学习活动的展开也离不开学习环境的支持，我们把学习环境定义为学习资源和学习工具的整合。[①]当深入分析主题研修活动的横向结构时，要区分核心要素和支持性要素。教师主题研修活动设计的横向结构如图 7-2 所示。

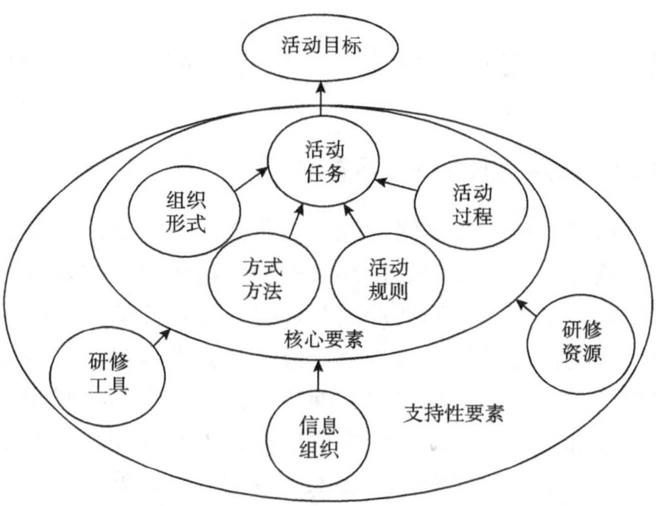

图 7-2　教师主题研修活动设计的横向结构

1. 教师主题研修活动的核心要素

（1）活动任务。活动任务是为达到活动目标而需要执行的具体的、可操作的工作。

（2）组织形式。根据教师混合式培训的特点，教师主题研修活动的组织形式包括：同一学校相同学科的教师组成的研修共同体活动（10 人或以下，如主题课例分析与研讨活动）；规模较大的主题研修活动，如区域教研员、学校教研骨干、普通教师组成的研修共同体活动（如区域教师工作坊活动）。

① 戴维·H. 乔纳森. 学习环境的理论基础[M]. 任友群，译. 上海：华东师范大学出版社，2002：84-110.

（3）方式方法。包括活动方式、操作步骤、交互方式。活动方式是为完成活动任务而设计的活动方案，即活动步骤的设计。操作步骤是完成活动任务的操作序列。交互方式是教师之间交流、讨论、协作的方式方法，如校本研修中的面对面交流，网络研修中通过 QQ 群、发言帖等进行的交互。

（4）活动规则。包括角色分工、行动规则、评价规则等。教师主题研修活动是一种群体合作活动，在执行活动任务过程中，需要界定群体中的不同成员在达到目标过程中所承担的责任和义务，增强研修群体成员的责任感、归属感，使之积极参与研修活动。行动规则的制定有利于约束研修成员的行为，确保主题研修活动的顺利开展，也有利于研修成员价值观以及基本态度的养成。评价规则是对教师主题研修活动绩效的评估，既包括研修参与情况的评估，也包括研修活动效果的评估。评估方式包括诊断性评估、形成性评估和总结性评估等。

（5）活动过程。为完成活动目标，研修共同体根据活动规则，采用方式方法，开展的一系列研修活动。

2. 教师主题研修活动的支持性要素

研修工具、信息组织以及研修资源成为研修活动的支持性要素，支持性要素通过对研修活动核心要素的作用间接影响教师主题研修活动效果。

（1）研修工具。工具为研修活动的开展提供技术支持，包括网络研修平台、校本研修平台、活动评价量规等。网络研修平台为教师混合式培训中的网络研修与校本实践提供双重支持。教师可以在网络研修平台上学习网络课程内容，参与校本研修讨论和教师工作坊活动。校本研修平台为教师开展主题校本研修活动提供必要的条件，如场地、时间安排、技术工具支持、人员支持、政策支持等，如果缺乏有效的校本研修环境，教师混合式培训中的校本研修活动将无法开展。活动评价量规为研修活动开展提供技术支持，促进研修活动更好地实施，如教学设计评价量规、课堂活动评价量规、学生反应评价量规等。

（2）信息组织。信息组织为研修活动开展提供数据保障，包括网络研修平台的信息组织、校本研修信息组织等。网络研修平台的信息组织包括：学员信息组织，如学员地城特征、学习情况等；学习信息组织，如课程学习情况、作业完成情况、制作简报情况等；网络课程内容安排，如信息素养课程、综合课程和专题课程的内容组织和体例等。校本研修信息组织包括研修内容组织、教学设计体例、课堂教学信息组织、课堂观摩评价信息组织、管理信息组织等。

（3）研修资源。资源为主题研修活动开展提供物质支持，包括网络研修课程资源、生成性课程资源、专家资源、助学服务等。网络研修课程资源包括信息素养课程资源、综合课程资源、专题课程资源，供学员通过网络进行学习和操练。

除网络研修课程资源外，研修资源主要是研修活动中产生的生成性资源，如教学设计案例、课堂教学录像、教师讨论数据、作业、专家点评观点等。在教师主题研修活动中，专家引领主题研修的开展、辅助校本研修活动的实施、主持教师工作坊活动、提供作业点评和答疑，是研修活动中重要的资源。在线助学者包括辅导教师、区县和学校管理人员、学科专家等，是教师研修群体的重要组成部分，他们从学科内容、学习情感、学习动机等多方面为教师主题研修活动提供支持。

三、教师混合式培训中主题研修活动设计实例

（一）主题研修活动设计

主题研修是以教师教学中遇到的实际问题为研修对象，以观察和反思为手段，以互动对话为特征的课堂教学群体研究。研修主题来源于教师的实践困惑，教师群体对研修主题的深入挖掘来解除困惑，通过教学实践和感悟达到能力提升。主题研修活动将教师的课堂教学实践活动与校本研修观课磨课、网络研修平台互动对话有机结合起来，通过对教学设计和课堂案例的分析和研修活动，诊断和解决教师在教学实践活动中遇到的问题，从而分享和发展教师的实践性知识。

1. 主题研修活动设计的横向结构

（1）活动任务。在网络研修平台中对被观察教师的教学设计、课堂案例视频进行分析和诊断，在校本研修中参与课堂教学观摩与评议，发现和解决教学过程中的问题，提高教师的实际教学能力。

（2）组织形式。可以是同一学校同学科教师组成的研修群体，也可以是由区域教研员、学校教研骨干、普通教师组成研修群体。

（3）方式方法。由校级培训者根据学校实际情况、教师遇到的普遍的教学实践问题制定主题研修活动方案，并将活动方案公布在网络研修平台上。研修教师登录网络研修平台，了解主题研修活动的实施过程，并按照要求准备材料。被观察教师准备教学设计和实施课堂教学，观察教师和被观察教师共同对教学设计和课例进行分析，集体反思，诊断课堂教学问题，并提出改进建议。教师群体之间通过网络研修平台、QQ 群、面对面交流实现互动。

（4）活动规则。由校级培训者组织主题研修活动，由被观察教师准备教学设计、课堂教学实录，其他教师参与网络研修平台互动和课堂观摩活动。参与培训

教师轮流担当观察教师和被观察教师角色。观察教师和校级培训者对教学设计和课例的分析都要基于对教学设计文本和课堂教学案例的实际观摩。

（5）研修工具。网络研修平台支持校本研修活动的任务布置、交流讨论、教学设计文本和课例视频上传，并提供课堂观摩评价量规。校本研修平台提供课堂教学实践和观摩的现实环境，教师可以面对面交流和讨论。

（6）信息组织。网络研修平台记录学员登录情况、学习情况和活动参与情况。网络研修平台中的网络课程资源，如信息素养课程、综合课程、专题课程，都按照 MOOC 的方式进行组织，按照教师运用信息技术解决教学问题的实际操作过程进行设计与开发。

（7）研修资源。其一是网络课程资源，按照能力提升工程的要求，网络培训支持平台提供可选择的、针对不同学科、不同起点教师能力水平的课程资源，主要是信息素养课程资源、综合课程资源和专题课程资源。其二是生成性资源，包括被观察教师提供的教学设计文本、课堂教学录像等原始资源；观察教师和校级培训者在教学设计分析、案例观察与诊断过程中产生的大量评论，教学设计分析文本、交流讨论结果等生成性资源。这些生成性资源促进教师教学经验、实践经验的进一步显性化和共享。

2. 主题研修活动设计的纵向结构

依据活动特点，主题研修活动的序列结构如图 7-3 所示。被观察教师参与主题研修活动的流程为：参与网络课程学习；依据校本研修计划提交教学设计；教师群体对教学设计进行分析、研讨，确定教学设计方案；被观察教师回到真实课堂，基于分析讨论过后的教学设计方案进行课堂教学实践，同时将课堂教学录像上传到网络研修平台；参与教师群体对课堂教学的分析、反思，对教学设计进行修改完善，确定教学设计终稿；被观察教师回到真实课堂，基于最终确定的教学设计方案实施第二次课堂教学实践，同时将第二次课堂教学录像上传到网络研修平台；个人教学反思，参与教师群体对教学设计、课堂教学实践的分析、反思，撰写研修总结。

观察教师参与主题研修活动的流程为：参与网络课程学习；参与被观察教师课例教学设计的分析和研讨，确定教学设计方案；观察教师回到真实课堂，参与被观察教师的课堂观摩，依据课堂评价量规撰写课堂评价记录，并将课堂评价记录上传到网络研修平台；参与被观察教师课堂教学的分析、反思活动，对被观察教师课例的教学设计进行修改和完善，确定教学设计最终稿；观察教师回到真实课堂，参与被观察教师的第二次课堂观摩，依据课堂评价量规撰写课堂评价记录，并将课堂评价记录上传到网络研修平台；参与教师群体对教学设计、课堂教学实践的分析、反思，撰写研修总结。

校级培训者参与主题研修活动的流程为：根据学校实际情况、教师反映的普遍教学实践问题制定主题研修活动方案，并将活动方案上传到网络研修平台；组织观察教师和被观察教师对教学设计进行网络研讨，确定教学设计方案；组织被观察教师和观察教师回到真实课堂，协助被观察教师依据教学设计方案开展课堂教学，组织观察教师依据评价量规对被观察教师的课堂教学进行观摩，组织教师撰写课堂评价记录；组织观察教师和被观察教师开展网络平台研讨活动，对被观察教师课例的教学设计进行修改和完善，确定教学设计最终稿；组织被观察教师和观察教师再次回到真实课堂，协助被观察教师依据教学设计最终稿开展第二次课堂教学，组织观察教师依据评价量规对被观察教师的课堂教学进行观摩，组织教师撰写课堂评价记录；组织教师群体对教学设计、课堂教学实践过程进行分析、反思，撰写最终研修总结。

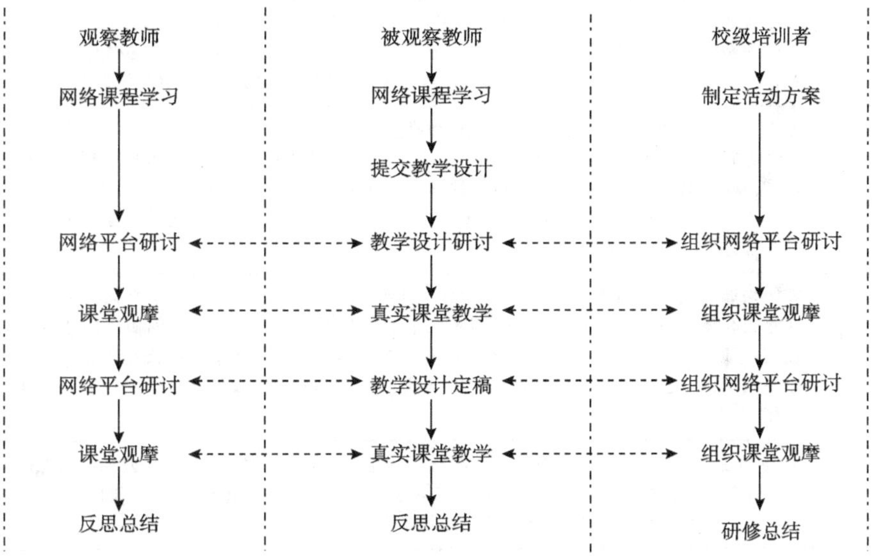

图 7-3 主题研修活动纵向结构

（二）主题研修活动示范

在“国培计划”（2014）示范性网络研修与校本研修整合培训的骨干教师培训活动中，来自湖北、吉林、甘肃的 100 余位骨干教师体验了混合式培训主题研修活动，对主题研修活动设计给予高度评价，一致认为参与主题研修活动能大幅提高教师的信息技术应用能力。表 7-1 摘取了一轮主题研修活动的应用示范片断。

表 7-1 主题研修活动应用示范片段

活动环节	活动实施
研修计划	校级培训者在教师混合式培训网络研修平台上的校本研修页面上发布活动任务。校级培训者：各位老师，本次主题研修活动主要是对 A 教师的“长方体的认识”课例进行研讨。研修活动主要包括五个环节：一是 A 教师将教学设计上传到网络研修平台，大家共同完善该课例教学设计；二是由 A 教师根据完善后的教学设计进行课堂教学，大家进行课堂观摩，撰写课堂评价记录，并将课堂录像和评价记录上传平台；三是大家对课堂录像和教学评价记录进行反思，集体讨论并诊断该课例的解决方案，确定教学设计最终稿；四是 A 教师依据最终确定的教学设计方案进行课堂教学，大家进行第二次课堂观摩，撰写课堂评价记录；最后，大家对教学设计、课堂教学进行分析反思，撰写研修总结。这次活动的主要目的是通过主题研修，解决大家在教学实践过程中遇到的实际问题，发展大家的教学实践知识，提高大家的教学能力
教学设计（初）	A 教师上传了教学设计。A 老师：请大家对我的教学设计提出宝贵意见。校级培训者引导大家积极思考和讨论。在教学研讨中，老师们对几何概念的教学有不同认识，有不同的教学方法。B 教师认为可以将概念直接告诉学生，再找重点词逐一突破；C 教师认为学生应先“背”概念，然后通过大量练习进行巩固；D 教师认为不要求学生识记，在应用中逐步熟悉。校级培训者：不同的做法有着不同的教学效果，那么在新课程背景下，怎样才能让几何概念“深入人心”呢？A 教师积极吸收大家的意见，最终形成了关于“长方体的认识”的教学设计方案
课堂观摩（初）	A 教师在自己的课堂进行教学实践。A 教师按照教材上的图示，直接让学生在图形上标注，然而学生的印象仍然停留在图形的平面认识上。教研组其他教师参与教学观摩，对课堂教学的评价是，A 教师虽然严格按照教材设计教学，却忽视了学生已有的知识基础，学生在对长方体没有立体印象时，就在几何图上认识其部分是不科学的。教学活动必须建立在学生的认知发展水平和已有的知识经验基础上
教学设计（终）	校级培训者组织教研组集体反思和讨论，得到共识：小学几何概念教学必须抓住概念和生活实物的联系，只有这样抽象的概念才有依托，才能为学生逐步形成空间概念搭建台阶。教师在揭示顶点、棱、面等概念时，要与长方体的立体形态结合起来，在长方体的形成过程中逐个突破。依据教研组集体反思和讨论的结论，A 教师对教学设计进行修改，形成教学设计最终稿
课堂观摩（终）	A 教师在自己的课堂进行教学实践。教研组其他教师参与教学观摩，对课堂教学的评议是，学生在课堂上学得特别积极主动，尤其是在切土豆时，学生的思维被土豆形态的不断变化紧紧地牵住了，顶点、棱、面的概念不知不觉地被学生吸收内化
研修总结	校级培训者组织教研组教师进行集体反思与问题解决，撰写研修总结。在主题研修基础上，A 教师不仅进行了个人反思，还和教研组其他教师一起进行了集体反思和问题解决，解决了教学实践过程中的困惑，促进了教学实践性知识在集体中的显性化和分享

这是一个由数学教师参与的主题研修活动，在校级培训者的主持下，以 A 教师的“长方体的认识”课例为研修对象。“长方体的认识”是小学数学五年级的一节几何课，其目标是使学生认识长方体，掌握长方体的面、棱、顶点及长、宽、高的特征。该课例的重难点是，对于很抽象的几何概念，若要充分揭示概念本质，教师必须设计丰富的体验活动，使学生亲身经历概念的形成过程，只有这样，几何概念才能根植学生心中，学生的空间观念才可能真正得到培养和发展。

校级培训者、A 教师、数学教研组其他教师参与了该主题研修活动。

从该主题研修活动片段可以看出，教师在教学设计讨论和课堂观摩的过程中能诊断和解决教学实践中的困惑，促进教师群体的集体反思，分享实践经验，改进教师教学行为。主题研修活动设计在校级培训者、辅导教师指导和受训教师积极参与情况下，能够促进教师实践性知识的增长和教学能力的提高。

鉴于教师混合式培训新模式刚刚实施，培训中的主题研修活动设计研究还处于起步阶段，有待深入研究和规范，本书采用立体化设计的思想，对教师混合式培训中的主题研修活动进行纵向设计和横向设计。纵向结构上以教师研修主题为活动任务，通过网络和校本基本研修活动，形成多层次的教师混合式培训主题研修活动序列；横向结构上按构成主题研修活动的成分，分为核心要素和支持性要素，这些方法性要素之间形成层级关系，从而增加了主题研修活动设计的系统性和规范性。虽然主题研修活动设计模型能有效设计和开发主题研修活动，但要保证教师混合式培训的实际效果，需要四个方面的共同努力：第一是省级管理机构、区县管理机构、校级管理机构能制定科学合理的主题研修活动方案、保障政策；第二是辅导教师能达到教学能力精、网络教学平台操作熟、责任心强和协调能力好；第三是校级培训者能熟悉学校的软、硬件条件，人员情况，能协调处理好培训事务；第四是受训教师具有足够的培训驱动力，能积极主动地参与到混合式培训中。这四个方面是确保教师混合式培训中主题研修活动设计能达到预期效果的重要保障。

第三节　教师混合式培训中的同侪互助模式及支持策略[①]

《网络研修与校本研修整合培训实施指南》规范了混合式培训的研修方式、研修内容与研修资源建设，要求校级培训者依托网络研修社区，组织全校教师开展网络研修与现场实践相结合的常态化校本研修活动；县级培训者有效利用“教

① 本节内容选自：熊久明，刘清堂，张思，等. 教师混合式培训中的同侪互助行为调查研究[J]. 现代远距离教育，2015（6）：51-58；张思，刘清堂，熊久明，等. 教师混合式培训中的同侪互助模式与支持策略研究[J]. 电化教育研究，2015，36（6）：107-113.

师工作坊”组织区域教师进行研修活动。由于教师在参与校本研修活动和教师工作坊活动时，缺乏相应的沟通交流策略以及支持策略，很容易导致活动流程不清楚、活动任务不明确、活动过程中的讨论和交流浮于表面，从而无法达到通过校本研修活动和教师工作坊活动提升教师实践教学能力的目的。因此，为教师混合式培训中的校本研修活动和教师工作坊活动提供有效支持显得至关重要。在教师混合式培训中，同侪互助是促进教师能力发展的重要途径①。同侪互助是教师教学理念的重要来源，是协同教研的重要方式，是提高教师教学能力的有效手段，是教师常态化研修的根本。在“国培计划”（2014）示范性网络研修与校本研修整合培训活动实施的过程中，同侪互助贯穿于骨干教师集中培训、校本研修指导、教师工作坊研修的方方面面，研究者深刻体会到了同侪互助在混合式培训中的重要作用。本节对同侪互助模式及同侪互助支持策略进行梳理总结，以期对同类型教师研修活动的开展起到借鉴作用。

一、同侪互助及其相关研究

（一）同侪互助相关研究

教师混合式培训的成功实施离不开教师之间的同侪互助。教师同侪互助具有非常重要的意义，被认为是促进教师专业发展的重要手段之一②。“同侪互助”一词，也经常被翻译为“同伴互助”，最早是由 Joyce 和 Showers 于 20 世纪 80 年代提出的③。Joyce 与 Showers 认为同侪互助是指工作在一起的教师，互相之间形成伙伴关系，通过共同学习、讨论与示范教学，特别是用系统的教学观摩与反馈等方式，彼此学习新的教学模式或反思修正已有的教学技能与策略。同侪互助是指两个或多个专业相同的教师在一起反思教学实践，通过互教互学的方式提炼知识并形成新技能，执行课堂教学研究，解决工作场所实践问题的一种活动④。同侪互助使教师在自我反思的同时开放自己，加强教师之间在课堂实施等教学活动中的专业切磋，协调合作，共同分享经验，互助学习，彼此支持共同成长⑤。

---

① 陈金华. 教师同侪互助的现实困境与出路[J]. 中国教育学刊，2013（9）：69-73.

② 熊久明，刘清堂，张思，等. 教师混合式培训中的同侪互助行为调查研究[J]. 现代远距离教育，2015（6）：51-58.

③ 转引自：Abruscato J. Teaching children science: Discovery methods for the elementary and middle grades[M]. *In* Pearson Education. Effective Classroom Practice: Preschoolers and Kindergardeners, 2004: 1-198.

④ 转引自：Slater C L, Simmons D L. The design and implementation of a peer coaching program[J]. American Secondary Education, 2001, 29(3): 67-76.

⑤ Hooker T. Peer coaching: A review of the literature[J]. Waikato Journal of Education, 2013, 18(2): 129-139.

通过多年研究，国外学者提炼了同侪互助的关键特征，即信任和反思；同侪互助在教育中发展的历史；同侪互助的优势，如积极反思、提供支持与鼓励、互相学习等。同侪互助的局限，主要是教师的时间和精力有限，以及缺乏有效同侪互助的技能，如沟通技能、观察技能和帮助技能等。[①]国内学者普遍认为同侪互助是教师专业发展的重要方式[②]。王陆研究了大学支持下的同侪互助模式[③]并详细介绍了同侪互助的过程；杨卉研究了教师在线实践社区中的同侪互助网络研修活动[④]；刘学敏等研究了教师在线实践社区中同侪互助小组的知识共享行为[⑤]；陈金华探讨了教师同侪互助的现实困境并提出解决对策[⑥]。教师混合式培训既包含线下面对面研修，又包含线上研修，不同于纯粹的校本线下研修，也不同于虚拟学习社区中的网络研修，上述研究为探索教师混合式培训中的同侪互助模式以及同侪互助支持策略提供了一定的依据[⑦]。

教师混合式培训中，教师之间的同侪互助主要表现在：校本研修中同伴教师的听课评课，网络研修中同伴教师答疑解惑、共同讨论教学实践。鉴于教师同侪互助的重要作用，本书通过查找相关文献，将同侪互助行为划分为学术性支持、技术性支持、情感性支持和反思性支持四个维度（表 7-2），并对混合式培训中教师同侪互助行为的四个维度进行调查研究[⑧]。

表 7-2　同侪互助四个维度的解释与实例

维度	解释	举例
学术性支持	教师交换彼此的教学思想，提升自身教学技能，分享教学实践经验	参与培训的教师为需要帮助的教师出谋划策，完善教学设计
技术性支持	帮助同行选择合适的教学资源、提供班级管理与组织策略，还为教师提供教学活动实施的框架流程	帮助部分对研修过程不太了解的教师顺利开展网络研修与校本研修

① Hooker T. Peer coaching: A review of the literature[J]. Waikato Journal of Education, 2013, 18(2): 129-139.

② 张思，刘清堂，熊久明，等. 教师混合式培训中的同侪互助模式与支持策略研究[J]. 电化教育研究，2015，36（6）：107-113.

③ 王陆. 大学支持下的校本研修教师专业发展模式[J]. 中国电化教育，2005（3）：9-13.

④ 杨卉. 教师在线实践社区研修活动设计——以同侪互助网络研修活动为例[J]. 中国电化教育，2011（9）：43-48.

⑤ 刘学敏，孙崴，王陆. 中小学教师网络同侪互助组织知识共享行为研究[J]. 现代中小学教育，2014（9）：82-86.

⑥ 陈金华. 教师同侪互助的现实困境与出路[J]. 中国教育学刊，2013（9）：69-73.

⑦ 张思，刘清堂，熊久明，等. 教师混合式培训中的同侪互助模式与支持策略研究[J]. 电化教育研究，2015，36（6）：107-113.

⑧ 张思，刘清堂，熊久明，等. 教师混合式培训中的同侪互助模式与支持策略研究[J]. 电化教育研究，2015，36（6）：107-113.

续表

维度	解释	举例
情感性支持	同侪互助也提供情感性支持，让教师在交流互动过程中找到自信	教学实践过程中，教师遇到问题时，其他教师与之共同探讨问题解决方案，并鼓励教师勇于实施
反思性支持	同侪互助本质上讲是一种反思行为，教师对学习内容进行批判性反思	反思研修活动的开展情况；反思教学目标的达成情况

（二）教师实践性知识相关研究

教师实践性知识是指“教师对自己的教育教学经验进行反思和提炼后形成的，并通过自己的行动做出来的，对教育教学的认识”[①]。国外学者对教师实践性知识的研究始于20世纪80年代，Elbaz最早对教师实践性知识进行了系统的探讨，提出教师实践性知识的概念、性质与来源[②]；加拿大学者Connelly和Clandinin提出运用叙事探究来展开对教师实践性知识的研究[③]；日本学者佐藤学提出教师实践性知识的研究方法——教学的临床研究，并揭示了教师实践性知识的特征：案例性知识、熟思性知识、情境性知识、潜在知识以及个人知识[④]。国内学者对教师实践性知识的研究起步较晚，但逐渐系统化和全面化。陈向明比较明晰地提出了“教师实践性知识”的定义[⑤]；钟启泉探讨了教师实践性知识的概念与特征[⑥]；陈静静、张立忠、李利、潘丽芳的博士论文关注教师的实践性知识[⑦⑧⑨⑩]；王陆等研究了教师在线实践社区（TOPIC）中教师策略性知识的发展与变化[⑪]。国内外学者对教师实践性知识的定义、特点、内容和生成机制已经得出很多有意义的研究结论，为研究教师混合式培训中教师实践性知识的发展策略提供了重要基础。

① 陈向明. 搭建实践与理论之桥——教师实践性知识研究[M]. 北京：教育科学出版社，2011：64.

② Elbaz F. Teacher Thinking: A Study of Practical Knowledge[M]. London: Croom Helm, 1983: 200-230.

③ Connelly F M, Clandinin D J. Teachers' Professional Knowledge Landscapes[M]. New York: Teachers College Press, 1995: 52-86.

④ 佐藤学. 课程与教师[M]. 钟启泉，译. 北京：教育科学出版社，2003：295-301.

⑤ 陈向明. 教师实践性知识：教师专业发展的知识基础[J]. 北京大学教育评论，2003（1）：108.

⑥ 钟启泉. 教师“专业化”：理念、制度、课题[J]. 教育研究，2001（12）：12-16.

⑦ 陈静静. 教师实践性知识及其生成机制研究——中日比较的视角[D]. 华东师范大学博士学位论文，2009.

⑧ 张立忠. 课堂教学视域下的教师实践性知识研究[D]. 东北师范大学博士学位论文，2011.

⑨ 李利. 职前教师实践性知识发展研究[D]. 苏州大学博士学位论文，2012.

⑩ 潘丽芳. 教师实践性知识研究——以S市小学教师为例[D]. 华东师范大学博士学位论文，2013.

⑪ 王陆，张敏霞，杨卉. 教师在线实践社区（TOPIC）中教师策略性知识的发展与变化[J]. 远程教育杂志，2011（4）：27-32.

（三）教学效能感相关研究

教学效能感的概念，来源于班杜拉的自我效能感（self-efficacy）概念[①]。班杜拉认为，自我效能感是个人对自身在特定环境中是否有能力完成某个行为的期望，包含两个成分，即结果预期和效能预期。相应地，教学效能感是指教师对自身影响学生学习行为和学习成绩的能力的主观判断[②]。对教学效能感的研究主要集中在三个方面：教师教学效能感结构与测量研究，Ashton 和 Webb 编制了 8 个项目的教师教学效能感量表，并运用访谈法和课堂观察法对教师教学效能感结构进行了深入研究[③]；教师教学效能感与教学行为和学生学习成绩的相关研究，俞国良认为专家型教师和新手型教师的教学效能感存在着显著差异，教学效能感对教学行为具有较强的预测作用[④]；教师教学效能感的影响因素研究，表明教龄是影响教师教学效能感的重要因素，而学历、性别因素对教师教学效能感不存在显著性影响[⑤]。国内外学者关于教师教学效能感的研究，为混合式培训中同侪互助模式的建立以及支持策略的制定提供了重要思路。

二、教师混合式培训的同侪互助行为调研分析

（一）研究对象和工具

本次调研的对象为参与“国培计划”（2014）网络研修与校本研修整合培训的中小学教师，从中随机抽取部分教师开展调查研究，共发放问卷 200 份，回收有效问卷 119 份，问卷有效率为 59.5%。样本的选取充分考虑到教师的性别、教龄、学历、学校区位等因素。回收的问卷中，女教师的数量占 78%；教龄在 1—5 年的教师占 16%，6—10 年的教师占 7.5%，11—20 年的教师占 36%，20 年以上的教师占 40.5%；教师的学历多数是本科，占 73.1%；教师主要来源于乡镇（占 53.8%），城市教师占 8.4%，县城教师占 23.5%，农村教师占 14.3%。

本书中的调查问卷采用的是自编问卷，是在理论探讨、文献分析和参考其他问卷的基础上，咨询教育技术专家和中小学的一线教师编制而成的，主要经过初拟问卷、预测问卷和正式问卷三个环节。首先对教师同侪互助行为进行分析，然

---

① Bandura A. Self-efficacy mechanism in human agency[J] . American Psychologist, 1982, 37(2): 122-147.

② 俞国良，辛涛，申继亮. 教师教学效能感：结构与影响因素的研究[J]. 心理学报，1995（5）：159-165.

③ Ashton P T, Webb R. Teachers' sense of efficacy: Toward an ecological model[R]. New York: The Annual Meeting of the American Educational Research Association, 1982.

④ 俞国良. 专家—新手型教师教学效能感和教学行为的研究[J]. 心理学探新，1999（2）：32-39.

⑤ 李小超. 高中化学教师教学效能感研究[D] . 华中师范大学硕士学位论文，2009.

后在回顾已有研究的基础上，综合与一线教师非正式访谈、交流的情况，制定了一套初始量表。其次，为确保问卷的信度和效度，根据一线教师对于初始量表的反馈情况，形成预测问卷，在正式调查之前进行了预试，被试为2位相关领域的专家和10名参与“国培计划”的教师，其中2位专家来自华中师范大学教育信息技术学院，专家和教师们对调查问卷中题目的个数和表述提出了修改建议。最后，根据教育技术专家和中小学教师的反馈意见，对问卷中题目的个数和内容的表述等进行了增删或修改，形成了最终的调查问卷。

最终制定的调查问卷分为两部分，一部分用于测量教师的个人基本信息，如性别、教龄、学历、区位等；另一部分是问卷的主要部分，测量混合式培训中的同侪互助行为，共有20个题目，其中测量学术性支持的有6个题目，测量技术性支持的有5个题目，测量情感性支持的有5个题目，测量反思性支持的有4个题目。所有测量题目均采用5点利克特量表法计分，用1—5分别代表“非常不符合”到“非常符合”。

运用SPSS统计分析工具对调查问卷的信度和效度进行计算。调查问卷的整体Cronbach's α值为0.903，每个测量维度的Cronbach's α值超过0.7、组合信度超过0.7，说明调查问卷具有较好的内在信度[①]。对调查问卷的收敛效度和区分效度进行检验。收敛效度是指测量维度的所有题项指向同一个意思的程度，通过测量每个测量题项的因子载荷、组合信度和平均提取方差值来确定收敛效度[②]。本书中，所有测量题项的因子载荷都超过0.7，测量维度的组合信度超过0.7，平均提取方差值大于0.5，说明测量问卷具有较好的收敛效度。各测量维度的平均提取方差值的平方根值大于任意两个测量维度之间的相关系数，说明调查问卷具有较好的区分效度[③]。

（二）同侪互助行为调研结果分析

1. 教师混合式培训中同侪互助行为的总体情况

教师混合式培训中同侪互助行为四个维度的总体表现如表7-3所示。在学术性支持、技术性支持、情感性支持和反思性支持四个维度上的平均得分均在4.0以上，表明参与培训的教师都愿意参与同侪互助，并且也都付诸了实际行动。教师混合式培训中同侪互助行为在四个维度上的表现水平与变化趋势如图7-4所示。

---

① 张思，李勇帆. 基于技术接受模型的高校教师网络教学行为研究[J]. 远程教育杂志，2014（3）：56-63.

② 张思，李勇帆. 高校教师使用Moodle网络教学平台影响因素研究[J]. 电化教育研究，2014（8）：49-56.

③ Tseng F C, Kuo F Y. A study of social participation and knowledge sharing in the teachers online professional community of practice[J]. Computers & Education, 2014, 72: 37-47.

教师混合式培训中同侪互助行为在各维度上的总体表现水平从高到低排序依次为：反思性支持>情感性支持>技术性支持>学术性支持。

表 7-3　教师混合式培训中同侪互助行为的总体表现

维度	数量（人）	均值	标准差	范围
学术性支持	119	4.02	0.737	1—5
技术性支持	119	4.12	0.738	1—5
情感性支持	119	4.15	0.679	1—5
反思性支持	119	4.23	0.747	1—5

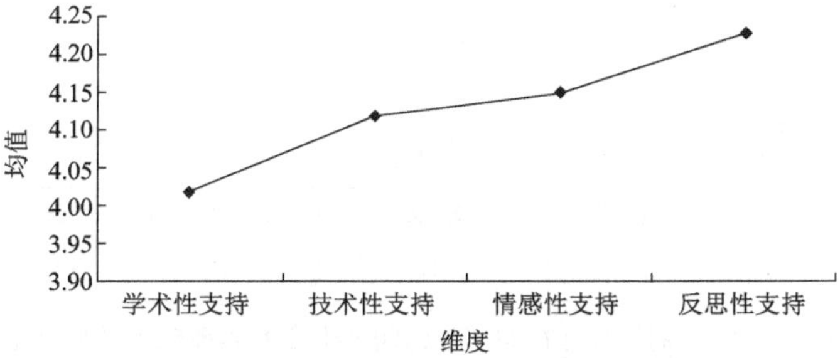

图 7-4　同侪互助行为在四个维度上的表现水平和变化趋势

同侪互助行为的四个维度中，反思性支持维度的平均得分明显高于其他三个维度的平均得分，可能是因为参与培训的教师都希望通过培训提高自身的教学技能和教学效果，在培训过程中更加注重对于自身知识系统的整理和反思。无论是线上的交流讨论活动还是线下的磨课教学活动，参与培训的教师都积极反思自身以及同伴教师在活动过程中的表现，希望通过发现他人的优点，弥补自身的不足，真正有效地提高自身综合教学能力。

2. 教师混合式培训中同侪互助行为的性别差异

为探究性别对教师混合式培训中同侪互助行为的影响，对女性教师和男性教师在混合式培训中同侪互助行为的四个维度上的表现进行独立样本 t 检验，结果如表 7-4 所示。结果表明，不同性别的教师在同侪互助行为四个维度上的表现无显著差异。在同侪互助行为的四个维度中，男性教师在学术性支持、技术性知识、情感性支持和反思性支持上的平均得分都高于女性教师的平均得分，从图 7-5 可以更加直观地看出不同性别的教师在同侪互助行为四个维度上的表现水平与变化趋势。

表 7-4 教师混合式培训中同侪互助行为的性别差异

维度	男（*M*/SD）	女（*M*/SD）	*t*
学术性支持	4.08/0.521	4.01/0.789	0.462
技术性支持	4.15/0.671	4.11/0.758	0.235
情感性支持	4.28/0.546	4.11/0.709	1.149
反思性支持	4.34/0.596	4.20/0.784	0.829

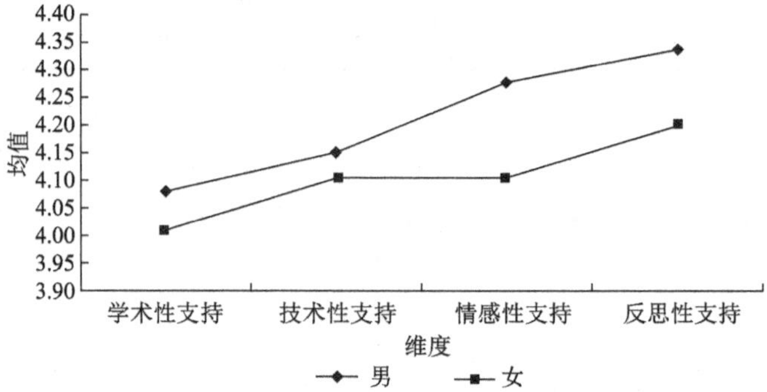

图 7-5 不同性别的教师在同侪互助四个维度中的表现水平与变化趋势

由图 7-5 可知，男性教师在学术性支持上的平均得分最低，为 4.08，在四个维度上的表现水平从低到高依次为：学术性支持<技术性支持<情感性支持<反思性支持。女性教师在四个维度中反思性支持的平均得分最高，为 4.20，在四个维度上的表现水平从低到高依次为学术性支持<技术性支持=情感性支持<反思性支持。此外，男性教师在同侪互助行为四个维度上的表现水平均明显高于女性教师，由此可见，男性教师的同侪互助行为整体水平高于女性教师。其原因可能是男性教师具有能够很快接受新事物的优点。对于同一个教学问题，当男女教师之间存在不同的见解时，女性教师可能会偏向于向男性教师求助，男性教师提供帮助的概率更大，男性教师的同侪互助行为的总体表现水平高于女性教师。

3. 教师混合式培训中同侪互助行为的教龄差异

为探究教龄对教师混合式培训中同侪互助行为的影响，本书调查了不同教龄阶段教师在培训中的同侪互助行为，对调查数据进行了单因素方差分析，结果如表 7-5 所示。

表 7-5　教师混合式培训中同侪互助行为的教龄差异

维度	0—5 年（a）（*M*/SD）	6—10 年（b）（*M*/SD）	11—20 年（c）（*M*/SD）	20 年以上（d）（*M*/SD）	*F*	验后比较（两两比较）
学术性支持	4.02/0.779	3.56/0.768	4.10/0.852	4.04/0.579	0.389	a>b，a<c，a<d，b<c，b<d，c>d
技术性支持	4.33/0.509	3.44/0.871	4.20/0.886	4.09/0.570	3.385*	a>b，a>c，a>d，b<c，b<d，c>d
情感性支持	4.23/0.737	3.67/0.520	4.15/0.782	4.25/0.553	1.748	a>b，a>c，a<d，b<c，b<d，c<d
反思性支持	4.28/0.781	3.67/1.031	4.26/0.855	4.29/0.517	1.900	a>b，a>c，a<d，b<c，b<d，c<d

表 7-5 的数据表明，不同教龄的教师在学术性支持、情感性支持和反思性支持等三个维度上无显著差异，但在技术性支持上表现出显著差异。在技术性支持维度上，0—5 年、11—20 年、20 年以上教师的平均得分明显高于 6—10 年教师的均值。在学术性支持维度上，11—20 年教龄的中小学教师的平均得分略高于其他教龄阶段的教师，平均得分从高到低依次为：11—20 年教龄>20 年以上教龄>0—5 年教龄>6—10 年教龄。在情感性支持和反思性支持维度上，20 年以上教龄的中小学教师的平均得分均高于其他教龄阶段的教师。从图 7-6 可以更直观地看到不同教龄阶段教师在混合式培训中同侪互助行为四个维度上的表现水平及变化趋势。

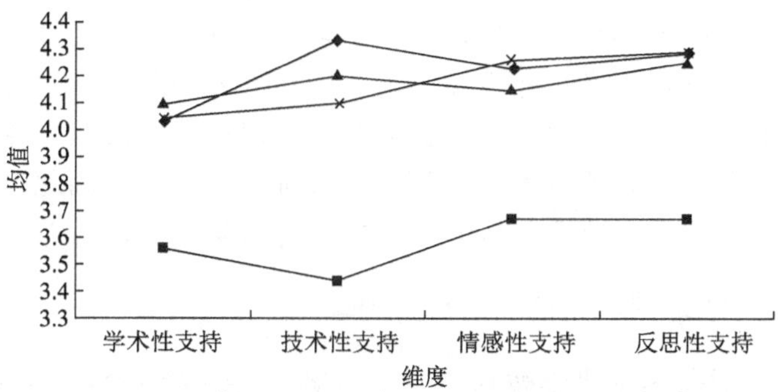

图 7-6　不同教龄的教师在同侪互助行为四个维度上的表现水平与变化趋势

由图 7-6 可知，0—5 年教龄的教师在学术性支持维度上的表现水平最低，为 4.02，在各个维度上的表现水平从高到低依次为技术性支持>反思性支持>情感性支持>学术性支持。6—10 年教龄的教师在情感性支持和反思性支持维度上的表现水平相同，为 3.67，在四个维度上的表现水平从高到低依次为情感性支持=

反思性支持>学术性支持>技术性支持。由此可见，0—5 年教龄的中小学教师在同侪互助行为的各个维度上的表现水平均高于 6—10 年教龄的中小学教师的表现水平。

在学术性支持维度上，11—20 年教龄的中小学教师的平均得分最高，可能是因为随着教龄的增长，教师对于学科知识和教学方法等都有了沉淀与积累，整体的知识体系逐渐完善、教学能力不断提高，对各种理论知识和实践操作都有了深刻的理解和熟练的掌握，对于学生学情分析也有自己独到的见解，因此 11—20 年教龄的教师随着教龄的增加，学术性支持的表现水平随之增长。但是 20 年以上教龄的教师拥有自己的一套知识体系且年龄较大，对于一些新的教学方式与教学手段认同感不高，不愿更新自身的教学观念，所以学术性支持的表现水平低于 11—20 年教龄的教师。

在技术性支持维度上，0—5 年教龄的中小学教师的表现水平最高，可能是因为 0—5 年教龄的教师积极接受和学习新知识、新技能，并且乐于帮助周围的同事，希望得到同伴的认可。此外，6—10 年教龄的中小学教师在四个维度上的整体表现水平均明显低于其他教龄教师的主要原因可能是职业倦怠。职业倦怠主要是指在“以人为服务对象的职业领域中，个人的一种情感耗竭、人格解体和个人成就感降低的症状”[①]。情感耗竭是指个体情绪上处于极度疲劳状态，情感资源过度消耗；人格解体又称“去个性化”，主要指个体感受到对服务对象的负性情绪，表现出消极、疏远、冷漠的态度；个体成就感降低是指在工作中自我效能感的降低和对自身的消极评价的增长[②]。通过对职业倦怠的调查研究发现，教师这一职业是职业倦怠的高发群体，部分学者从教师教龄的角度研究教师职业倦怠的问题，发现 6—10 年教龄是教师职业倦怠最严重的时期。教师产生职业倦怠之后无心教学，对待教学对象的态度变得麻木；自我效能感降低，对于教学的价值和其他教师的评价认同感降低，即使是参与教师培训，也没有兴趣积极参加活动与其他教师互动答疑，甚至无心再继续从事教师这一行业。因此，在混合式培训中，6—10 年教龄的中小学教师同侪互助行为整体表现水平较低。

4. 教师混合式培训中同侪互助行为的学历差异

本次调查的对象为中小学教师，他们的学历主要为专科或本科。为考察学历对教师混合式培训中同侪互助行为的影响，本书对调查数据进行了独立样本 t 检验，结果如表 7-6 所示。

---

① Maslach C, Schaufeli W B, Leiter M P. Job burnout[J]. Annual Review of Psychology, 2001, 52(1): 397-422.

② 胡春梅，姜燕华. 近三十年来国内外关于教师职业倦怠的研究综述[J]. 天津市教科院学报，2006（3）：51-54.

表 7-6　教师混合式培训中同侪互助行为的学历差异

维度	专科（M/SD）	本科（M/SD）	t
学术性支持	3.90/0.675	4.07/0.757	−1.155
技术性支持	3.91/0.769	4.19/0.715	−1.902
情感性支持	4.07/0.590	4.18/0.710	−0.726
反思性支持	4.10/0.678	4.28/0.769	−1.130

表 7-6 的数据表明，专科毕业的教师在同侪互助行为的四个维度中，反思性支持维度上的表现水平最高，为 4.10，表现水平从高到低依次是：反思性支持>情感性支持>技术性支持>学术性支持。本科毕业的教师在四个维度中的学术性支持维度上的平均得分最低，为 4.07，平均得分从高到低依次是：反思性支持>技术性支持>情感性支持>学术性支持。从图 7-7 可以更加直观地看出不同学历的教师在混合式培训中同侪互助行为四个维度上的表现水平与变化趋势。

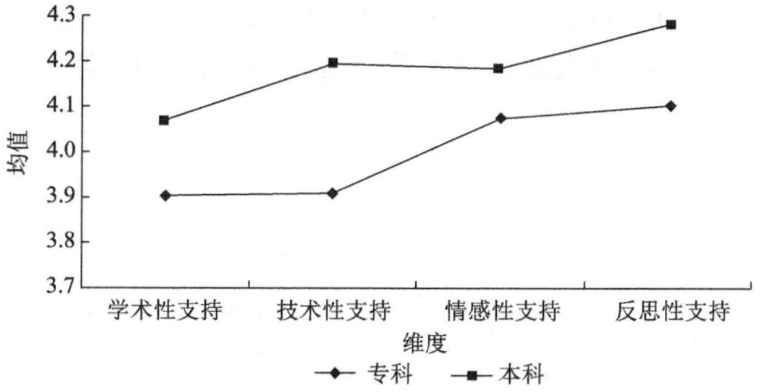

图 7-7　不同学历的教师在同侪互助行为四个维度上的表现水平与变化趋势

由图 7-7 可知，本科毕业的教师与专科毕业的教师在反思性支持维度上的表现水平均是最高，且本科毕业的教师在同侪互助行为各个维度上的表现水平略高于专科毕业的教师。这可能是因为本科毕业的教师整体的知识系统较为完善，对于技术性的知识，无论是有形的技术，如媒体、软件的使用等，还是无形的技术，如课堂管理策略、课堂教学策略等，都能够将其很好地应用于实践教学，更加具有适应性和创造力。

5. 教师混合式培训中同侪互助行为的区位差异

为探究区位对教师混合式培训中同侪互助行为的影响，本书对城市、县城、乡镇和农村的教师进行了抽样调查，对调查数据进行了单因素方差分析，结果如表 7-7 所示。

表 7-7 教师混合式培训中同侪互助行为的区位差异

维度	城市（a）（*M*/SD）	县城（b）（*M*/SD）	乡镇（c）（*M*/SD）	农村（d）（M/SD）	*F*	验后比较（两两比较）
学术性支持	3.87 /0.596	3.88 /0.887	4.07 /0.710	4.20 /0.635	0.909	a<b，a<c，a<d，b<c，b<d，c<d
技术性支持	4.20 /0.712	3.95 /0.915	4.19 /0.647	4.05 /0.763	0.798	a>b，a>c，a>d，b<c，b<d，c>d
情感性支持	4.12 /0.583	4.04 /0.799	4.15 /0.663	4.35 /0.577	0.742	a>b，a<c，a<d，b<c，b<d，c<d
反思性支持	4.15 /0.679	4.11 /0.914	4.24 /0.722	4.43 /0.564	0.683	a>b，a<c，a<d，b<c，b<d，c<d

表 7-7 的数据表明，在学术性支持维度上，农村教师得分最高，平均得分从高到低依次是：农村>乡镇>县城>城市；在技术性支持维度上，城市教师表现水平高于其他三个地区；在情感性支持和反思性支持两个维度上，农村教师的平均得分最高，平均得分从高到低依次是：农村>乡镇>城市>县城。从图 7-8 可以更加直观地看出不同区位的教师在同侪互助行为四个维度上的表现水平与变化趋势。

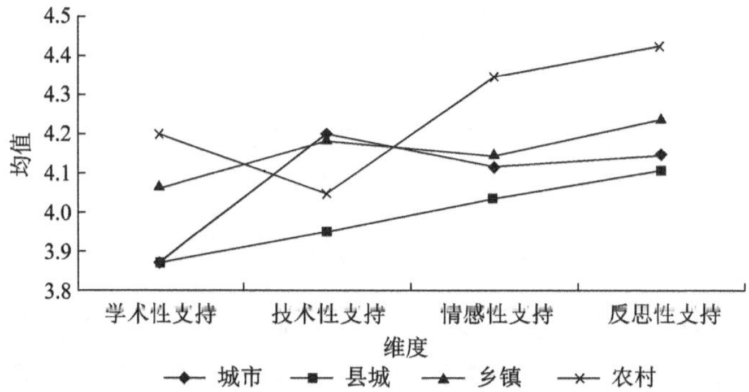

图 7-8 不同区位的教师在同侪互助行为四个维度上的表现水平与变化趋势

由图 7-8 可知，城市教师在学术性支持维度上的表现水平虽低于县城、乡镇和农村教师，但是在技术性支持维度上的平均得分达到了最高点 4.20，高于其他三个地区教师的表现水平。在情感性支持和反思性支持两个维度上，农村教师明显优于城市、乡镇和县城教师。从整体变化趋势来看，县城教师除了在学术性支持维度上略高于城市教师，在其他各维度上的同侪互助行为表现水平都低于其他三个地区教师。

农村教师在情感性支持和反思性支持两个维度上的平均得分最高，首先可能是地区差异造成的，与农村相比，城市、乡镇和县城的学校数量较多，教学资源更为丰富，师资力量较为雄厚，家长对于孩子升学的期望更高，所以教师面临着更大的教学压力，没有更多的精力投入培训过程中的情感交互；此外，农村教师可能更加珍惜参与培训的机会，利用培训完善自身知识体系，提高整体教学能力。所以在培训过程中，农村教师可能会更加注重教学知识、教学实践、与同伴交流和反思。城市教师在技术性支持维度上的平均得分高于其他三个地区教师，这可能是由于城市经济发展水平较高，雄厚的师资力量、丰富的教育资源为教师接受、学习新知识、新技能并迅速应用于教学实践提供了机会，家长对于学校教育的高要求也促使教师不断创新教学方式，并尝试将新技术应用于教学实践，提升整体教学效果。因此，城市教师对于新技术的掌握更加扎实，在培训中能够为其他地区教师提供良好的技术性支持。

通过对教师混合式培训中同侪互助行为的调查分析，研究结论如下。

（1）在混合式培训中，教师之间的同侪互助处于中等偏上水平。参与培训的教师都积极参与同侪互助，并且也都付诸实际行动。

（2）教师混合式培训中同侪互助行为不存在显著的性别差异，男性教师的同侪互助行为表现水平略高于女性教师。

（3）教师混合式培训中同侪互助行为存在教龄差异，在技术性支持维度上，0—5 年、11—20 年、20 年以上教龄的教师同侪互助行为明显高于教龄 6—10 年的教师。6—10 年教龄的教师在四个维度上的同侪互助水平均是最低。

（4）教师混合式培训中同侪互助行为不存在显著的学历差异，本科毕业的教师在同侪互助行为各个维度上的表现水平略高于专科毕业的教师。

（5）教师混合式培训中同侪互助行为不存在显著的区位差异，城市教师在技术性支持维度上的同侪互助水平略高于其他地区教师，农村教师在情感性支持和反思性支持维度上的同侪互助水平略高于其他地区教师，而县城教师除了在学术性支持维度上略高于城市教师，在其他各维度上的同侪互助行为表现水平都低于其他三个地区教师。

三、教师混合式培训中的同侪互助模式设计

“国培计划”（2014）示范性网络研修与校本研修整合培训中，教师学员参与的活动主要包括网络课程学习、校本研修活动和教师工作坊活动，其中同侪互助主要发生在校本研修活动和教师工作坊活动中。在校本研修活动中，由学科教研组长和该学科教师组成一个研修共同体，以“磨课”的方式进行教学体验、教学观摩、教学点评和教学反思[①]，实现教师实践性知识的创造、分享、传递和共

① 张敏霞，王陆. 远程校本研修中教师实践性知识的特征研究[J]. 电化教育研究，2014（8）：108-113.

享；在教师工作坊研修活动中，由学科专家（区县教研员、学科骨干、教学名师等组成）和同地区多个学校的教师组成一个研修共同体，以“主题研修”的方式进行教学体验、教学观摩、教学点评和教学反思，实现教师实践性知识的创造、分享、传递和共享。在校本研修“磨课”活动和区县教师工作坊活动中，教师学员通过不断的实践、体验与反思，解决教学实践中的困惑，提升自身教学能力。教师混合式培训中的同侪互助模式，如图 7-9 所示。

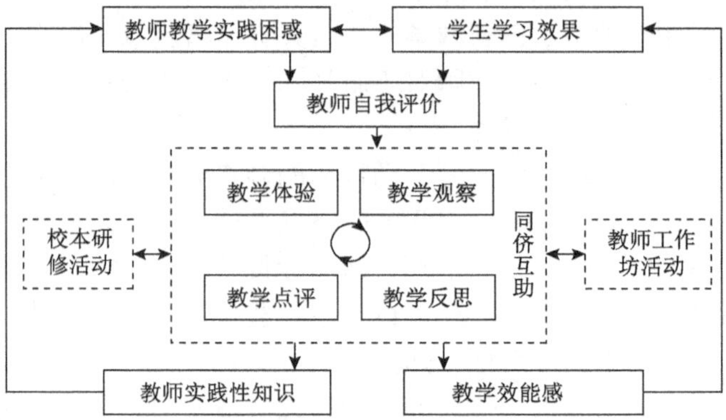

图 7-9 教师混合式培训中的同侪互助模式

（一）教师混合式培训中的同侪互助类型

教师混合式培训中的同侪互助主要包括两种：一种是教师工作坊中的“专家—学员互助”；另外一种是校本研修活动中，学科教研组长与一般教师形成的“同伴互助”。在教师工作坊“专家—学员互助”类型中，由学科专家（由区县教研员、学科骨干、教学名师等组成）发布工作坊研修主题，引领工作坊学员参与研修，组织线下现场教学和课堂观摩，进行教学点评，组织线上交流讨论，凝练研修主题，实现区域教师实践性知识的创造、表达和分享。在校本研修“同伴互助”类型中，学科教研组长（学校教研组长、骨干教师等组成）组织校本研修磨课活动，发布校本研修计划，指定教师学员参与教学设计，组织线下现场教学和课堂观摩，组织线上讨论与交流，凝练研修主题，发布研修总结，实现学校内教师实践性知识的创造、表达和分享。

（二）教师混合式培训中的同侪互助方式

教师混合式培训中的同侪互助方式依据时空特征分为线上互助与线下互助、同步互助与异步互助；依据内容表征形式分为文字互助与言语互助。因此，教师同侪互助的主要表现形式有线上同步文字互助、线上异步文字互助、线下同步言语互助、线下异步文字互助。线上同步文字互助主要是“专家—学员”或“同伴学员”在QQ群里讨论研修内容，解答教学疑惑，及时纠正研修过程中出现的问题；线上异步文字互助主要是专家或学科教研组长在研修平台发布研修计划，组织学员异步讨论教学设计和课堂教学录像，对研修结果进行反思总结，引领研修活动的深入开展；线下同步言语互助是在课堂观摩后，观察教师对被观察教师的课堂教学情况进行现场点评，指出问题，寻找对策；线下异步文字互助主要是观察教师采用文字记录方式对被观察教师的课堂进行观察，填写观察记录表，供研修使用。异步互助是研修活动中的主要互助方式，有利于教师充分利用时间帮助他人和接受帮助，提升互助的深度，同步互助是异步互助的补充，保障研修活动按计划顺利进行。

（三）教师混合式培训中的同侪互助内容

教师混合式培训中的同侪互助内容来源于教师的教学实践，主要包括教师的实践困惑、学生的学习效果以及教师的自我评价。教师的实践困惑是指教师在日常教学实践中产生的、凭教师个人能力难以解决的问题，如新技术的教学应用、教学中重难点的突破以及课堂的有效组织与管理等。学生的学习效果包括学习成绩、学习态度、学习方法以及学习效率等。教师自我评价一方面包括对教师的教学观念、教学兴趣、动机水平、情绪状态等的反思评价，另一方面包括对教学目标达成、教学任务实施、教学材料选择、教学方法等的反思评价。

四、教师混合式培训中的同侪互助策略

由于教师学员对混合式培训如何开展、如何达到有效同侪互助不是很清楚，即使构建了良好的同侪互助模型，也不能保证混合式培训中同侪互助的有效实行，因此，必须为教师学员提供有效的同侪互助支持策略。教师混合式培训中的同侪互助支持策略主要包括阶段性策略、交流策略和支架策略。

（一）教师同侪互助的阶段性策略

阶段性策略主要包括同侪互助开展前的技术支持策略、同侪互助过程中期的情感支持策略和同侪互助后期的反思支持策略。

1. 同侪互助开展前的技术支持策略

技术支持策略是指在同侪互助开展前，针对如何有效使用平台交流工具、QQ 群聊天工具，如何有技巧地指出被观察教师教学中的问题，如何使用课堂观

察表，如何进行集体反思等，对教师学员参与同侪互助的技能进行培训。

2. 同侪互助过程中期的情感支持策略

同侪互助的情感支持策略是在同侪互助过程中，激发学员参与同侪互助的积极性，强化参与意愿，让教师感受到同侪互助的乐趣，真正破解教师教学困惑，分享同侪互助成果。

3. 同侪互助后期的反思支持策略

同侪互助的反思支持策略，为教师的实践反思提供讨论框架，探讨实践教学中存在的问题，如教学目标的达成情况、教师教学能力、教学材料使用情况、教学策略运用、课堂管理，同时探讨未来如何实践以及可能采取的方案等。

（二）教师同侪互助的交流策略

交流策略主要包括保障成员有效沟通的保密策略、保障成员获知信息的告知策略和保障成员有效沟通的多渠道策略。

1. 保障成员有效沟通的保密策略

同侪互助是建立在信任的基础上的，在不受任何干扰、安全的环境中，教师互相学习并成长，因此，保密策略是有效同侪互助实施的前提。为了保障成员内部讨论的内容不被其他学科或学校的教师看到，网络研修平台在搭建时，采用一种策略使得各个研修小组之间互不相关，如果一个成员想要加入另一个研修小组，必须通过“申请加入”，经过该研修小组的组长审核之后，该成员才能加入并看到讨论的内容。

2. 保障成员获知信息的告知策略

告知策略是指在校本研修活动或工作坊活动实施前，由学科教研组长或专家在公告栏中发布公告，告知活动开展的时间、活动内容、活动角色任务分工，学员在研修平台的公告栏中查看公告，了解活动，为有效参与活动做好准备。如果学员没有按照研修计划参与活动，或学科小组没有完成任务，则学科教研组长或专家通过告知策略督促校本研修小组或工作坊成员开展研修。

3. 保障成员有效沟通的多渠道策略

多渠道策略是指教师之间的沟通具有多种方式，包括通过 QQ 群的同步讨论、通过网络研修平台的异步讨论、通过现场教学与点评的面对面讨论等；沟通的对象除了学科教研组长、专家，还可以是同伴教师；可以是两人之间的讨论，还可以是多人之间的讨论。

（三）教师同侪互助的支架策略

教师同侪互助的支架策略包括为教师同侪互助提供的整体支架策略，也包括分布式支架策略。

1. 教师同侪互助的整体支架策略

因为教师首次参与混合式培训，对于混合式培训的流程、角色分工、阶段性任务、评价标准不是很清楚，为教师提供的整体支架是一份与平台功能结合紧密，依据网络研修与校本研修活动开展顺序而设计的学科案例，如数学学科小组磨课案例、语文学科工作坊研修案例。案例按照校本研修与工作坊活动流程设计，将每个步骤设计为子活动，具体包括子活动名称、子活动任务、子活动角色分工、子活动规则、子活动完成过程、子活动评价方法。整体支架策略的目的是帮助学科小组长、学科专家、教师学员更好、更全面地熟悉校本研修和工作坊活动，了解混合式培训中线上、线下活动的关系，诊断研修过程中出现问题的原因，评价阶段性活动的完成情况，为校本研修活动和工作坊活动的顺利开展提供一个参照物。

2. 教师同侪互助的分布式支架策略

混合式培训中的校本研修涉及学科教研组长和学员，教师工作坊涉及学科专家和学员，不同角色在研修活动中开展的工作、完成的时间、达到的目标是不同的，为了更好地支持不同角色顺利完成研修工作，为他们提供了分布式支架。分布式支架设计的理念是，提供更多数量和种类的脚手架支撑，从而通过更有意义的方式有效支撑每一位角色开展活动①。将每类研修成员在平台执行的操作录制成视频，按照任务开展的顺序进行编辑，最后形成针对每类研修成员的操作视频，既分角色，又分时间，而且与整体支架相互对应。

五、同侪互助模式的应用效果分析

教师混合式培训中的同侪互助模式、支持策略与研修环境、研修成员组成以

① 张思，刘清堂，熊久明．认知学徒制视域下教师工作坊研修模式研究[J]．中国电化教育，2015（2）：84-89.

及研修内容密切相关，下面以混合式培训中的校本研修磨课活动为例，描述同侪互助模式与支持策略在混合式培训中的应用，并对应用效果进行分析[①]。

（一）校本研修磨课环境与同侪互助组织方式

1. 校本研修磨课环境与工具

在教师混合式培训中，磨课活动既包括线上研修，也包括线下现场教学。在研修平台完成研修计划发布、教学设计讨论、课堂观摩讨论、研修总结生成；线下现场教学，包括教师授课、课堂观摩、教学点评。同侪互助工具包括 QQ 群、网络研修平台等交流通信工具，还包括课堂观察表、反思评价工具等思维支持工具。

2. 同侪互助组织方式

校本研修磨课活动主要包括三类角色：学科教研组长、被观察教师和观察教师。其中学科教研组长在研修平台发布研修计划，组织课堂教学与观摩，组织研修平台讨论，发布研修总结；被观察教师撰写教学设计、课堂现场教学、参与研修总结；观察教师参与教学设计讨论、课堂观摩与教学点评、研修平台讨论、研修总结。被观察教师与观察教师在学科教研组长的引领下，对教学设计、课堂教学进行讨论，发表看法，实现校内教师实践性知识的创造、表达和分享。

（二）同侪互助过程

1. 同侪互助环节

（1）网络研修平台互助。校本研修磨课活动中，当被观察教师在研修平台发布教学设计（初稿）之后，观察教师在学科教研组长的带领下对教学设计进行讨论，每位观察教师发表对教学设计的看法，指出教学设计中存在的问题，与被观察教师沟通与交流，被观察教师针对其他教师的意见修改教学设计，并应用于课堂教学。现场课堂教学之后，被观察教师将授课视频上传至平台，研修小组全体教师围绕教学设计和教学实录进行讨论，探讨教学目标达成情况、课堂组织情况、学生学习效果、教师自身表现等，反思教学中存在的问题，并进一步修改教学设计用于下一轮教学。

（2）现场教学互助。被观察教师依据在研修平台中讨论好的教学设计，进行

① 罗秀. 中小学教师混合式培训的构建与实施[J]. 黑龙江教育学院学报，2015，34（10）：32-34.

现场教学，观察教师进行课堂观摩，填写课堂观察表。现场教学结束后，学科教研组长组织被观察教师、观察教师进行课堂教学点评，依据课堂教学录像、课堂观察表进行反思，探讨教学中的问题与不足，生成课堂教学报告。

2. 同侪互助个案

下面以荆门某中学数学组开展“长方体的认识”磨课活动为例，简要介绍同侪互助的过程。

在磨课活动之前，该小组全体教师学习了常用交流工具、研修平台、观课评课量表的使用，并下载了校本研修磨课活动案例，观看了分角色磨课活动视频。磨课活动开始后，学科教研组长依据教师们普遍存在的实践困惑，在研修平台发布“长方体的认识”研修计划，指定教师 A 为被观察教师、其余教师为观察教师，并详细说明研修任务、研修分工与研修时间要求。在教学设计（初）阶段，被观察教师 A 按照要求在研修平台发布教学设计，与其他教师一起对教学设计进行讨论，根据其他教师的意见修改教学设计。课堂教学观摩（初）阶段，由被观察教师 A 进行现场教学，其他教师进行课堂观摩，现场教学结束后，学科教研组长组织被观察教师、观察教师进行课堂教学点评。被观察教师 A 将教学实录上传到平台，观察教师将课堂观察表上传到平台，在平台继续进行讨论。在教学设计（终）阶段，被观察教师依据现场教学讨论和研修平台讨论情况，对教学设计初稿进行修改，形成教学设计最终稿，并上传到平台。课堂教学观摩（终）阶段，由被观察教师 A 依据教学设计最终稿进行第二次现场教学，其他教师进行第二次课堂观摩，现场教学结束后，学科教研组长组织被观察教师、观察教师进行第二次课堂教学点评。被观察教师 A 将教学实录上传到平台，观察教师将课堂观察表上传到平台，在平台上继续进行讨论。在研修总结阶段，研修小组所有成员提交心得体会，学科教研组长进行总结，凝练研修活动成果与不足，发布研修总结。

3. 过程分析

研修者利用社会网络分析工具（Ucinet 6.0）对荆门某中学数学组两次校本研修磨课活动进行了对比分析。其中 T1 为学科教研组长，T2 为被观察教师，T3、T4、T5、T6、T7、T8 为观察教师。依据活动中参与者之间的交流互动构建二值矩阵，计算整体网的密度和凝聚力指数。

（1）未实施同侪互助支持策略

未实施同侪互助支持策略，该学科小组的校本研修磨课活动不能实现主题聚焦，从教学设计阶段很难进入课堂观摩阶段。校本研修活动中参与者之间的网络结构如图 7-10 所示。从图 7-10 可以看出，虽然该学科小组的 8 位教师都参与了校本研修活动，主要由学科教研组长进行任务说明与分工，被观察教师和观察教师之间缺乏有效的互动。运用 Ucinet 6.0 计算得出该整体网的密度为 0.214，说明该网络中参与者之间的联系、互动较少，互相之间影响不大。研修活动网络中参与者之间的平均距离（average distance）为 2.029，建立在距离基础上的凝聚力[distance-based cohesion（compactness）]指数为 0.387，整体网络的凝聚力较弱。

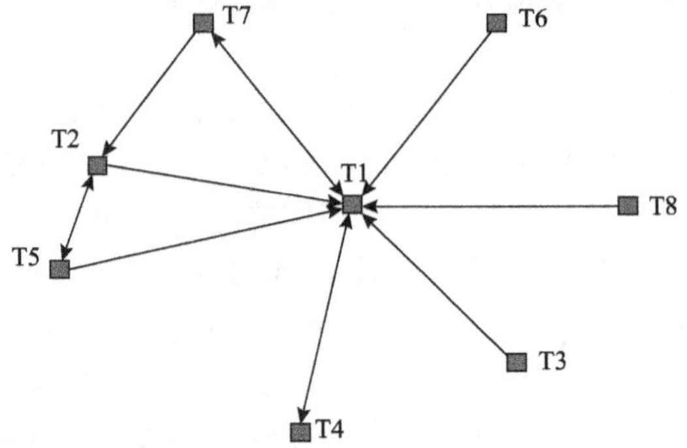

图 7-10 未实施同侪互助支持策略的参与者之间的网络结构

（2）实施同侪互助支持策略

实施同侪互助支持策略之后，该研修小组的磨课活动能顺利实现主题聚焦，参与者之间的互动增多。参与者之间的网络结构如图 7-11 所示。从图 7-11 可以看出，该学科小组的 8 位教师都参与了校本研修活动，观察教师与学科教研组长、被观察教师之间的互动网络变得复杂起来，而且观察教师 T2 由边缘参与变成核心参与。运用 Ucinet 6.0 计算得出该整体网的密度为 0.625，说明该网络中学科教研组长、被观察教师和观察教师之间具有较强的影响。研修活动网络中参与者之间的平均距离为 1.375，建立在距离基础上的凝聚力指数为 0.813，整体网络的凝聚力比实施同侪互助支持策略之前强。

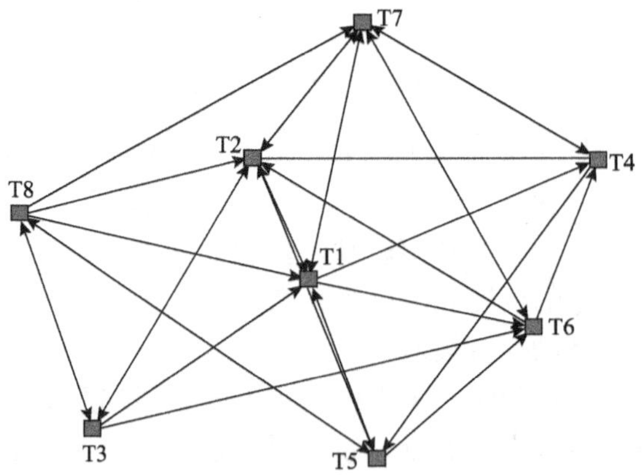

图 7-11 实施同侪互助支持策略的参与者之间的网络结构

（三）问卷调查

在第一轮校本研修磨课”活动之后，研究者就教师对参与同侪互助及同侪互助支持策略的态度进行了问卷调查，调查问卷面向参与“国培计划”（2014）示范性网络研修与校本研修整合培训的137所学校的教师，采用5点利克特量表的方式。下面对问卷结果进行简要论述。

1. 教师对同侪互助持积极态度

所有教师都认为同侪互助有助于自身教学能力的发展，平均值为3.85；当被问及“您是否愿意在校本研修活动中对他人进行帮助”时，85.5%的教师给出肯定的回答；当被问及“您是否愿意在校本研修活动中接受他人帮助”时，80.1%的教师给出肯定的回答。

2. 同侪互助支持策略获得教师认可

培训教师对同侪互助支持策略持积极态度，所有教师都认为支持策略形式多样，有助于研修活动的顺利开展，平均值为4.05。当被问及“您对研修活动中的支持策略的评价”时，95.5%的教师给出优或良的评价。当被问及“目前提供的支持策略能否满足校本研修和工作坊研修活动需要”时，89.6%的教师认为基本能满足。

以“国培计划”（2014）示范性网络研修与校本研修整合培训中的同侪互助为研究点，对同侪互助模式及同侪互助支持策略进行梳理总结。从提升教师实践性知识和教学效能感的视角提出同侪互助模型；为同侪互助的有效实施提出阶段性策略、交流策略和支架策略，最后讨论了同侪互助模式和支持策略的应用效果。教师混合式培训中的同侪互助模式因互助内容的实践性、互助类型的多样性、互助方式的灵活性，使得实践操作性强。研究进一步表明，教师混合式培训中的同侪互助支持策略能有效促进教师校本研修活动和工作坊活动的顺利进行，及时诊断和解决教师研修活动中出现的问题，对提高教师参与混合式培训的积极性和主动性具有一定的促进作用。但是，教师混合式培训的实践也告诉我们，教师研修活动能否顺利开展，关键在于教师自身的积极性、学校实施混合式培训的硬软件条件以及学科教研组长和专家的奉献精神。因此，寻求教师混合式培训与学校校本研修的结合点，成为研修团队探索混合式培训如何深入、有效开展时需要关注的重要问题。

本章小结

混合式培训主要是指将传统的集中面授培训与现代信息技术支持的网络自主学习、网络交流互动以及线下研修有机融合的一种培训方式。该模式旨在解决传统教师培训中存在的突出问题，如：内容泛化、方式单一、质量监控薄弱；针对性不强、培训整体效果不佳；交流互动少、培训与实践脱离等。实践应用过程中，涌现一批典型的教师混合式培训模式，如：线上线下混合式培训模式；专家面授、网络平台远程培训和校本培训结合模式；主题学习活动导向模式等。以上模式迫切需要在主题任务设计、培训活动设计及绩效分析等方面提高导引性和适配性。

为探索网络研修与现场实践相结合的混合式培训新模式，推行网络研修与校本研修整合培训，研究团队基于活动理论、混合学习理论构建了教师混合式培训主题研修活动设计模型。纵向结构上以教师研修主题为活动序列，通过活动调用网络和校本基本研修活动，形成多层次的教师混合培训主题研修活动序列；横向结构上按构成主题研修活动的成分，分为核心要素和支持性要素，通过要素之间形成的层级关系，增加主题研修活动设计的系统性和规范性。

教师混合式培训中的同侪互助对于构造教师学习共同体、提高教师培训质量具有非常重要的作用，是教师创新教学理念的重要来源，是提高教学技能的重要方式。研究团队通过设计调查问卷，对中小学教师在混合式培训中的同侪互助行为进行调查分析。研究发现教师之间的同侪互助行为在学术性支持、技术性支持、情感性支持和反思性支持等四个维度呈现出不同的差异和特点，同侪互助行为受到性别、教龄、学历、区位等因素的影响。

为了促进教师在混合式培训中同侪互助行为的发生，提升混合式培训的效果，研究团队以教师混合式培训中的同侪互助为研究点，对同侪互助模式及同侪互助支持策略进行梳理总结，从提升教师实践性知识和教学效能感的视角提出同侪互助模型；为同侪互助的有效实施提出阶段性策略、交流策略和支架策略。应用效果表明，同侪互助模式及支持策略促进了教师混合式培训的有效实施，是教师混合式培训取得成功的关键因素之一，对同类型教师研修活动的开展具有一定的借鉴作用。

第八章

人工智能与教师专业发展

人工智能技术推动了教育教学变革与创新发展。大数据、翻转课堂、创客空间、可穿戴技术、自适应学习、虚拟现实技术、人工智能等新技术的兴起对教育产生重要影响。人们改变了原有的学习模式和交流方式，带来了一种自由而又便捷的、有巨大提升空间的学习方式。

我们从学生和教师两方面重新思考教育与新技术的关系，强调用新教育来化解新技术带来的风险。一方面，基于学生的真实学习需求，加快推动信息技术与教育教学的深度融合，利用信息技术支持学生全面有个性的发展；另一方面，关注教师信息技术应用能力的有效提升，帮助教师获得信息化教学的意识和能力，促进教育观念、教育形式、教学内容的深刻变革。①

① 曹培杰. 未来学校的变革路径——"互联网+教育"的定位与持续发展[J]. 教育研究，2016，37（10）：46-51.

第一节 人工智能技术及其发展

对人工智能给出不同于大众理解的精确和复杂的描述是困难的。如何对人工智能进行精确定义目前还没有达成共识。斯坦福大学尼尔森教授（美国计算机科学家，人工智能学科奠基人之一）对人工智能的定义是："人工智能就是致力于让机器变得智能的活动，而智能就是使实体在其环境中有远见地、适当地实现功能性的能力。"[①②]。

人工智能的起源是对人本身的意识、自我、心灵等哲学问题的探索。人工智能的发展过程融合了统计学、神经科学、信息论、控制论、计算复杂性理论等学科的知识。

一、人工智能的发展历程[③]

1950 年，计算机科学之父阿兰·图灵发表了论文《计算机器与智能》《机器能思考吗》，并提出著名的"图灵测试"：如果第三者无法辨别人类与人工智能机器反应的差别，则可以论断该机器具备人工智能。从此，学术界展开了广泛的机器思维问题研讨。

1956 年的达特茅斯会议上，学术界各领域代表接受了"人工智能"学术术语，并界定了该领域的研究目的、早期重大成果及主要贡献者。这一历史时刻标志着"人工智能"的诞生[④]。

1956—1973 年是人工智能的第一个黄金发展期，并取得了有重大影响力的成果，如推理搜索的算法、概念依存理论、微世界研究等。

1974—1979 年是人工智能研究的第一个寒冬，因局限于计算机落后的运算能力和数据收集能力等，人工智能发展遇到了发展瓶颈[⑤]。

---

① Artificial intelligence and life in 2030: The one hundred year study on artificial intelligence[EB/OL]. [2020-12-02][2021-08-04]. https://apo.org.au/node/210721.

② 高芳. 斯坦福大学展望 2030 年的人工智能[J]. 科技中国，2017（1）：4-7.

③ "人工智能的发展历程"内容选自：高芳. 斯坦福大学展望 2030 年的人工智能[J]. 科技中国，2017（1）：4-7.

④ 张晗. 论人工智能与新闻从业者的共处关系[D]. 兰州财经大学硕士学位论文，2019.

⑤ 张晗. 论人工智能与新闻从业者的共处关系[D]. 兰州财经大学硕士学位论文，2019.

1980—1986 年，人工智能研究进入了第二次快速发展期[①]。“专家系统”是人工智能的一个研究分支，具有一定的仿真决策能力。1989 年的 DeepThought 战胜了国际象棋大师，为后来的“深蓝”（Deep Blue）成功奠定了基础。1981 年日本政府提出了“第五代电脑计划”，开始重点资助人工智能项目。

1987—1992 年是人工智能研究的第二个寒冬，由于个人消费电脑的快速发展，人工智能研究进展放缓[②]。1987 年，苹果和 IBM 开始在桌面市场发力，个人电脑的运算能力开始超越 Symbolics 公司昂贵的 Lisp 电脑，人工智能硬件市场受到巨大挤压而发展缓慢。

1993 年至今，人工智能进入快速发展期。标志性事件是，1997 年 5 月 11 日 IBM 公司的 Deep Blue 击败了国际象棋世界冠军卡斯帕罗夫；2005 年斯坦福大学制造的机器人自我驾驶 131 英里（1 英里=1609.344 米），赢得了美国国防部先进研究项目大挑战；2011 年，IBM 公司的沃森在一档智力竞猜节目中击败了 2 位人类冠军，并且优势巨大；2016 年，DeepMind 公司研发的 AlphaGo 以 4∶1 的比分击败了韩国围棋大师李世石。

人工智能诞生半个多世纪以来，终于可以实现当初既定的几个目标，并取得瞩目的成就。作为人工智能的核心，机器学习也在人工智能的大步发展中备受瞩目。机器学习的应用涉及人工智能的各个分支，如专家系统、自动推理、自然语言理解、模式识别、计算机视觉、智能机器人等领域。

二、人工智能的发展趋势

美国斯坦福大学“人工智能百年研究”项目于 2016 年 9 月发布《2030 年的人工智能与人类生活》报告，报告认为短期内不可能研发出能够长期自我存续的机器；然而未来 15 年将有越来越多的实用型人工智能应用出现，可能会给社会、经济带来深远的积极影响[③④⑤⑥]。

（一）大规模机器学习

许多机器学习问题（如有监督和无监督学习）已基本解决。目前重点攻克的

---

① 张晗. 论人工智能与新闻从业者的共处关系[D]. 兰州财经大学硕士学位论文，2019.

② 张晗. 论人工智能与新闻从业者的共处关系[D]. 兰州财经大学硕士学位论文，2019.

③ Artificial intelligence and life in 2030: The One Hundred Year Study on Artificial Intelligence[EB/OL]. [2020-12-02][2021-08-04]. https://apo.org.au/node/210721.

④ 高芳. 斯坦福大学展望 2030 年的人工智能[J]. 科技中国，2017（1）：4-7.

⑤ 张晗. 论人工智能与新闻从业者的共处关系[D]. 兰州财经大学硕士学位论文，2019.

⑥ 人工智能发展简史[EB/OL]. （2017-01-23）[2021-08-07]. http://www.cac.gov.cn/2017-01/23/c_1120366748.htm.

难点问题是使用海量的数据集扩展现有的算法。例如，将现有算法应用于超大规模数据集时，可能需要遍历若干次才能解决，逐步发展成为只需执行一次即可攻克[①]。某些情况下使用非线性方法只需分析一小部分数据就可以得出结论。

（二）深度学习

深度学习是机器学习领域的一次重大飞跃，它是一种使用反向传播算法的自适应人工神经网络训练方法。这种革命性的方法极大地推动了传感、视觉、物体识别等领域人工智能硬件技术的发展。

卷积神经网络的训练使目标识别、运动识别等计算机视觉领域研究受益匪浅[②]。深度学习还将在音频、语音和自然语言处理等领域取得显著进展。

（三）强化学习

传统的机器学习方法主要关注模式挖掘，而强化学习更关注决策支持。强化学习可以让机器更进一步理解真实世界，并作出更好的反应。强化学习思想发展多年，但并未成功应用于实践，主要受样本空间的影响。深度学习为强化学习实现并广泛应用注入了“强心针”[③]。例如，计算机深度学习程序 AlphaGo 在五场比赛中击败人类的围棋冠军，很大程度上是强化学习的功劳。

（四）机器人

如何训练机器人与周围的环境以日常的和可预测的方式进行交互，发展机器人操纵能力，是当前研究者关注的另一个话题。机器感知可靠性的进展，包括计算机视觉、力度和触觉等，将关键性地推进机器人的各项功能演化。

（五）计算机视觉

计算机视觉一直是人工智能领域通过深度学习发展最快的分支。大规模计算的融合，如 GPU、大规模数据集，以及神经网络算法改进等，使得计算机进行视觉分类首次超越人类。同时，更多的研究主要集中在自动抓取图像和视频[④]。

（六）自然语言处理

自然语言处理技术作为支撑，带动了语音合成、语音识别、机器翻译及语义

① 高芳. 斯坦福大学展望 2030 年的人工智能[J]. 科技中国，2017（1）：4-7.

② 人工智能发展简史[EB/OL].（2017-01-23）[2021-08-07]. http://www.cac.gov.cn/2017-01/23/c_1120366748.htm.

③ 高芳. 斯坦福大学展望 2030 年的人工智能[J]. 科技中国，2017（1）：4-7.

④ 高芳. 斯坦福大学展望 2030 年的人工智能[J]. 科技中国，2017（1）：4-7.

理解等应用技术发展，并初步成为人工智能的核心技术之一。自然语言处理和自动语音识别都是机器感知领域非常活跃的应用。

（七）协同系统

协同系统研究关注模型和算法，以帮助开发能够与其他系统和人类协作的自治系统。这项研究依赖于开发正式的协作模型，并使得开发的系统具备成为有效合作伙伴所需的能力。这类协同系统可以利用人和机器的互补优势，帮助人工智能系统克服其局限性，实现人类和机器的优势互补。

（八）众包和人类计算

通过众包的方式利用人类智力来解决仅依靠技术无法解决的问题。例如，维基百科由网民维护和更新的知识库，在规模和深度上远远超过了传统编译的信息源，如百科全书和词典[①]。

（九）算法博弈论与计算社会选择

人工智能的经济和社会计算维度（包括激励结构）正受到新的关注。从人工智能的经济学、社会学维度出发，必须关注的主题包括计算机制设计（激励设计的经济学理论）、计算社会选择（如何为备选方案排序的理论）、动因对标信息抽取（市场预测、评分规则等）、算法博弈理论等[②]。

（十）物联网

越来越多的研究致力于这样一种理念，即各种设备可以相互连接，以收集和共享它们的感知信息。人工智能的目的是从中挖掘有用的智能数据，并克服设备通信协议互不兼容的问题[③]。

（十一）神经形态计算

神经形态计算是受生物神经网络启发的计算模型，可用于提高计算系统的硬件效率和鲁棒性。神经形态计算有可能成为冯·诺依曼体系计算的有效补充，随着深度神经网络在专用神经形态硬件上的应用，甚至有可能突破冯·诺依曼体系

---

① 人工智能发展简史[EB/OL].（2017-01-23）[2021-08-07]. http://www.cac.gov.cn/2017-01/23/c_1120366748.htm.
② 高芳. 斯坦福大学展望 2030 年的人工智能[J]. 科技中国，2017（1）：4-7.
③ 高芳. 斯坦福大学展望 2030 年的人工智能[J]. 科技中国，2017（1）：4-7.

结构，带来更加深远的影响。①

人工智能的迅猛发展依赖于大数据和云计算。数据驱动范式的巨大成功已经取代了人工智能的传统范式。定理证明、基于逻辑的知识表示和推理等程序正受到越来越少的关注，部分原因是与现实世界背景联系的持续挑战。基于模型的方法，例如基于物理的视觉方法和机器人技术中的传统控制和映射方法，基本上已经让位于数据驱动的方法，这些方法通过感知手头任务中的动作结果来结束循环。非常流行的贝叶斯推理和图形模型也遇到了应用的瓶颈，因为它们被海量数据和深度学习的显著成功所淹没。

三、人工智能的典型教育应用

美国新媒体联盟自 2004 年起，每年发布地平线报告，预测未来五年内将会影响教育发展的新技术，智能技术（如学习分析、教育数据挖掘）成为地平线报告近年来关注的焦点，代表着教育领域的技术应用发展趋势②③。Web 技术从 Web1.0 向 Web3.0 发展，其内涵表现为内容语义特征和社会交互特性的高度融合，内容语义分析方法受到越来越多的学者关注④。

当前，人工智能与教育的融合与发展研究产生了较多的成果，在应用研究方面大致可分为以下四种类型。

（一）智能在线学习平台

随着在线学习，特别是 MOOC 及智能教学平台的快速发展，在线学习平台记录下学习者所产生的大量的结构化、半结构化及非结构化数据，这些面向教学系统和学习过程的海量数据是进行学习分析的数据来源。基于教育大数据利用人工智能技术进行数据挖掘和学习分析，洞悉学习者的学习状态及水平，进而对学习者实施精准教学，以满足其个性化的学习需求，促进其个性化发展。大量的研究聚焦于学习者的在线学习心理、行为分析及学习结果预测等。例如，学者 MacFadyen 等基于在线学习平台所记录的学习者行为数据，对学习者的学习绩效

① 高芳. 斯坦福大学展望 2030 年的人工智能[J]. 科技中国，2017（1）：4-7.

② Johnson L, Adams B S, Estrada V, et al. The NMC horizon report: 2015 higher education edition[R]. Austin, Texas: The New Media Consortium, 2015.

③ Johnson L, Adams B S, Estrada V, et al. The NMC horizon report: 2014 K-12 edition[R]. Austin, Texas: The New Media Consortium, 2014.

④ 刘清堂，张思，范桂林，等. 教育大数据视角下的内容语义分析模型及应用研究[J]. 电化教育研究，2017，38（1）：54-61，93.

进行了预测[①]。李爽等基于在线学习平台的数据，构建了学习投入评测模型，并进一步分析了在线学习投入与学习绩效之间的关系等[②]。

（二）智能教育助理

该领域的研究主要包括智能教学系统（ITS）、教育机器人、学习伙伴等。智能教学系统，是指一个能够模仿人类教师来帮助学习者进行某个学科、领域或者知识点学习的智能系统[③]。其核心组件包括领域知识模型、学习者模型、教学法模型和人机接口模型[④]。学者 Hilles 等设计开发了智能教学系统 MDB 以支持数据库系统课程的学习并取得了较好效果[⑤]。孙波等基于在线学习者的面部表情利用智能技术对其情感进行自动识别，再通过虚拟教师的情感表达与学习者进行互动，以实施学习干预[⑥]。智能教育机器人作为 STEM 教具能有效培养学生的高阶思维能力和动手能力[⑦]。綦春霞等利用智慧学伴，对学生的数学学科能力进行测评、诊断并实施精准干预，以推进学生数学学科能力的持续进阶[⑧]。

（三）智慧教室

智慧教室是能优化教学内容的呈现、便利学习资源获取、促进课堂交互开展，具有情境感知和环境管理功能的新型教室[⑨]。是在先进信息技术支持下构建的个性化、数字化、智能化的新型学习环境[⑩]，具有主动感知教学情境、自动采集分析数据、适配性推送学习资源、学习工具多样化等特征。智慧教室为教师的教学决策和学生的学习机会提供了多元化的、多维度的数据支持，是学生素质培养和能力发展的智能化空间。Angeli 等在课堂中利用数据挖掘方法对不同认知风格的学习者的问题解决过程进行了对比分析，该方法可为课堂教学的研究和

---

① MacFadyen L P, Dawson S. Mining LMS data to develop an “early warning system” for educators: A proof of concept[J]. Computers & Education, 2010, 54(2): 588-599.

② 李爽，李荣芹，喻忱. 基于 LMS 数据的远程学习者学习投入评测模型[J]. 开放教育研究，2018（1）：91-102.

③ 贾积有. 人工智能赋能教育与学习[J]. 远程教育杂志，2018（1）：39-47.

④ 刘德建，杜静，姜男，等. 人工智能融入学校教育的发展趋势[J]. 开放教育研究，2018（4）：33-42.

⑤ Hilles M M, Naser S S A. Knowledge-based intelligent tutoring system for teaching mongo database[J]. European Academic Research, 2017, 4(10): 8783-8794.

⑥ 孙波，刘永娜，陈玖冰，等. 智慧学习环境中基于面部表情的情感分析[J]. 现代远程教育研究，2015（2）：96-103.

⑦ Altin H, Pedaste M. Learning approaches to applying robotics in science education[J]. Journal of Baltic Science Education, 2013, 12(3): 365-377.

⑧ 綦春霞，何声清. 基于“智慧学伴”的数学学科能力诊断及提升研究[J]. 中国电化教育，2019（1）：41-47.

⑨ 黄荣怀，胡永斌，杨俊锋，等. 智慧教室的概念及特征[J]. 开放教育研究，2012（2）：22-27.

⑩ 唐烨伟，庞敬文，钟绍春，等. 信息技术环境下智慧课堂构建方法及案例研究[J]. 中国电化教育，2014（11）：23-29.

教学设计的优化提供支持①。Holstein 等给 K-12 任课教师佩戴混合现实的智能眼镜，以增强教师对学生的学习情况、元认知及行为的感知，便于教师对学生进行实时监控并提供针对性指导②。国内学者张俍等基于心理学、神经科学、信息科学等学科理论设计了融合多模态数据的“智能课堂”，以此为科学的教学评价提供实证基础，从而提升教师的课堂表现，推动教师教育的变革③。陈靓影等基于多模态自然感知技术，探究课堂上学生学习兴趣的智能化分析方法，该方法能真实反映学生的学习兴趣状态，为教师改进教学方法、提高教学效果提供了客观依据及有效手段④。

（四）智慧校园

智慧校园是以数字化教学资源、网络化信息流转为基础，以集成化教学应用为依托，以人工智能技术为手段，实现学生学习、教师教学、管理决策的智能化和科学化⑤。美国布拉德利大学的 Uskov 等对智慧大学的概念模型进行了系统化的设计，认为智慧大学是由具有一定智能水平的智慧教室、智慧学院、智慧课程、智慧教学、智慧技术和其他特殊组件构成的一个智慧系统，并以布拉德利大学为例介绍了智慧大学的建设情况⑥。同时，Uskov 等还设计了智能学习分析系统，以提升智慧大学的智能水平⑦。

综合以上研究可以发现，随着信息技术的发展，在线学习平台、智能教育助理、智慧教室、智慧校园等学习环境的建设，为人工智能技术渗入日常教学创造了条件。在线学习平台能较为翔实地记录学习者的行为数据及输入信息，其数据的易获取性及结构化程度较高，这为学习分析带来了便利。在课堂教学方面，数字摄像、语音识别、电子书包、BYOD 等技术的使用，使课堂教学数据的采集实现了伴随式、自动化和多源化。

---

① Angeli C, Howard S K, Ma J, et al. Data mining in educational technology classroom research: Can it make a contribution?[J]. Computers & Education, 2017, 113(5): 226-242.

② Holstein K, Hong G, Tegene M, et al. The classroom as a dashboard: Co-designing wearable cognitive augmentation for K-12 teachers[C]. *In* Proceedings of the 8th International Conference on Learning Analytics and Knowledge. New York: ACM Press, 2018: 79-88.

③ 张俍，任友群. 教师教育的智能变革何以可能：智能课堂及其意义[J]. 现代远程教育研究，2018（4）：15-21.

④ 陈靓影，罗珍珍，徐如意. 课堂教学环境下学生学习兴趣智能化分析[J]. 电化教育研究，2018（8）：91-96.

⑤ 吴永和，刘博文，马晓玲. 构筑“人工智能+教育”的生态系统[J]. 远程教育杂志，2017（5）：27-39.

⑥ Uskov V L, Bakken J P, Howlett R J, et al. Smart Universities: Concepts, Systems, and Technologies[M]. New York: Springer Press, 2018: 49-160.

⑦ Uskov V L, Bakken J P, Heinemann C, et al. Building smart learning analytics system for smart university[M]. *In* Vladimir L. Uskov. Proceedings of the 4th International KES Conference on Smart Education and Smart E-Learning. New York: Springer Press, 2017: 191-204.

第二节　智能教学技术及其发展[①]

经历了工业化时代的教学机器、计算机时代的计算机辅助教学、信息时代的智能导师等发展阶段，教育智能化水平逐渐提高[②]。何克抗教授指出，教育信息化未来的发展方向是通过教学过程中的信息技术应用实现教育质量的显著提升，这是教育信息化的重大意义所在[③]。智能教育的出现构筑了全新的教育形态，祝智庭教授认为，智能教育是信息技术与教育深度融合发展下的一种教育形态，在技术上它融合了多媒体技术、网络技术、数字技术以及当前快速发展的智能技术的最新特点，在理念上它秉承开放、共享、交互、协作的精神[④]。

技术的发展创新及其在教育中的应用推动了教育技术的发展。在这个发展过程中，教育技术的智能化水平逐步提高，经历了工业化时代的教学机器、计算机时代的计算机辅助教学、信息时代的智能导师等发展阶段。如今，教育逐步走进了以网络化、智能化、信息化为特征的智慧时代，如何认识智慧学习环境下技术的作用、教师的角色、学习的变化是需要深入思考的课题。从技术发展的视角，回顾教育技术不同历史发展阶段的特征与特点，有助于我们更透彻地认识教育技术的使命，更深入地回答以上问题；同时，可以帮助我们更清醒地看待当前层出不穷的新技术，适度、合理地应用它们为教与学提供支持。

一、机器教学及其发展

（一）程序教学及发展

早在 20 世纪 20 年代，因西方主要资本主义国家对大量熟练劳动力的需求，迫切需要改变以“作坊式”的“师徒授受”为主要模式的人才培养方式，转而采取“批量生产”的人才培养模式。正是在这种背景下，现代意义上的学校在当时主要的工业国家中成型并得到普及发展。为解决社会对教育效率和质量等方面的变革需求，相关学者开展了以机器学习为核心的自动化教学（auto-instruction）

① 本节内容选自：刘清堂，毛刚，杨琳，等. 智能教学技术的发展与展望[J]. 中国电化教育，2016（6）：8-15.

② 龚维瑶. 程序教学简介[J]. 心理科学通讯，1965（2）：17-22.

③ 何克抗. 如何贯彻落实《教育信息化 2.0 行动计划》的远大目标[J]. 开放教育研究，2018，24（5）：11-22.

④ 祝智庭，贺斌. 智慧教育：教育信息化的新境界[J]. 电化教育研究，2012，33（12）：5-13.

探索。

美国教育心理学家普莱西（Pressey）于 1924 年试制出第一台用于测验的机器。真正将教学机器的研究和应用推向高潮的是美国心理学家斯金纳（Siknner）。斯金纳基于实验研究的成果，提出了以积极反应、小步子、即时反馈、自定步调为基本原则的程序教学理论。以程序教学理论为基础的教学机器以及程序教材能够自动执行测验和计分任务。教学机器的基本运行程序包括：①把学习材料以一系列问题的形式连续地呈现出来；②一个问题一直呈现在学习者面前，直到其选出正确答案；③即时告诉学习者答案正确与否；④把学习者已经掌握的问题在再次复习时淘汰掉①。

机器教学探索开启了人们利用机器替代教师部分工作的窗口。教学机器具有一些基础的“智能”，能够替代教师完成一些教学工作：①计算智能，可以自动计分，评价学习效果；②逻辑推理，根据学生的应答状况判断下一步呈现的学习内容；③信息反馈，为学生提供正误反馈，向教师提供教学效果反馈。

由于教学机器自身的局限性，程序教学在 20 世纪 60 年代后期遭到很多批评，并逐步衰退。尽管如此，以操作条件反射和积极强化为核心的行为主义学习理论的应用与实践，逐步开启了利用机器辅助教学的研究序幕，同时也开辟了一条以学习为起点的教育技术研究之路②。

（二）计算机辅助教学

20 世纪 60 年代，计算机的出现推进了计算机辅助教学（computer-assisted instruction，CAI）的研究与实践。计算机辅助教学是指把计算机系统的功能和教师的课堂讲授有机地结合在一起，它既包括为学生提供系统学习指导的课程内容，也包括为某一教学内容所补充的教学模拟、游戏以及向学习者提供某种作业的辅导、操练和实践等。

从 20 世纪 60 年代至 90 年代，CAI 技术的应用研究伴随计算机技术以及教学理论的发展而不断进化，大概可以分为三个阶段。

（1）初期发展阶段（20 世纪 60 年代），以大学和计算机公司为主体开展的软硬件开发研究工作，出现了一些有代表性的系统，如 PLATO 系统、斯坦福大学研制的 IBM1500 教学系统。这类系统是教学机器的高级版本，其设计思想仍然是以行为主义理论为基础的程序教学方法。

（2）实践探索阶段（20 世纪 70—80 年代），微型计算机技术发展使 CAI 的研究规模不断扩大，在数学、物理、医学、语言学、经济学、音乐等多种学科领

① 龚维瑶. 程序教学简介[J]. 心理科学通讯，1965（2）：17-22.

② 李艺，单美贤. “教师”的智慧：谈程序教学思想的兴起与归宿[J]. 电化教育研究，2013（7）：11-16.

域均开展了 CAI 的应用。在设计思想上，关注学习者的内部心理过程，强调学习者的心理特征与认知规律。

（3）规模应用阶段（20 世纪 90 年代），多媒体计算机的应用使 CAI 课件能够综合展示文字、图像、声音、图形，并且初具人机交互能力①。此阶段的 CAI 应用走向成熟，在设计上强调以学生为中心，认为"情境"、"协作"、"会话"和"意义建构"是学习环境中的四大要素；提倡学习过程中充分发挥学生的主动性，体现学生的首创精神。

计算机辅助教学技术的发展标志着智能教学技术的萌芽。在技术层面，具有数字化、网络化、智能化、多媒体化等特征；在教育层面，体现出教材的多媒体化、资源的全球化、教学的个性化、学习的自主化、任务的合作化、管理的自动化、环境的虚拟化等特征。计算机辅助教学逐步发展成一个集交互、管理和评价为一体的"类人"学科专家，其主要特点如下②。

（1）具有结构化的学科知识，并能够为学生提供多样化的信息展示方式。

（2）具有领域知识范围内的交互能力，在知识呈现方式、展示节奏、问题查询、异常处理等方面为学习者提供个性化的支持。

（3）具有程序化的管理与评价能力，帮助学习者在没有教师的前提下，方便、准确地进行自我评价，并自定下一步的学习目标。

随着信息技术的发展，CAI 开始逐步脱离强调知识的呈现和学习内容的传递，模仿传统的课堂教学的开发与应用模式，转向更"智慧"的研究方向。

（三）智能导师系统

人工智能是研究、开发用于模拟、延伸和扩展人的智能的理论、方法、技术及应用系统的一门新的技术科学。有研究者认为人工智能是一个电脑系统具有人类知识和行为，并具有学习、推断、判断、记忆知识和了解人类自然语言的能力③。

应用人工智能技术解决教学问题是教育研究者关注的焦点。1970 年，出现了第一个应用在教育领域的系统——SCHOLAR，该系统主要用于教授南美洲地理的简单情况。同期，也出现了一批有影响的智能教学系统：Collins 等于 1975 年在 SCHOLAR 系统基础上研制了教授学生探索降雨原因的 WHY 系统；1977 年，斯坦福大学 Wescourt 等设计的辅助 Basic 语言教学的 BIP 系统；1977 年麻省理工学院开发用于逻辑学、概率、判断理论和几何学训练的 WUMPUS 游戏系

① National Science and Technology Council. The national artificial intelligence research and development strategic plan[EB/OL].（2016-10-20）[2020-12-02]. https://www.whitehouse.gov/ostp/nstc/.

② 闫寒冰，祝智庭. CAI 的概念及技术在信息化教育中的新发展[J]. 外语电化教学，2001（1）：58-61.

③ 蒋秀莲. 基于人工智能技术的智能教学系统研究与设计[J]. 微型电脑应用，2009（11）：43-45.

统等[①]。

Sleeman 和 Brown 于 1982 年首次提出智能导师系统（ITS）这个概念，并认为智能导师系统是利用计算机模仿教学专家的经验、方法来辅助教学工作的计算机系统[②]。一般的智能导师系统包含教师模型、学习者模型、教学策略库、领域知识库和人机交互接口五个组成部分。设计完备的智能导师系统在拟人能力方面达到相当的智能水平，主要表现在以下几个方面[③]。

（1）能够记录学习者的学习过程与结果，自动分析学习者的个性化学习特点。

（2）能够根据学习者的学习特点，为学习者制定个性化的学习方案。

（3）能够模拟人类的似真推理，自动产生问题求解方案。

（4）提供即时、有效、全面且有针对性的学习、诊断，及时为学习者提供学习建议和反馈。

回顾整个 20 世纪教学技术的发展可以清晰地发现，教学机器的研究开了利用机械模拟人类逻辑、计算等基本智能的先河；计算机辅助教学的发展则使计算机可以像人类专家一样帮助学习者实现自主学习；智能导师系统使教学机器更智能化、类人化。尽管如此，以程序设计为基础，将人类解决问题的过程公式化或组块化的设计思路在本质上还是有限的事实加规则的知识系统，在面对多样化的教学情境、个体差异以及应用需求的快速变化时往往力不从心。调整思路，以解决个体层面的实际问题为中心，利用更加富有成效的途径开发集成性的计算机工具，同时关注人类智能（教师、专家、学习共同体）在学习中的主导性作用，而不是将注意力全部投入开发一个全能型的教学机器，应该是未来的发展方向[④]。

二、支持智能教育的技术发展

智能教育是信息技术与教育深度融合发展下的一种教育形态，它具有数字化、网络化、智能化和多媒体化等技术特点，基本特征是开放、共享、交互、协作[⑤]。智能教育环境下的学习将呈现出完全不同的形态，它不再以某一个具体的学习系统或计算机程序为核心，而是以人的需求为中心，多种形态智能的联通。当前，智能硬件及相关应用的大量出现为构建智慧学习环境提供了物质基础，其中，有如下几类技术有潜力成为未来智能教育的驱动性力量。

---

① 转引自：许高攀，曾文华，黄翠兰. 智能教学系统研究综述[J]. 计算机应用研究，2009，11：4019-4022，4030.

② Sleeman D H, Brown J S. Intelligent Tutoring Systems: An Overview[M]. New York: Academic Press, 1982: 153-186.

③ 刘勇秀. 现代教育技术与智能计算机辅助教学[J]. 哈尔滨师范大学自然科学学报，2003，5：59-61.

④ 赵建华. 智能教学系统概述[J]. 中国电化教育，2007（7）：5-12.

⑤ 祝智庭. 智能教育——教育信息化的新境界[J]. 电化教育研究，2012（12）：5-13.

（一）智能感知技术

智能感知技术是以生物特征识别、自然语言理解和动态图像处理为基础、以人为中心的智能信息处理和控制技术。应用不同类型的传感器，智能系统能够实现对物理环境的感知，并已经在工业及商业领域开展了广泛的应用，例如智能感知家电、智能交通定位、智能感知生产线等。在教育情境中，结合智能感知技术的应用已初现端倪，主要包括以下几个方面。

（1）学习情境感知。利用各类传感器或嵌入式设备，感知学习场所的温度、声音、光线等环境指标，为学习者提供最舒适的学习环境。利用 RFID、QRCode 等技术感知学习者所在场所、所处位置、访问需求，向学习者推送学习资源、找到最有可能帮助解决问题的专家，或者为学习者构建具有相同兴趣的学习共同体①。

（2）学习者生物特征感知。利用传感器获取学习者生物特征信息，感知学习者的脉搏、血压、生物电等信息，对学习者的身体状态、情绪、心理特征等情况进行分析，为学习者提供及时的学习支持。高效、灵巧的可穿戴设备的逐步应用为获取学习者生物特征信息提供了极大的便利，利用这类智能设备为学习提供支持将越来越常见。例如，利用华为 Talk Band 和小米手环，监测儿童的体育教育、营养及健康等方面的状态，为学习以及健康改善提供参考②。

（3）学习者社会特征感知。包括两个方面：①是利用表情识别、语音识别等技术分辨学习者在社会交互过程中的情感状态；②利用社会网络分析技术，了解学习者的社会角色、社会交互状态等信息。社会特征感知数据的获取与分析有利于了解学习者的个人风格与偏好等信息，为学习者提供精准的资源推荐，实现自适应学习。

（二）学习分析技术

学习分析是近年来教育技术研究领域的热点之一，它通过测量、收集、分析和报告关于学习者及其学习情景的数据，评估学习者的学术进展，预测未来的学习表现，发现潜在问题，为优化学习和学习发生的情境提供决策参考③。学习分析承袭商务智能、学术分析、行为分析、数据挖掘以及社会网络分析等领域的技

---

① 张永和，肖广德，胡永斌，等. 智慧学习环境中的学习情景识别——让学习环境有效服务学习者[J]. 开放教育研究，2012（1）：85-89.

② L. 约翰逊，刘德建，黄荣怀，等. 2016 新媒体联盟中国基础教育技术展望：地平线项目区域报告[R].新媒体联盟，北京师范大学，2016.

③ Johnson L, Adams S, Cummins M. The NMC horizon report: 2012 higher education edition[J]. Austin, Texas: The New Media Consortium, 2012.

术与方法，是一系列数据收集工具和分析技术的松散组合。在实践方面，学习分析技术可以在较少的人工干预的情况下回答以下问题。

（1）信息和事实性问题：发生什么了？分析产生报告并提供描述性数据（过去）；正在发生什么？分析并对当前的情况提供预警（现在）；趋势或走向如何？过去的数据被当作推断的根据（将来）。

（2）深度理解和洞察性问题：这些是如何发生的，为什么发生？通过分析建立模型并加以解释（过去）；下一步可以采取的最好行动是什么？通过分析提供一个或多个建议（现在）；可能发生什么？通过分析可以预测、模拟备选方案的效果，或确认最优举措（将来）①。

学习分析技术的重要作用逐步被相关领域的利益相关者所重视，已经开展了一些成功的应用实践，相较于传统的学习评价技术，融入网络学习环境的学习分析具有以下特点。

1. 关注学习结果，更重视学习过程

将学习评估工具融入虚拟学习环境中，对学习过程以及学习结果进行智能评测。例如，普渡大学的 Course Signals 系统，通过采集、分析学生在学习系统中的登录次数、持续时间、关注内容等数据，推测学生在一门课程中的表现如何，也可以提前探知哪些学生处于学业挣扎当中，并通过红黄绿信号灯的方式展现出来，教师或专家在其学习过程中予以干预，化解危机。

2. 微观指导个体学习，宏观指导政策制定

有学者提出：长期以来，我们一直无法判断过去 50 年来投入学习中的技术是否实现了其支持学习的许诺②。通过学习分析技术分析教育数据来判断技术应用于教育的真实效用，对于教育信息化发展政策的制定具有指导意义。

3. 定量分析有依据，定性分析有来源

学习分析的结果通常以可视化的方式呈现给学习者或教师，通过报告，学生了解自己的优势和不足，认识自我、发展自我、规划自我③。教师能通过报告考量自己的教学实践，通过反思提升自身的专业实践能力④。

---

① Cooper A. A brief history of analytics a briefing paper[DB/OL]. [2020-12-02]. http://citeseerx.ist.psu.edu/viewdoc/download;jsessionid=72EEF0FB074A16554CC06F6EDA15AA89?doi=10.1.1.269.6470&rep=rep1&type=pdf.

② Ochoa X. LAK 2011: 1st international conference learning analytics and knowledge[EB/OL]. [2020-12-02]. http://www.wikicfp.com/cfp/servlet/event.showcfp?eventid=11606.

③ 顾小清，黄景碧，朱元锟，等. 让数据说话：决策支持系统在教育中的应用[J]. 开放教育研究，2010（5）：99-105.

④ Brunner C, Fasca C, Heinze J, et al. Linking data and learning: The grow network study[J]. Journal of Education for Students Placed at Risk, 2005, 10(3): 241-267.

4. 自动化的海量数据处理

学习分析的数据来源非常广泛，根据数据的标准化水平分为结构化数据和非结构化数据两类，结构化的学习数据包括网络学习过程中的时间、资源访问频率、社会交互频次、测试成绩等数据；非结构化的数据包括学习过程中的情感表现、心理状态等。通过计算机强大的数据处理和分析系统，帮助教师判断学生的学习需求、学习风格、学习进展，从而制定能够满足学生学习需求的教学方案①。

（三）情感计算技术

情感作为人类意识的重要组成部分，是人类认识世界、反映世界的特殊方式。早在 1950 年，人工智能奠基人之一的 Minsky 首次提出了计算机与情感的问题：问题并不在于智能机器能否拥有任何情感，而在于机器实现智能时怎么能够没有情感？1997 年，Picard 在“Affective Computing”一书中首次提出了“情感计算”这一概念，指出：“情感计算是与情感相关，来源于情感或能够对情感施加影响的计算。”②

情感计算是关于情感机制、情感产生以及影响情感因素的研究，涉及认知科学、心理学、生理学、行为学、传感技术、计算机科学等，是一个多学科交叉的研究领域③。目前，情感计算的研究非常活跃，已经在诸多领域开展了应用，如商业领域出现了具有情感表达能力的机器人 Pepper；通过分析求职者视频简历中的情感表现，帮助雇主评估更合适的员工的求职网站 HireVue 等。

情感计算技术在教学中的应用具有独特的特点，已经在个体情感表现能力培训等领域开展应用。例如，麻省理工学院 Hoque 等研发的社交技能训练系统 MACH（图 8-1）。该系统通过虚拟的三维教师与学习者进行交互，在交互过程中通过麦克风、摄像头采集学生的表情动作、语言内容、表述方式等信息，并进行实时分析，同时，根据实时分析的结果自动调整虚拟教师自身的情感状态，创建出在真实的情境下与人交流的场景。实验证明，MACH 系统在提高学生非语言行为表现上具有不输于人类专家的性能④。

---

① Ochoa X. LAK 2011: 1st international conference learning analytics and knowledge[EB/OL]. [2020-12-02]. http://www.wikicfp.com/cfp/servlet/event.showcfp?eventid=11606.

② Picard R W. Affective Computing[M]. Cambridge: The MIT Press, 1997: 1-292.

③ 李昕，李红红，窦祎，等. 情感计算——一个探索人类情感的神秘工具[J]. 生物医学工程学杂志，2013，30（6）：1368-1372.

④ Hoque M E, Picard R W. Rich nonverbal sensing technology for automated social skills training[J]. IEEE Computer Society Press, 2014, 47(4): 28-35.

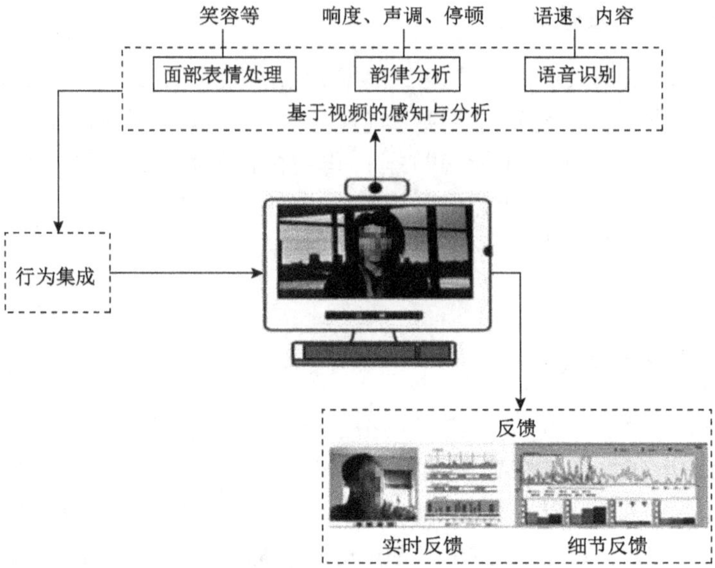

图 8-1 MACH 系统结构

情感计算技术与智能感知技术的结合越来越紧密，通过智能硬件及时捕获生理信号可以实现对学习者情感的实时分析。可以预计，在可见的将来，情感计算技术将广泛应用于工作面试培训、公众演讲、社交训练等多个领域，为学习者提供支持与帮助，如图 8-2 所示。

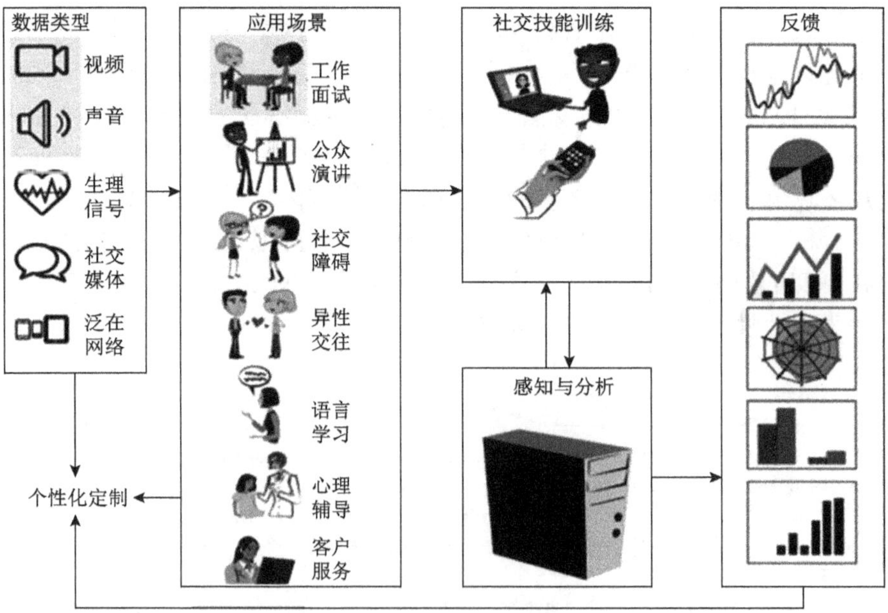

图 8-2 情感计算技术应用场景

如果说计算机具有能力很强的“大脑”，能够存储大量信息，能够高速、准确地计算，它具有“听”（语音识别）、“说”（语音合成）、“看”（计算机视觉）、“读”（自然语言理解）的能力，那么情感计算则为计算机安上了一颗善解人意的“心”，使它能够感知、理解和表达情感，为研发具有情感表达能力的虚拟人奠定了基础①。

三、智能教学技术的发展展望

技术的发展日新月异，在这个过程中智能技术渗透到教学的各个方面，其主要特征表现在软硬件技术的融合、人工智能与人类智能的融合，在教学环境、学习形态、教师能力要求三个方面的创新与变革将改变整个教育的生态。

（一）以数据为核心的智慧学习环境

智慧学习环境是整合了智能感知、学习分析、情感计算等技术的融合体。这种融合体不再是单向的学习发生的场所，而是可以与学习者进行交互的动态集合，具备情境感知、学习内容个性化适配、学习跟踪、错误诊断与评价等能力。根据智能教育的技术发展部分的论述，构建智慧学习环境模型，如图 8-3 所示。

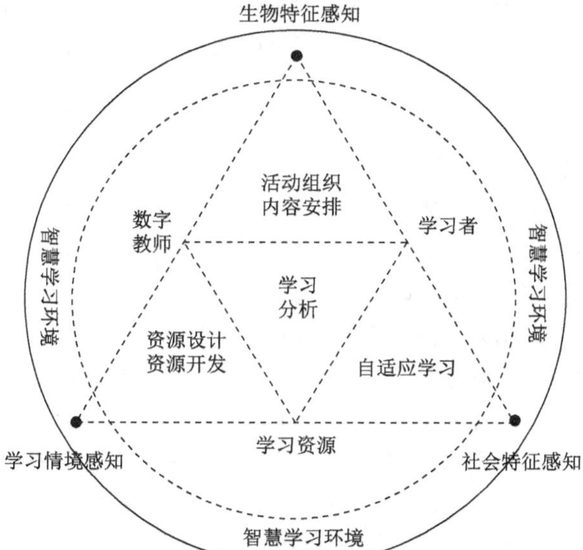

图 8-3 智慧学习环境模型

智慧学习环境重塑了传统教学结构中教师、学习者、学习资源三要素的关

① 张迎辉，林学照. 情感可以计算——情感计算综述[J]. 计算机科学，2008（35）：5-8.

系。首先，学习不是发生在固化的物理场所中，而是发生在强交互的数字环境中，智能环境能够感知学习发生的情境、学习者的学习状态、社会关系等信息，为学习者进行个性化的定制。其次，教师、学习者、学习资源在智慧学习环境下的交互构建出多样化的教学模式，例如，教师通过社会特征感知技术和生物特征感知技术，了解学习者当前的学习进度、情绪状态、资源选择偏好等信息，灵活组织学习活动，及时推荐学习资源或者对资源进行重新设计开发。最后，教师、学习者、学习资源的形态是发展变化的，这种变化不仅表现在相互关系的组合，还表现在要素自身在智能环境下的发展与进化，例如，学习资源不是以静态的方式存在，它是在教师与学习者、学习者与学习者、学习者与环境的交互过程中不断地再生，具有自我更新能力的新型学习资源。

智慧学习环境的核心是学习分析技术。正如学习分析的核心观点所述，其研究的对象是学习者及其学习情景，研究的基础是对象产生的数据，其目的在于对学习进展进行评估，预测可能的学习风险，为优化学习和学习发生的情境提供决策参考。不论是智能感知技术捕获的数据，还是核心三要素之间的交互数据，都需要通过学习分析技术进行提炼、挖掘，形成下一步决策的参考。当前，学习分析还处于初步的研究与应用阶段，更多的是小范围、被动的应用（主要指在数据采集上多以系统平台上已有的数据为基础，而较少采取有目的、设计性的数据获取手段）。因此，深刻理解学习分析的意涵，并将学习分析技术融入学习系统与平台中，创建以学习分析为核心的智慧学习环境是智能教学技术发展的重要方向。

（二）以资源推荐与社会联通技术为支撑的自适应学习

自适应学习是一种复杂的、数据驱动的学习，很多时候以非线性方法对学习提供支持。它根据学习者的交互及其表现水平而调整，并随之预测学习者在某个特定时间点需要哪些学习内容和资源方能取得进步①。根据不同的学习要求，选择不同类型的自适应学习技术，可以实现不同形态的自适应学习，包括以资源推荐为主的自适应学习和以社会联通为主的自适应学习。

以资源推荐为主的自适应学习的基本原理是：通过分析学习者网络学习数据，获知学习风格、认知水平等信息，以此作为适应性推荐的驱动信息，从领域知识库中提取相应的学习资源，为学习者提供适应性学习服务、资源和工具（图 8-4）。这种自适应资源推荐学习模式是以学习分析为基础的智能应用，已经广泛用于学习资源检索领域，如中国知网、ScienceDirect 等，可以根据用户以前的检索内容或当前查阅的文献自适应推荐相关的链接资源。

① Advisors E G. Learning to adapt: A case for accelerating adaptive learning in higher education[EB/OL]. [2020-12-02]. https://cdn.ymaws.com/georgiacolleges.org/resource/collection/8B0B3C8B-1C51-499C-9852-5B72D9370890/Adaptive_Learning_Report.Pdf.

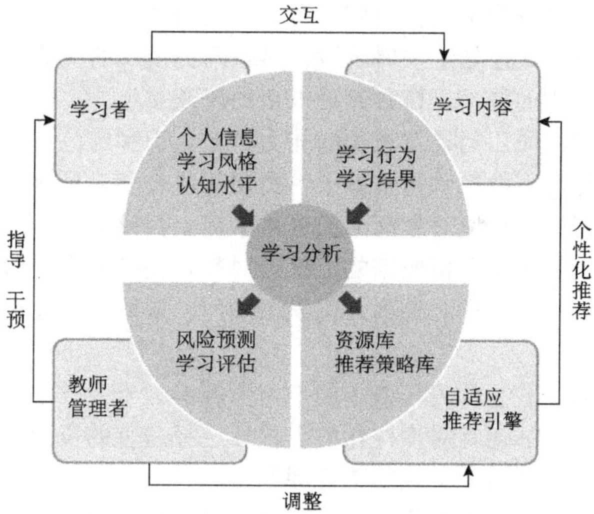

图 8-4　自适应学习资源推荐系统

以社会联通为主的自适应学习的设计思想完全不同于以资源推荐为主的自适应学习。联通主义学习理论认为：学习不是一个人的活动，而是优化学习者的内外网络。它以学习者个人为基本单位，与社会网络中其他的个体成员构成一个复杂的学习网络。这种网络被编入各种组织和机构，机构和个人的知识相互影响，使网络中学习者的学习不断进步①。基于社会联通的自适应学习的基本原理是：以具体的项目或问题为中心，依据学习者个人能力、兴趣、爱好等要素，构建一个由专家、教师、共同兴趣学习者组成的社会交互网络，形成学习共同体，充分发挥成员在知识创造、完善、更新和批判中的作用，基本结构如图 8-5 所示。

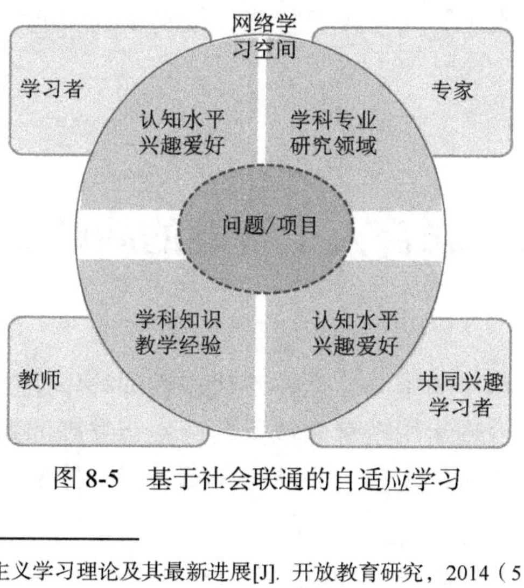

图 8-5　基于社会联通的自适应学习

① 王志军，陈丽. 联通主义学习理论及其最新进展[J]. 开放教育研究，2014（5）：11-28.

当前，以资源推荐为主的自适应学习模式被研究者广泛关注，但以社会联通为主的自适应学习模式还处于发展阶段，融合两类模式的优势，为学习者提供效率更高、体验感更优的技术支持必然是未来的研究重点。

智能教育环境的应用需要对教师的能力重新认识和定位。与传统的教师角色相比，智慧学习环境下的教师是装备了各类现代化教学工具的学习设计者、指导者和评价者。智慧学习环境对教师的教育教学提出新挑战。

（1）教学决策。大量分析数据的汇聚会对教师决策能力提出极高的挑战。例如，如何对这些信息进行即时处理，优先级如何，采取什么处理方式，如何进行跟踪评估等。

（2）组织策略。智慧学习环境下的学习资源极大丰富，学习者对学习活动的个性化需求更迫切，如何针对多样化的需求，选择适宜的资源，组织灵活、多变的学习活动是数字教师需要关注的重要课题。

（3）技术应用。智慧学习环境是多种软硬件技术的综合应用，即使在智能化水平不断提高的今天，软件设计越来越人性化，对广大的教师而言，仍然是巨大的挑战。如何帮助教师快速适应智慧学习环境，需要依靠多种渠道，为教师提供技术培训，提高教师的信息素养。

梦想引领人类前行。教育技术的发展与信息技术发展相伴相生。在此过程中，教育学人不断地探索新的技术，减轻教师的教学负担，使教学更有效率，学习更加符合个性化的需求。教学机器是人类关于自动化教学的一次尝试，它能够帮助教师摆脱批改作业等重复的工作；计算机辅助教学则使得学生能够应用计算机学习结构化的课程知识；智能导师系统赋予了计算机“智能”，它能够根据学习者的特点开展知识教学；智能感知、学习分析、情感计算、自适应学习等技术的发展和应用融合了人工智能与人类智能，使真正的智能教学出现在我们眼前。

第三节　融合人工智能的教师专业发展

智能时代提倡以学生为中心，但并不代表教师的作用被弱化，而是给教师带来了巨大的挑战。为合理运用教育领域不断产生与发展的新兴信息技术来提高教学效率，教师需要紧跟时代步伐，不断完善自身知识体系①。

① 刘清堂. 重点提升教师信息化教学能力[N]. 中国青年报，2016-08-27（03）.

一、人工智能教育应用的挑战与机遇

过去的 20 多年，人工智能在教育方面取得了长足的进步，教与学的过程中师生逐步使用智能教育产品。尽管智能教育产品的研发目标是逐步提高教育教学水平，然而优质教育始终需要人类教师的积极参与。特别是，人工智能教育往往需要通过大规模应用数据才能提供个性化教学服务。如何将人机交互或面对面的学习与人工智能技术有机融合，仍然是一个关键挑战[①②]。

1. 教学机器人应用

目前，许多公司提供了各类层次和功能的机器人用于创客教育、机器人竞赛等。这些机器人为学生开展创意设计、编写控制程序、实现逻辑推理等提供了基础平台。典型的机器人产品，如乐高机器人、大疆无人机、阿波罗自动驾驶汽车等帮助学生通过思考、行动或感知等锻炼创新技能。然而，对教师而言，如何利用这些产品提高学生的能力及素养尚没有成熟的方案。

2. 智能教学系统应用

各种类型的智能教学系统用于地理、电路、医疗诊断、计算机知识和编程、遗传学和化学等方面的教学和培训。典型系统如科大讯飞听见、松鼠 AI 等，使用自动语音识别和自然语言处理等技术提供外语培训，以识别语言错误并帮助用户纠正错误。卡内基梅隆大学开发的智能辅导系统 Cognitive Tutor 使用软件模仿优秀的人类导师的角色，例如，当学生在数学问题上陷入困境时提供提示；或根据所要求的提示和提供的答案，提供特定于上下文的反馈。MOOC 使用维基百科、可汗学院、学堂在线等工具，开展同步、异步教学或自适应学习。互联网教育公司开发“作文批阅系统”“批改网”等对作文、习题等进行自动批阅和求解等。在智能教学环境中，下面的问题越来越凸显：教师的角色是什么？教师应该具备什么样的专业素养和能力？如何利用这个智能教学系统开展有效的教与学等？

3. 学习分析技术应用

智能教学环境及大规模在线学习系统不仅有利于广泛的知识传播，而且是数据、教学证据等收集的天然载体，将有助于科学发现和提高大规模学习的质量。利用深度学习、自然语言处理和其他人工智能技术来分析学生的参与度、行为和

---

① Artificial intelligence and life in 2030: The one hundred year study on artificial intelligence[EB/OL]. [2020-12-02][2021-08-04]. https://apo.org.au/node/210721.

② 高芳. 斯坦福大学展望 2030 年的人工智能[J]. 科技中国，2017（1）：4-7.

结果，对教师个人或群体的专业能力发展提出了新挑战。

学习分析系统进一步发展可能发掘学生常见的误解，预测哪些学生有失败的风险，并提供与学习结果紧密结合的实时学生反馈；以及精细刻画知识获取、记忆等认知过程等。这些分析结论的解读、运用和实践离不开教师的主导作用。

综上，人工智能技术会帮助人类教师在线下课堂、在线学习环境和家庭中更好地进行人机、人技协同与交互。虚拟现实场景、学科教学智能工具、数字阅读设备和教育机器人等的广泛应用，对教师的智能素养和能力提出新要求。

二、人工智能对教师发展的新诉求①

2021 年 7 月《教育部等六部门关于推进教育新型基础设施建设构建高质量教育支撑体系的指导意见》明确："拓展研训应用。以人工智能助推教师队伍建设，助力提升教学能力、优化教师管理。"技术的发展日新月异，在这个过程中信息技术渗透到教学的各个方面，其主要特征表现在软硬件技术的融合、人工智能与人类智能的融合，在教学环境、学习形态、教师角色三个方面的创新与变革将改变整个教育的生态。技术的发展是推动教育变革的外在因素，对技术的应用及思考是教育变革的核心，教师则是这个核心的关键因素。如何驾驭这些技术成为信息技术环境下的重大挑战。

1. 教师的角色重新定位

杨宗凯教授在第十二届中国教育信息化创新与发展论坛上的报告《科技支撑教育创新——先进教室、数字教师、未来教育》中提到"数字教师"这一概念，具有前瞻性。他认为数字教师应该由知识的占有者转变为学习活动的组织者，由知识的传授者转变为学习的引导者，由课程的执行者转变为课程的开发者，从教教材转变为用教材，从"教书匠"转变为教育研究者，从知识固守者转变为终身学习者。未来在教师专业发展过程中，信息技术可为教师构建以学习分析为核心的智慧教学环境，它是整合了智能感知、学习分析、情感计算等技术的融合体，是可以与学习者进行交互的动态集合，具备情感感知、教学内容个性化适配、学习跟踪、错误诊断与评价能力。

2. 教师的智能素养和能力的新要求

信息技术环境下的教师是装备了各类现代化教学工具的学习设计者、指导者

① "人工智能对教师发展的新诉求"内容选自：刘清堂，毛刚，杨琳，等. 智能教学技术的发展与展望[J]. 中国电化教育，2016（6）：8-15.

和评价者，在教学感知、分析与处置能力上具有以下特点：信息技术能够极大拓展教师的感知范围，增强教师的分析能力，改变教师参与教学的过程。应用学习情境感知、生物特征感知、社会特征感知技术，教师即使没有“看到”学习者，也能够清楚地了解学习者的学习状态、情绪变化、社会关系等要素，对学习者提供及时的支持。信息技术学习环境下的学习者的任何行为都会被计算机感知，特定的行为模式及特点均会被智能算法分析出来，应用学习分析技术可以极大地增强教师对学习者的监控与分析能力，教师不仅能够掌握学习者的学习风格等相对静态的学习特征，还能够了解学习者当前的学习进度、可能存在的学习问题，甚至情绪上的困扰等动态特征，为个别化教学、个性化指导提供技术支持。在情境感知技术的支持下，教师对学习资源进行设计和开发，是资源的设计者；在教学过程中，教师根据学习者的生物特征分析数据，组织适宜的学习活动，为学生提供相宜的学习内容；在学习过程中，教师是学习的深度参与者，在学习分析技术的支持下，为学生的自适应学习提供半监督式的学习支持。

3. 教师个人成长的新途径

信息技术支持下的教师专业发展不仅关注教师教学，还包括教师的个人成长。教师专业成长，应用人工智能和大数据分析技术手段，统筹推进区域内和校际的管理互通、协同教研、研训联动，发挥优秀教师的示范引领作用，转变教师的教育观念，实现精致化的“研”，达成个性化的“修”。信息技术支持下的教师研修，创新出了多样化教研模式，例如“以网络赛评课活动为载体、线上线下相结合”的课例研修新模式，以网络赛课评课为抓手，开展“说课、授课、评课、反思、改进”课例研讨活动，推动教师应用大数据分析进行比较与反思，构建“主题确定—协同研磨—赛评结合—反思改进—重建延伸”的区域线上线下课例研修模式；“以学科名师工作室为主导、教师工作坊支持下”的主题研修新模式，基于“名师引领、团队协同、和谐发展”的主题研修方式，在信息技术的有力支撑下，借助网络平台开展各种研修活动；“以网络联校为依托、直播课堂支持下”的同侪研修新模式，基于网络环境，将“虚拟社区”线上研讨与“面对面”线下研讨相结合。①

人工智能技术对教育教学具有革命性的影响。处在一线的教师如何适应智能教育技术的发展，迫切需要与时俱进努力提升信息素养和专业能力，发挥教育教学变革的主导作用。

---

① 李阳，韩永斌，刘阳. 人工智能助教师专业发展的“荷塘效应”[N]. 中国教育报，2019-07-20（03）.

本 章 小 结

未来的教育将进入教师与人工智能协作共存的时代。教师与人工智能将发挥各自的优势，协同实现个性化的教育、包容的教育、公平的教育与终身的教育。未来教师形态如何，如何有效利用智能技术开展教育教学，成为关注的热点问题。

应用技术帮助教师实现高效教学，促进学习者的发展是教育技术研究者追寻的目标。研究团队以教学技术的“智能发展”为主线，归纳了不同历史发展阶段的代表性教学技术和应用，分析了机器教学、计算机辅助教学、智能导师系统的基本设计理念、关键技术及代表性系统；以智慧教育环境构建为核心，详细分析了当前最具发展潜力的智能感知、学习分析、情感计算等智能技术的功能与特点；对智能教学技术发展进行展望，提出以学习分析为核心的智能技术整合、融合人工智能和人类智能的自适应学习、智能教学环境下的数字教师是未来发展方向。